JN330227

三つの文化を生きた一人の精神科医

日本，中国，そして米国の各文化による性格形成への影響

著

曽文星

訳

林建郎

星　和　書　店

Seiwa Shoten Publishers

2-5 Kamitakaido 1-Chome
Suginamiku Tokyo 168-0074, Japan

One Life, Three Cultures

by

Wen-Shing Tseng, M.D.

Translated from English
by

Takeo Hayashi

© 2012 by Seiwa Shoten Publishers

著者について

ハワイ大学精神医学部名誉教授の曽文星医学博士（Wen-Shing Tseng, M.D.）は、一九三五年台湾に生まれ、台北市の国立台湾大学医学院卒業後、同大学附属病院精神医学研修医として訓練を受け、その後アメリカ・マサチューセッツ州ボストンのハーバード大学医学部附属のマサチューセッツ・メンタルヘルス・センターにて一九六五年から一九六八年にかけて卒後研修を受けた。一九七〇年から一九七一年にかけてイースト・ウェスト・センターでの文化と精神保健の特別研究員を経た後、一九七二年ハワイ大学医学部副教授として採用された氏は、一九七六年教授に昇任、その間一九七五年から一九八二年まで精神医学研修医訓練プログラムの主任を務めた。また、一九八七年からは北京大学精神衛生研究所の客員教授でもある。

世界保健機関（ＷＨＯ）のコンサルタントとして、また教育者として曽氏は、中国、日本、シンガポール、マレーシア、フィジー、ミクロネシアを含むアジア・太平洋地域の多くの国を訪れてきた。氏はまた世界精神医学会（World Psychiatric Association：ＷＰＡ）の比較文化精神医学分科会（Transcultural Psychiatry Section：ＴＰＳ）の分科会長を一九八三年から一九九三年まで二期にわたって務め、文化精神医学界の国際的ネットワーク拡充に尽力した。また、文化と精神保健に関してホノルル、北京、東京、ブダペストなどで開催された数多くの国際会議に関与した。

曽氏が手掛けた研究は、文化的側面からの精神病理学的評価、児童の発育、家族関係、流行性精神疾患、文化関連の特異的精神症候群、民族治癒、精神療法などの分野で多数あり、研究の成果は九十以上の科学専門誌論文や編集書籍として発表されている。

曾氏は非常に数多くの学術書を執筆している。共著を含めると約二十冊にのぼる英語での書籍は、そのほとんどが氏の専門とする文化精神医学に関するものである。さらに、約四十冊の、おもに精神療法と精神保健に関する中国語で書かれた書籍が現在までに著されている。英語と中国語また日本語によるおもな著作を発行年順に以下列挙する。

People and Cultures of Hawaii : A Psychocultural Profile（University Press of Hawaii, 1980）
『文化と心の臨床』〔日本語〕星和書店、一九八四（Culture, Mind and Therapy : Introduction to Cultural Psychiatry. Brunner/Mazel, 1981）
Chinese Culture and Mental Health（Academic Press, 1985）
Culture and Family : Problems and Therapy（Haworth Press, 1991）
Suicidal Behaviour in the Asia-Pacific Region（Singapore University Press, 1992）
『現代精神醫學』〔中国語〕水牛出版社、一九九四
『心理治療：理論與分析』〔中国語〕北京醫科大學出版社、一九九四
Chinese Societies and Mental Health（Oxford University Press, 1995）
『移民と適応』〔日本語〕日本評論社、一九九六

『華人的心理與治療』〔中国語〕北京醫科大學出版社、一九九七
Culture and Psychopathology（Brunner/Mazel, 1997）
Culture and Psychotherapy（American Psychiatric Press, 2001）
Handbook of Cultural Psychiatry（Academic Press, 2001）
Clinician's Guide to Cultural Psychiatry（Academic Press, 2003）
Cultural Competence in Clinical Psychiatry（American Psychiatric Publishing, 2004）
Culture Competence in Forensic Mental Health（Brunner-Routledge, 2004）
『心理治療：學說與研究』〔中国語〕北京大學醫學出版社、二〇〇五
Asian Culture and Psychotherapy（University of Hawaii Press, 2005）
『曾文星教授心理治療叢書：六冊』〔中国語〕北京大學醫學出版社、二〇〇八
Culture Competence in Health Care : A Guide to Professional（Springer, 2008）
『一個人生、三種文化』〔中国語〕台北：心理出版社、二〇一〇
『曾文星教授論文集』〔中国語・英語〕北京大學醫學出版社、二〇一二（予定）

曾氏単独で著し、二〇〇一年に出版された八百頁に及ぶ『文化精神医学大全書（Handbook of Cultural Psychiatry）』は、文化精神医学に関する画期的な著書との国際的な評価を受け、二〇〇二年、アメリカの文化精神医学研究学会（Society for the Study of Psychiatry and Culture）から独創的学問賞（Creative Scholarship

Award）を受賞した。本書はイタリア語に翻訳されローマの出版社から出版されている。

現在曽氏はＷＰＡ・ＴＰＳの名誉顧問、およびアメリカ精神医学会（ＡＰＡ）の名誉終身フェロー（Distinguished Life Fellow）である。二〇〇五年、氏は世界文化精神医学協会（World Association of Cultural Psychiatry）を創立、設立と同時に初代会長に選任された。二〇〇六年九月には、第一回文化精神医学世界大会（ＷＣＣＰ）を中国北京市にて会長として主催した。その研究や著作の実績と豊かな経験から、氏は文化精神医学界の権威との名声を国の内外から博している。

年　譜

西暦	年齢	おもな出来事
1895		日清戦争の結果，台湾は中国から日本へ割譲され，日本による植民地化と同化政策が始まる
1935	1	台湾台南市に生まれる（6 月 5 日）
1937	2	日中戦争が始まり日本は中国を侵略
1941	6	12 月の真珠湾攻撃によって太平洋戦争が始まる
1942	7	小学校へ入学（4 月）
1945	11	太平洋戦争終結（8 月 15 日）。台湾は中国へ返還（10 月 15 日）
1947	12	台湾住民（本省人）と中国本土の軍隊とのあいだの暴動「二・二八事件」（2 月 28 日）発生
1949	14	国共内戦が始まり，国民党政府が共産党に破れ、台湾へ撤退
1954	19	台湾大学医学部入学（7 年制）
1961	26	国立台湾大学附属病院にて精神科医研修開始
1963	28	医学部同級生の徐静と結婚
1965	30	臨床研修を終了。世界保健機関（WHO）フェローとしてボストンのハーバード大学医学部マサチューセッツ・メンタルヘルス・センターにて精神科臨床研修を開始
1968	33	研修を終えて台湾に戻り，後進の指導に就く
1971	36	妻とともにハワイのイースト・ウェスト・センターにてアジア太平洋地域精神保健プログラムへの参加招聘を受ける
1972	37	ハワイ大学医学部精神科に副教授として採用される
1977	42	世界精神医学会（WPA）の比較文化精神医学分科会（TPS）の事務局長に指名される
1981	46	WHO のコンサルタントとして中国を訪問
1983	48	WPA の TPS 会長に選任される
2001	67	『文化精神医学大全書（Handbook of Cultural Psychiatry）』出版
2004	70	世界文化精神医学協会（WACP）を設立。初代会長に選任される
2006	71	第 1 回文化精神医学世界大会（WCCP）を主催
2010	75	ハワイ大学医学部を退職。同大学精神医学部名誉教授に就任
2012	77	6 月，ハワイにて逝去

序文：本書について

本書は、私の人生および私が日本、中国、アメリカの順に遭遇した三つの文化に関する書である。これら多様な文化が、私の少年期から青年期さらに老年期を経て現在に至るまでの人生で、性格形成にどのような影響を与えたか、部分的、全体的に検証する。本書の目的は、これら三つの文化そのものを深く掘り下げて論じることにはない。成長する過程の異なる時期にこれら文化に接し、個人的に何を認識し経験したかを論じたいのである。また、私の経験した文化がその文化を代表するものであったと主張するつもりはない。私が遭遇したものは、その時代の、その文化の一部分であろう。例えば、太平洋戦争時代の日本文化、中国共産党と国民政府の内戦前後の中国文化などである。しかし、私が異なる成長段階でそれらと実際に遭遇し経験したことによって、心理、文化の面で大きな影響を受けたことは事実である。本書は事実に基づくが、読者の注意を引き、理解を容易にするよう記述されている。

本書は、私個人の伝記ではない。しかし、私の人生に起こったすべての重要な出来事は、多かれ少なかれ児童期、青年期、成人期、老年期の順に時系列で記述されている。精神科医とくに文化精神科医としての専門知識と技術を利用し、自分に起こった出来事が心理、行動、思考、哲学的信念などの面でどのように影響し、性格形成に影響したかを分析したい。本書は私の心、情動、認知、行動、経験の自伝的回顧ではあるが、おもに文化の次元レベルに立つ研究である。遺伝、性格、社会的環境、人生経験など、数多くの要因によって人生は影響を受ける。訓練を受けた精神科医として、またとくに文化精神医学の専門家としての私の眼と心を通し、文化の視点から自らに影響を与えた、重要で興味深い事柄を詳細にわたり精査したい。「文化」とは、ある集団が共有する固有の生活様式であり、習慣、考え、信念、そしてとくに価値体系のなかに世代を重ね継承されるものと定義される。

私たちの生活や人生が、環境によって大きく左右されることに疑問の余地はない。私は、それぞれ明確に異なる時代に経験し、人生をかたちづくった戦争を含むさまざまな社会的、政治的背景を取り上げて論じたい。すなわち、日本の植民地時代から太平洋戦争の時代を経て中国における内戦時代の台湾から、アメリカにおけるベトナム戦争の時代、そして後のイラク戦争の時代に至るまでの状況である。

私は、日本統治下の台湾に生まれ育ち、十歳で日本による占領の終結を迎えた。そして、そのあいだは日本の教育と文化にさらされた。第二次世界大戦の一環であった太平洋戦争が終結した一九四五年以降、台湾は母国の中国に返還され、台湾在住のほかの中国人と同様、私は中国人としての生活と文化を取り戻した。医学校を卒業後、私は一九六五年に三十歳で精神科研修を終了した。その後、世界保健機関（ＷＨＯ）のフェローとしてアメリカを訪れ、三年にわたり精神科のさらなる研修の機会に恵まれた。この機会を得たことにより、アメリカの生活と文化に触れることができた。研修を終え一九六八年帰国した私は、台湾の医学校で教職に就いた。そして一九七一年、妻とともに調査研究員としてホノルルのプロジェクトへの参加に招かれ、それをきっかけにハワイに移住し、現在に至るまでの約四十年間を多民族社会に暮らすことになったのである。

私の性格や発達の年齢などの要因、さらに上記の社会的、文化的要因が一体となって私の人生をかたちづくった。このような外的、内的要因が、私の人生を通じてどのように性格形成に影響したのか、を分析するのが本書の意図である。

本書は二部構成になっている。第1章から7章までの第1部では、性格形成という観点から人生の異なる段階を再吟味し分析する。分析の対象となるのは、日本、中国、アメリカの各文化が、順に私の心理面や性格面に及ぼした影響である。さまざまな出来事の前後関係は、時間的、社会的背景から説明し、理解できるようにしたい。ただ単に発生した出来事や問題を記述するのではなく、それらが含む文化的意味とそれが当時の自分やその後の人生に、つまり過去、現在、未来にわたってどのような影響を与えたかについても記述したい。検討課題は、たとえ断片的なものでも文化的観点から詳述すべきものを選び、最終的にそれらの断片が連結され関連性を持つようにしたい。性格の発達に及ぼした文化の影響については、それぞれの段階ごとに各章の終わりに簡潔に要約したい。

第2部では、第8章においてそれまで述べたすべての事柄を連結させ、自己、対人関係、権威との関係、民族的そして文化的同一性、哲学的概念、人生観などに関連したいくつかのテーマへの統合を試みる。最後の第9章では、「文化と性格」を主題に理論的提案を詳述したい。そこでは、文化の重要性を理解する方法、そして文化の急速な変化への対処法についても最終的な提案を行いたい。

付録では、文化と性格に関する研究の学術的概説を行う。過去にこの分野でどのような研究が行われ、どのような学術的見解が提起されたかを探究し、再吟味したい。この概説は、「文化と性格」を全体的な主題としているが、同時に日本、中国、アメリカの特性に重点をおいた研究を対象とするものである。

私は本書で、自分が実際に三つの明確に異なる文化に触れた経験を活用し、真実の生き生きとした題材を基に自己分析を試みたい。これはたしかに特有のアプローチである。力動的精神医学者の私は、人生に起こる出来事のほとんどが意味を持ち影響を及ぼすと理解している。断片的にみえる情報も、互いにつなぎ合わされ意味を持ち得るのである。意識レベルそして認知レベルで私が理解したことの再吟味のみならず、深い感情レベルで経験したこと、そしていまだに自分の精神生活に内在するコンプレックスについても分析したい。私の個人的な出来事を、読者を前に公式にさらし、研究するのは容易な作業ではない。そこでは逡巡や抵抗を克服し、適切な判断を行う必要が生じるであろう。家族、同僚、過去や現在の私にかかわる人びとのプライバシーへの配慮から、肉親、数多くの恩師、大切な同僚を除き、必要に応じて実名を記さずに仮名とする場合があろうと思う。

個人的にも専門職業のうえでも私を誰よりもよく知り、精神科医でもある妻の徐静教授が本書の執筆にあたり勇気づけてくれたことは幸いであった。彼女は数年にわたり、本書の執筆計画に着手するよう私を説得し続けた。これまで数多くの本を著し、また編集してきた私が、こうした特別な本を書くことは素晴しいことであり、時期的にも熟していると彼女は指摘した。私のような多文化の経験者でありながら、同時に専門的見地からその経験を分析し記述できる者は多くないこと、それが彼女のおもな論点であった。七十五歳の誕生日を迎え、人生を顧みた私はその助言に従いこのプロジェクトに取り組む決心を固めた次第である。

本書の最終目標は、不可視でありながら人生の重要な要素である文化が、どのように私たちの思考と行動をかたちづくり決定するかを再吟味することにある。それは、文化に関連する社会行動科学者、そして文化精神医学者が興味を持つ研究対象であるのみならず、すべての人にかかわる重要な主題である。

現代社会は、社会的、経済的、そして文化的変化に満ちている。技術の向上と輸送手段の改善によって人びとは海外を旅行し未知の場所を訪れ、多様な文化を経験したり、ほかの社会へ移住したりすることで、数多くの文化に接している。私たちは、メディア、旅行者、移住者、異文化間接触などを通じ、自らの伝統をいかに守るか、いかに新しい文化に適応するかなどの課題に直面している。誰もが異文化に属する人びとを適切に理解しながら付き合っていかねばならない。また、心理、生活、精神保健の面で文化が与える影響やその対処方法を知ることも必要である。本書が、私たちの生活に及ぼす文化的影響を理解するうえで、なにがしかの手がかりとなることを願っている。東洋と西洋の人びとがどのように意思を伝え合い、付き合い、相互理解を通して平和裡に共生するかは、私の強い関心事である。拡大していく現代社会で互に敬意を持って共存するため、私たちは己を知ると同時に他者を理解する必要がある。こうした要求に、本書の出版は時宜を得たものであると確信する。

二〇一一年六月五日

曽文星名誉教授（Wen-Shing Tseng, M.D.）

目次

第2章　思春期から青年期まで：中国文化の影響　29

第4章　青年期（後期）：中国文化の再体験　129

第5章　成人期：長期にわたるアメリカ文化の経験　149

第2部　分析と統合

第8章　人格形成に及ぼした三つの文化の影響の分析　273

第1部

成長の異なる段階

第1章

誕生から幼年期まで：日本文化との早期の接触

出生、先祖、そして育った環境について

私は、第二次世界大戦終結から十年さかのぼった一九三五年、台湾は台南市に生まれた。生家はごく普通の家庭で、父は小学校の教員、母は助産婦をしていた。私には六歳年上の姉があった。二人の兄が皆幼くして亡くなったので、両親は私を長男として育てた。家族はそのほかに弟二人、妹一人である。私の生まれた家は台湾開拓の祖、鄭成功の祖廟《そびょう》から通りをはさんだ向い側にあった。私の生まれる数百年前、中国本土の福建や広東などの各地から多数の中国人が海峡を渡り、台湾へ移住した。彼らは移住後、自らを台湾人と称したが、民族学的には中国人である。一六世紀半ばの明代末期、オランダ人は台湾南部にある台南市付近の安平の港を交易の基地に用いていた。鄭成功将軍は水軍を率いてオランダ人勢力を一掃

３歳のころ，父，母，姉，そして弟（後に夭折）と

8歳のころ，父，母，姉（14歳），弟（3歳），妹（1歳）と

し、台南を台湾興隆の本拠地とした。そのため彼は、文字どおり山を拓いた開拓者を意味する「開山祖」と台湾の人びとから呼ばれ崇拝されている。[1]

少年のころ、母は私に祖先の来歴をいろいろ話してくれた。父方の高祖父は清の皇帝から「鎮台総督」（台湾統治の将軍）の名目で任命され、台湾を統治するため故郷の福建省から軍隊を率いて渡ってきた武官の総督であった。高祖父は台南市中心にある官庁地区の官舎に住み、正面の壁に名字の「曽」を漢字で四フィートの高さに大書して、曽家の住居であることを示した。近くの道端には「下馬先」と刻まれた石柱があり、そこが官庁区域であること、また通行人は敬意を表してすべからく馬を降りることが示されていた。母方の家系である王家は、「挙人」（各省における科挙の試験に最上位で合格した書生に与えられる称号）を数名出したと母は語っていた。したがって、私の父方の家系には武官将軍が、母方の家系には文官書生の学者が多数いた。

母がこの話をしてくれた当時、幼い私は輝かしい先祖の栄光を詳細に理解できなかったが、立派な祖先がいたことはわかっていた。しかし、台湾を五十年近くにわたり占領していた当時の日本政府は、植民地台湾の「日本化」を推し進めていたため、中国先祖について語ることは歓迎しなかった。[2]

台湾は、一八九五年日清戦争の終結とともに日本に割譲された。日本政府は、学校、病院、鉄道などを建設して台湾を開発する一方、日本語使用の強制、改姓名などの同化政策で台湾人の「日本化」を進めた。幼児期の私は母語とする福建語（台湾語）を話していたはずだが、小学校にあがるころには日本語しか話さなくなっていた。そして、本来の中国名である曽家の知恵の星を意味する「曽文星」ではなく、日本名の「曽我敏男（曽我家の聡明な男子の意）」を用いていた。

私たちの家名を日本語に変えた経緯について、興味深い話がある。当時の日本政府が台湾人に改姓名を強制した際、中国名の漢字を日本語名に用いることは一切、許可されなかった。日本名は、中国名とまったく異なっていなければならなかったのである。中国名も日本名もともに漢字を用いていたこと、そして日本名は通常漢字二文字以上で成り立ち、中国名は通常一文字であったため、中国名を日本名に取り入れることは非常に容易であったはずである。例えば、中国名の「林」は簡単に「小林」に変えることができたはずだ。しかし、日本政府はこれを許さなかった。そのため父は戸籍登記所の役人に特別に願い出て、私たちの中国名「曽」と漢字の「我」を組み合わせ、一般的日本名である曽我姓を名乗れるよう例外的な許可を得た。

中国と日本はともに家の重要な居室（客間）の祭壇に、先祖の位牌を置く習慣があるが、これについても興味深い話がある。わが家の位牌には表向き「曽我家代々之先祖」と日本文で書かれてあったが、その裏には「曽家世代祖位」と書かれたもとの中国語の位牌が隠されていた。もちろん、少年時代の私はそれを知る由もなく、特別な節日には曽我家の位牌を拝んでいた。私が十歳になり小学校の四年生にあがった一九四五年、第二次世界大戦は終戦となり、台湾は中国に返還された。(3) 位牌にまつわる中国の伝統を、ひそかに守り通したことを父が私に明かしてくれたのは、終戦直後のことであった。

小学校の教員であった父は、訓導主任に任命された。彼の役割は政府の「日本化」政策の指導徹底にあった。学生や教師は学内のみならず家庭にあっても、「國語常用家庭」として認められるよう、家族との日本語の使用が奨励された。ある日、私たちの家庭を役人が訪れ、家族全員がどの程度上手に日本語を話すかの調査にきたことを私は記憶している。この調査のあと、私たちの家の前には、同化政策に従う模範的家庭を示す「國語常用家庭」と書かれた木札がかけられた。戦争が終わるまで、私は母語の台湾語をしゃべる機会を持たなかった。

日本は道路、病院、鉄道などを建設し、台湾の社会基盤を整備したが、被征服民である台湾人は日本人入植者とは異なる扱いを受けた。近所の日本人児童が台湾人児童とは違う学校に通っていることは、子どもの私でも知っていた。私の生まれ育った台南市には、二つの中学校があった。日本人の中学校は第一中学校と呼ばれ、台湾人が通う学校は第二中学校と呼ばれていた（台湾人生徒が二流ではないことを示すため、終戦とともにこの呼称は逆になった）。占領下の台湾では、台湾人のそれ以上の高等教育は医学の修得を除いて許されてはいなかった。かくして、優秀な台湾人学生の多くが医師となった。台湾人が法律や政治を学ぶことは許されなかったのである。太平洋戦争中、日本政府は食料不足に際して食券を発行したが、それは通常台湾人よりも日本人により多く配給された。私たち台湾人は、つねに二流市民として扱われたので、少年時代の私は「國語常用家庭」の子であることを誇りに思っていた。しかし一方で、入植者の日本人と私たちは違うことも意識していた。

太平洋戦争の始まり

四歳から五歳にかけての私の記憶には断片的なものが多いが、小学校へ通う前、六歳半のときに起きたある出来事の記憶は非常に鮮明である。それは、一九四一年一二月八日のことであった。私は一人で母方の叔母の家を訪れていた。叔父は、私に重大な事件の発生を伝える特別なラジオ放送があるので、すぐに家に帰るよう伝えた。私の家は叔母の家からわずか一、二丁離れたところにあった。帰り道私は、ラジオから大音量で流れる天皇の勅語の放送を聴く人びとが通りに群がっているのを見た。開戦を告げる宣戦の勅書は、古くからの伝統的な言葉を多用していたため、私にはその放送の意味が理解できずにいた。やがて市内にはサイレンが鳴り響き、何か重大な事件が起きたことを知った私は、急いで家へと向かった。家に着くと、天皇がアメリカへの宣戦布告を行い、真珠湾攻撃に成功したと両親が教えてくれた。真珠湾攻撃が宣戦布告前の奇襲であったことを中国人やアメリカ人を通して私が知ったのは、それから何年も後の戦後のことである。適切な宣告なしに敵を攻撃することは、日本の武士道に反する行為であった。第二次世界大戦の一環である太平洋戦争の開戦という緊張した雰囲気を除けば、サイレンが鳴ったこと以外に、その日は何も起こらなかった。

太平洋戦争が始まってからの最初の数年は、私たちの日常生活に戦争の影響が及ぶことはなかった。新聞には、日本陸軍によるフィリピンのマニラおよびシンガポールの陥落、マレー、インドネシアなどにおける南太平洋戦線の拡大などが報道されていた。当時、台南市郊外には航空隊基地があり、毎朝爆撃機が編隊を組み、南方へ離陸する爆音がわが家にも聞こえてきた。日本の帝国陸軍が各地を陥落させるたびに、私たち学生は日の丸の小旗を手に「大日本帝国万歳」と叫びながら通りを祝賀行進するよう命令された。年齢があがるにつれ、日本はアジアの人びとのために鬼畜米英をアジアから追い払い、大東亜共栄圏の建設を成就すべく、名誉ある任務を負っていると、学校の教師から教わるようになった。しかし、子どもにはその意味を正確に把握することは困難であった。それから四年経ち、太平洋戦争末期に台湾がアメリカ軍の空襲を受けるようになって、私たちは実際の戦争を味わうことになった。

学校教育 ― 日本教育の始まり

六歳になった私は、台南師範学校の附属小学校に入学した。この附属小学校は師範学校に隣接していて、師範学校の生徒たちが私たちの小学校へきて、教育実習を行うのであった。そのため、小学校の質はとても高かった。私たちの学校では、生徒は全部台湾人であったが、教師は全部日本人であった。私が日本の教師に接し、公式に日本の教育を受けたのはこのときが初めてである。

私が一年生のときの担任教師は、星先生という方で、とても優しく親切な先生だった。生徒は毎朝、書道の練習をさせられ、筆と墨汁を使って先生から半紙に運筆を教えられた。墨汁が十分ではなかったため、文字がかすれてしまうことがあっても、そうした字体は美しくとても好ましいので、もう一度墨をつけてそのかすれた部分を書き直す必要はないと先生は言った。ある日先生は、クラス全員を連れ近くの小川へ野外授業にでか

小学校１年生当時，校長先生，そして皆に慕われていた学級担任の星先生を交えた級友との集合写真（最後列左から２番目が私）

け、私たちに笹の葉を使った小船のつくり方を教えてくれた。また、稲がどのように育つかの見学に、私たちを水田まで連れて行き、吹く風に稲穂がリズミカルに波打つさまを見せてくれた。星先生は、田舎暮らしの楽しみ方、自然への興味の伸ばし方、自然と向き合う態度などを私たちに教えてくれた。その後何年か経ち、戦争が終わって日本に帰国した先生は、木彫専門の有名な芸術家になったと聞いた。今もなお、私は先生の親切な笑顔を覚えている。

私は成績の良い優秀な生徒だった。星先生から級長に指名された私は、先生が教室へ入り授業の始まる前、クラス全員に起立と礼の号令をかける役目を与えられた。そして、いつも先生からほかの生徒への模範として教科書を読む役を指名された。この当時の特別な記憶は、ある出来事を除けばとりたてでない。その出来事とは、星先生の奥様が亡くなったとの報せを受けた両親から、先生の自宅を弔問するように言われたときのことであった。授業を終え学校からそう遠くない先生の家を訪れた私は、出迎えてくれた若い女性の存在に驚いた。客間に置かれた夫人の遺影に一礼した後、先生は彼女を亡くなった奥様の妹と紹介してくれた。子どもながらに私は、なぜ亡くなったばかりの夫人の妹が先生と同居しているのかをいぶかった。ずっと後になって、鰥夫《やもめ》が夫人の妹を後添いにするという、中国にはない伝統的習慣が日本にあることを知った。

小学校の二年生にあがると、担任の日本人教師は新任の山本先生に代わった。山本先生もまた優しく親切な先生で、私を級長に指名し、とても優しく接してくれた。先生は私だけでなく同級生全員に親切で、皆から慕われていた。

二年生になると、私は周囲の環境により多くの注意を払うようになった。私は学校の講堂にある舞台の両側に、大きな掛け軸がかかっていることに気づいた。そこには等身大の漢字で一文字ずつ、左側に「忠」、右側に「孝」と書かれてあった。それは、日本文化における基本的徳義である天皇への忠誠と親への孝行を強調するものであった。

天皇への忠誠に関して、学校で行われたある儀式について記しておきたい。教頭の山口先生は、天皇誕生日などの特別な日になると、勅語の書かれた巻紙を、白手袋をはめた両手に丁重に持ち、国旗掲揚に整列した私たち生徒の待つ校庭へやや前かがみになって現れ、彼が朝礼台に上がるまで頭を垂れて待っている私たちを前に、巻紙を広げ、勅語を読みあげるのであった。勅語を読み終わり、巻紙をうやうやしく手に持った教頭が校庭を去るまで、私たちが頭をあげることは許されなかった。日本人にとって天皇は神または神格を持つ人間であり、絶対的敬意と忠義の対象であった。私たち生徒は、天皇への敬意そして絶対的服従と献身を示すよう教

小学校２年生当時の級友，そして親切だった担任の山本先生と校庭の小山にて（鉢巻きを締め、腕組みをして立っているのが私）

育された。それは同時に、教師や政府などのほかの権威への服従をも思い起こさせるものであった。

私たちの使っていた小学校の教科書には、ある忠犬の話が載っていた。それは、東京のある駅まで仕事帰りの主人を夕方迎えに行く犬の物語で、実話とされていた。主人が仕事先で急逝したことを知らないその犬は、いつものように主人とともに家まで帰ろうと、毎夕駅まで主人を迎えに通い続けた。周囲の人びとはそれを見て、忠義の篤い犬の行動に感動した。この犬の物語が報道されると、その忠誠心をたたえるため、人びとは協力して銅像を近所の公園に建立した。これは忠誠心を重要視する社会にふさわしい物語であった。

教科書には桃太郎の物語も載っていた。川を流れる桃から生まれた少年が老夫婦に発見され、実の子として育てられるというおとぎ話である。青年となった桃太郎は、犬、鳥、猿を家来に引き連れ、鬼の住む島へと退治に出かける。家来の助けを借りて無事に鬼を成敗し、宝を両親のもとへ持ち帰るという話である。これは、日本人のあいだで人気の高かったおとぎ話だが、当時の日本がアジアや南太平洋の島々を征服し、資源を獲得するという考えを補強する目的に使われていた。

おとぎ話では勝利に終わったものの、開戦後の日本経済の実態は悪化の一途をたどっていた。太平洋戦争開戦の四年前に始まった中国との戦争は、そのころすでに六年を経過していた。日本陸軍は中国に侵攻し、その領土を半分以上占領していたが、大半は沿岸部であった。内陸部の抗日レジスタンスに対して戦果を上げることができないまま、日本は戦争終結の道も閉ざされていた。開戦から二年を経過したアメリカとの太平洋戦争では、軍事的成功とともに南太平洋の多くの地域を占領していたが、戦争が日本の経済状況を好転させることはなく、むしろ日本の活力と人的資源は消耗し、食料は不足していた。軍隊への食料を確保するため、日本政府は市民に食料の節約を求め始めていた。

学校では食料節約のため、毎週特定の日には「日の丸弁当」の持参が義務づけられていた。周知のとおり、日章旗と呼ばれる日本の国旗には、白地に赤い日の丸が描かれている。日の丸弁当とは、白米のご飯の中央に赤い梅干が載っているだけの弁当である。週の何日かは、私たちはこの日本の国旗になぞらえてつくられた昼食、すなわち白米と干した梅だけの食事をとった。それはおいしくはなかったし、満腹感も得られず、成長期の少年にとっては栄養的にも十分なものではなかった。しかし、教師は、昼食前私たちの机を巡回して弁当箱の中身をチェックした。私の母はほかの中国人生徒の母親同様、肉や魚それに野菜などを白米の下に隠して持たせてくれた。教師の検閲がすむと、私たちはその栄養満点の昼食を楽しむことができた。

小学校三年生のときの学級担任は、まったく異なるタイプの先生だった。私は彼の名前を記憶していないが、仮にその名を岡本先生としよう。それが戦時下の決め事であったのかどうかは不明だが、彼はつねに軍服を着用していた。私は授業初日のことを鮮明に覚えている。岡本先生が教室に入り私たちが礼をするなり、彼は手に持った竹製のものさしを示して、全学期を通じてこのものさしに打たれない者は幸運の持ち主であろうと宣言した。私はすぐに彼が厳格な教師であることを察知した。彼は、懲罰のためにはそのものさしの使用をためらわないと言い、つねにそれを教壇の机の上に置いていた。教師による体罰は、このころ当然のこととして受け入れられていたのである。級長の私は、つねに行儀良く振る舞っていたので、いずれにしても教師から体罰を受けることは、それまでの過去二年間同様ないだろうと考えた。

岡本先生は、敵に勝利するため、戦時下の私たちは身体と精神を「侍」のごとく鍛え、少年兵のごとく厳格な規律を持って鍛錬する必要があると説いた。私たちはつねに「歯をくいしばり、あごを引いて胸を張り、しっかりと拳を握り締める心構え」を持たねばならず、全員が兵士のつもりで臨戦態勢を整えて頑張らなければならない、指示に従わない者はすべて罰せられると彼は言った。その後まもなく、次から次へと生徒たちがこの教師によって厳しい体罰を受けることになった。彼はどんなに小さな規律違反も見逃さず、竹のものさしで生徒の手や腕、頭などをたたいた。また、はいていた軍靴で蹴ることもあった。

私は極度に注意深く振る舞っていたが、ある日突然頭部を竹のものさしでたたかれた。それは、ものさし端部を使った頭頂部への打撃で、しばらくのあいだ目まいがしたほど痛かった。模範生の級長であったにもかかわらず、私は目に涙を浮かべて、罰せられたことの悔しさと恥ずかしさを感じなければならなかった。私が体罰を受けた理由は、授業中つねに視線を先生に向けるのを怠ったためであった。先生を注視し続けることの過剰な注意集中から疲労を感じた私は、窓外に咲く花をわずかなあいだ眺めていたのである。私の頭頂部には、岡本先生が「台湾山脈」と呼ぶ痛いこぶがすぐにできあがった。台湾は細長い島で、中央を背骨のように山脈が走っている。先生のこの発言は、私を含め台湾人生徒への侮辱に聞こえた。

生徒たちは、問答無用の服従を強いる岡本先生を恐れていた。その当時、戦況は日本軍に不利であり、南太平洋ではアメリカ軍の攻勢にあって敗退が続いていた。しかしこうしたニュースは、政府が統制し一般市民に知らされることはなかった。一方で政府は私たちにアメリカ軍の爆撃に備えるよう指示し、空襲に備えて私たちは避難用の防空壕を掘らねばならなかった。政府の計画した防空壕の完成期限は過ぎていたが、ちょうど雨期に当たっていたため、悪天候で作業は停滞していた。そこで岡本先生は、体操の時間を使って生徒らに防空壕を掘らせた。それは泥まみれの、汚くすべりやすい作業だった。彼は、クラス全員に衣服を脱ぎ、裸のまま外へ出て作業するよう指示した。私たちはその過酷な指示に従うべきか一瞬とまどったが、率先して服を脱ぐように指示された級長の私がそれに従ったため、ほかの生徒も同じように服を脱いだ。教師や教頭、それに女生徒を含むほかのクラスの生徒らが、私たちの行動をどのように考えたかはわからない。五十名近い三年生が、雨中素っ裸で校庭の隅にシャベルで防空壕を掘り始めたのである。それは奇妙な光景であったに違いない。しかし、教師への絶対服従を強いられた私たちは、ひたすら彼の命令に従い、それを実行したのである。作業を終えた私たちは全員シャワーを浴び、再び服を身につけた。こうしてでき上がった防空壕だったが、努力の甲斐なく降り続く雨で数日を待たず泥水に埋まってしまった。

きたるべき戦闘への日本式準備

太平洋戦争が進むにつれ、私たちは食料を含むさまざまな物資の不足に悩まされ始めた。まず、米と肉類が不足した。政府は米や肉類の購入を制限するための食券を配給した。主食の米が不足したことから、政府は山芋などの代替食を奨励した。最終的には特定の日のみ米食が許可され、それ以外の日には山芋やほかのでんぷん質の食事をとるよう命令された。米食不許可の日には、警察が各家庭を巡回して指示の徹底を図った。あるとき、米食禁止の日を忘れていた母は、隣家から警察が検査にくることを知らされて、大急ぎで釜と炊き上がったばかりのご飯を隠したことがあった。

日本は、まもなく兵器製造の鉄材にも事欠くようになった。太平洋戦争は、もともと南太平洋からの鉱物資源の獲得を目的に始められたものであるが、その努力は無駄に終わってしまった。なぜなら、日本の輸送船はアメリカ潜水艦の攻撃にあい、ほとんどが撃沈されたからである。兵器製造に不可欠な鉄の供給のため、政府は各家庭にあらゆる鉄製品を供出するよう命じた。鉄やその他金属製の鍋などが供出された。各家庭から泥棒よけの鉄格子を取り外すよう命令があり、私たち生徒も鉄釘などのあらゆる金属片を拾い集めるよう指示された。私たちは敵と戦うための軍用機や軍艦などの兵器をつくるために鉄が必要であると教えられた。通りには鉄棒や金属片などが積み上げられ、日本へ輸送される日を待っていた。しかし、そのころ日本の輸送船のほとんどは敵の攻撃で沈められており、金属類の輸送手段は絶えていた。結果として近所に積み上げられた鍋などの供出金属は放置されたまま錆びていき、最終的には廃棄物としてどこかへ撤去され処分された。

人的資源の欠乏を克服するため、政府は国民に「がんばる」精神を発揮するよう鼓舞した。日本政府が戦時中に考案し奨励したスローガンは、「月月火水木金金」というものであった。七曜から土日を抜き休日返上で勤労に励むよう、人びとに訴えたものである。

政府の「生産」にかかわる公的方針についても触れておくべきであろう。それは物質的生産を指すのではない。人間の生産のことである。戦争遂行目的および植民地の開発と支配のための人的資源が必要となることを予想して、日本政府は開戦当初より、「産めよ増やせよ」を国策として推進した。十人以上の子どもを産んだ母親は政府から「お国のための増産」として表彰された。不幸なことにこの政策のもとで生まれた子どもらは、国家への貢献どころか戦時下の食料不足のなかで、より多くの食料を必要とし、家族への負担のみ増やす結果となった。

国民が知らないあいだに、戦況は日本にとって不利になりつつあった。予想される攻撃に備えて、学校ではより本格的な対策を講じることが急務となった。しかし、日本政府は戦争の実態を市民に知らせることはなく、そのころすでに帝国海軍が艦隊のほとんどを失っていたことを私たちが知ったのは、戦争が終わってからのことであった。ミッドウェー海戦では航空母艦の多くを失い、残った艦船もトラック諸島の環礁内基地で撃沈されていたのである。それは、真珠湾攻撃とは正反対の結果であった。人びとは帝国海軍が余力を隠し、反撃の機会をうかがっているとの政府発表を信じていたが、実際には、フィリピン諸島はダグラス・マッカーサー大将率いるアメリカ陸軍に奪還され、アメリカ海軍艦隊による台湾攻撃は時間の問題であった。

子どものころあこがれた旧日本海軍の零式戦闘機（ハワイ航空博物館所蔵）

私たちの学校では、音楽の授業の最初の十分を使い、教師が飛行機の爆音を模したオルガンの音を聞かせて敵機の識別を学ばせていた。アメリカ軍のP－38戦闘機、B－24そしてB－29爆撃機などの爆音である。体操の授業では、競走や球技を学ぶのではなく、先端に石がくくり付けられた竹ざおを手に全力疾走し、地面に伏せる練習が行われた。この練習は、アメリカ陸軍の台湾上陸作戦を想定して、爆薬を装着した竹ざおを敵戦車の前で爆発させる体当たり攻撃の予行演習であった。小学校四年生の子どもにとってなんという体操の授業であろうか！

十歳になった私たちには、軍歌の歌唱が指導された。荘厳で情緒的な海軍歌のほかに、私たちは勇壮な少年航空兵の歌を頻繁に歌った。歌詞は逐一記憶にないが、そのうちの一曲は「エンジンの音ごうごうと隼はゆく雲の果て…」というものであった。私たちは、集団をつくって行進しながら大声でこの曲をよく歌い、空を飛ぶことを夢見ていた。当時、世界最速とされた零式艦上戦闘機（零戦）はあこがれの的であり、多くの少年が航空帽をかぶり、日の丸を染めた鉢巻きを締め、零戦を操縦して雲海を行く日を夢見ていたのである。十代の少年にとってなんという夢であろう！　しかし、戦争も終盤に近づくと、少年航空兵は本土防衛のため、すべて沖縄戦で敵艦隊へ体当たり攻撃を行う、特別攻撃隊に徴集されることを知らされた。もし私が、十六歳になるまで戦争が続いていたとしたら、航空隊の戦闘機搭乗員となって体当たり攻撃に散っていたかもしれない。神のみぞ知る、である。

ここで飛行機に関するエピソードを一つ紹介したい。アメリカ軍がフィリピンを奪還してからは、アメリカ軍機による台湾攻撃が開始された。ある日、突然鳴りわたるサイレンの音とともに、はるか上空に小さく銀色に輝く戦闘機が編隊を組んで現れた。それを迎え撃つため、基地からは日本軍の戦闘機が編隊で離陸して行った。私たち少年は、空中戦が始まり黒煙を引きながら墜ちていく数機を興奮しながら眺め、撃墜されたのがすべて敵機と考えて大喜びしていた。しかし後になって、撃ち落とされたのは敵機でなく、ほとんどが日本軍の戦闘機だったことを知った（当時南太平洋での戦闘で熟練搭乗員のほとんどは戦死し、台南の基地に残っていたのは未熟な若い航空兵ばかりであった）。

空中戦があった数日後、私たちは教師に率いられて撃墜されたアメリカ軍戦闘機の残骸を見学した。残骸の横には搭乗員が使うサバイバルキットも展示されていた。海上に墜落した場合に備え、呼気で膨らませるゴムボート、それにつりざおなどである。私の興味を引いたのは、展示の横に置かれた日本語の解説であった。そこには「生き残るための用具を備えて戦闘に臨むとは、鬼畜米兵はなんと臆病なことであろう！」と書かれてあった。日本の搭乗員は、自機が被弾し操縦不能となった場合、敵機あるいは敵基地へ体当たり攻撃するよう訓練を受けていた。彼らは玉砕（安っぽい完全なレンガより砕けたヒスイのように誇らしく死ぬこと）の精神を持って死ぬべきであると教育された。この玉砕精神の立場からは、サバイバルキットを携行すること自体が臆病な行為であった。後に成人となってから、人間の命、とくに兵士の命に対する考えが日米で非常に異なることを私は知った。

B-24アメリカ軍機による爆撃と地方への疎開

前述の空中戦からわずか数日後、台南はB-24爆撃機の空襲を受けた。それは三月一日のことであった。朝の国旗掲揚で校庭にいた私たちの頭上に、空襲警報のサイレンが鳴りわたった。掲揚された国旗は降ろされ、全校生徒に帰宅の指示があった。家に戻り自室で宿題をしていた私に、突然対空砲火の「パン、パン、パン」という音が聞こえた。末っ子の妹を抱えた母と私は、わが家の前庭にある防空壕へと走った。家を飛び出たとたん、私のかたわらで金属片が地面にぶつかる鋭い音が聞こえた。私はかまわず防空壕の入り口から中へと突進した。防空壕へ入るやいなや爆弾の炸裂する轟音が聞こえ、壕は衝撃に震えた。私は両手で頭を抱えて身構えた。空襲が終わり外へ出てみると、高射砲弾の破片がわが家の屋根を突き破り地面に突き刺さっていて、その場所は防空壕へ向かって走っていた私からわずかに一フィートしか離れていなかった。その金属片で私はあやうく命を落とすところであった。

その日、わが家の周辺に爆撃が及ぶことはなかったものの、市の中心部は空襲で大きな被害を受け多くの市民が死んだ。その夜、夫を空襲で亡くした隣家の女性は一晩中大声で泣き通した。その声を聞くのは恐ろしく、とても悲しいことであった。

その翌日、市内在住の家庭を農村へ疎開させるため、警察の指示により農夫が引く多数の牛車が台南市に集められた。市内の各家庭は牛が引く車に乗り、残らず農村へ避難することとなった。避難計画は警察が立て、迅速かつ整然と実施された。

私の父は教職に就く公務員であったため、台南市を離れることは許されなかった。自炊に不慣れな父のため、十六歳になる私の姉が一緒に残ることとなり、母は私と四歳の弟、それに一歳の妹を連れ、遠く離れた農村へと疎開した。私たちは、敵襲を避けるため夜間牛車に乗って避難した。牛車にゆられながら私は夜空の星を見上げ、家族の現状について考えていた。私たち家族はバラバラになり、行ったことのない農村で経験したことのない避難生活を送ることになった。

牛車はゆっくりと一昼夜をかけ、私たちを人里離れた農家まで運んだ。そこで私たちは、政府の決定に従い農夫から小さな部屋を借りた。振り返ってみると、日本政府の立てた避難計画は、農夫を動員し運搬を担当させ、住居の世話まで組織するという詳細を極めたものであった。私たち子どもにとって、小さな部屋に押し込まれることは、大きな生活の変化であった。母は、市内に残してきた父と姉の安否を気遣っていた。

その父と姉が疎開して私たちの仲間入りをするまでに、そう長い時間はかからなかった。姉は実家の近辺が空襲された日のことを話してくれた。ある日、父が自転車に乗って学校から帰宅する途中、家の方角が空襲を受けているのを見て、急ぎかけつけようとしたものの、爆撃による被害にはばまれ、容易に近づくことができなかった。姉が空襲で死んだものと思った父は、泣きながら瓦礫を迂回して家にたどり着いた。厳格でまじめな父が、感情を外に出したところを見たことのなかった姉は、娘の無事を発見して泣き笑いしている父の姿に感動したと言っていた。

疎開先での暮らし

前述したように、疎開計画を含めて日本政府の立てた計画や準備には優れたものが多かった。疎開先では、親元を離れた生徒を教師が引率して集団生活を送っていた。父はこうした疎開児童の集団の一つを任されることになり、地域の集会所は合わせて十二名の児童を収容する寮となった。私がその集団の一員として加わったので、疎開先で父は私の担任教師となった。

この当時、食料不足は頂点に達していた。肉の不足は言うに及ばず、米や野菜までもが十分に配給されなくなっていた。私たちは数カ月間、日に三食、山芋入りの雑炊と干したキャベツを食べた。普段たまに食べる山芋の雑炊はおいしかったが、毎日毎食となると腹部が膨張しガスが多発することもあって、楽しい食事とはいえなかった。干したキャベツも妙な味と臭いがしておいしくはなかった。

ある日、市内の日本人校長が私たちの疎開先を訪れた。食料が不足していることを知っていた校長は釣りざおを持参し、近所の川へ私を連れ魚釣りに出かけた。終日立ちっぱなしで釣りをして、彼は全長一〇インチほどの鮎をなんとか十二匹釣り上げた。私は校長の名前を覚えていないが、その親切そうな顔と全生徒にいき渡るよう魚篭の中の鮎を数える様子ははっきりと覚えている。私たちはその日の夕食に校長のやさしい心遣いを感じながら、各生徒一匹ずつ焼き魚を楽しんだ。

アメリカ軍が戦術上の理由から、台湾を通り越し沖縄攻撃に向かったため、台湾への空襲はそれ以降行われなくなった。そのため、集団疎開した児童たちは解散を命じられ、両親の元へと帰された。私たちは農夫から借りた小さな部屋で再び暮らすことになった。食料不足は引き続き、一歳の妹は栄養失調症となってしまった。母は自分の着物を瓶入りの煎った南京豆と交換し、妹に与えた。そのあいだ私や四歳の弟は、栄養価が高くおいしそうな南京豆を眺めるだけで満足しなくてはならなかった。私は近所の池でオタマジャクシをとろうとしたが、母は食用ではないからと言って反対した。その代わり、農家の子供がコオロギの捕まえ方を教えてくれた。コオロギの穴を見つけ、その中に水を注ぎ、出てきたところを捕まえるのである。母は捕まえたコオロギをフライにしてくれた。それはおいしく栄養価の高い軽食となった。

第二次世界大戦の終結、そして台湾の中国への返還

私たちの疎開はおよそ五カ月間続いた。八月のある日、疎開先の校長は、アメリカ空軍機の広島と長崎への原子爆弾投下で両市が完全に壊滅したと報じた。結果として、日本軍は連合軍への降伏を決定したのだが、降伏の知らせは私たちにとって衝撃的なニュースであった。なぜなら、たとえ都市が壊滅しようとも、最後の一兵、最後の一人まで戦い抜くと信じていたからである。私たちは、日本が降伏するとは考えていなかったし、

最後の一人が「玉砕」するまで戦うことだけを考えていた。しかし、天皇がすでに無条件降伏をラジオで発表したため、私たちはその決定を尊重しなければならないと教えられた。そのとき十歳と二カ月になっていた私は、教えられたとおりに皆切腹しなければならないのかと父に尋ねた。父は、天皇が耐えがたきを耐え、降伏するよう国民に伝えた以上、切腹の必要はないと答えた。さらに、台湾が祖国中国に返還されるであろうことから、私たちはそれを祝賀しなければならないと言った。

私は、日本名を捨てもとの中国名を名乗るであろうこと、そして日本語を話す必要はもうなくなるであろうこと以外に、祖国中国への返還が何を意味するのか正確には理解できなかった。母はお祝いに家中の米をかき集め、釜一杯のご飯を炊いてどんぶりいっぱいによそってくれた。私は思い切りご飯をほおばり、毎日こうしてご飯が食べられるといいねと言った。なんともそれはおいしかったのだ！　しかし、その先数年間、台湾が中国に返還された後ですら、そのとき以上にお米を食べることができなくなるとは知る由もなかった。

戦争が終わると私たちは台南市へ戻り、空襲をまぬがれた実家に戻り住んだ。以前通っていた学校に行ってみたが、空襲で焼かれ残っていたのは壁だけであった。私たちは青空の下に座り、授業を受けた。鉛筆も紙もなかったが、授業はそれまでどおり、日本人教師によって中国人教師がくるまで毎日欠かさずに行われた。私は二つの大きな事件をはっきりと覚えている。一つは私の頭に「台湾山脈」をつくった三年生担当の岡本先生についてである。彼は私たちのクラスだけでなく、ほかのクラスの生徒たちにも同様に厳しい躾《しつけ》を行っていた。それを経験した生徒のなかには、終戦時に高校生となっていた者もいた。彼らは小学生のころ、岡本先生の軍靴でひどく蹴られた生徒たちであった。そうした高校生の一団が鉄棒を手に校庭で岡本先生をとり囲み、彼から受けた過酷な体罰への復讐をしようとしているところを私は目撃した。それを懸命に制止しようとあいだに入っていたのが、うやうやしく天皇の勅語を読みあげていた教頭の山口先生であった。彼は高校生たちに、岡本先生は国のために軍事政権から言われたままに躾を教えていただけだと説明していた。山口先生の説得が奏功し、岡本先生への暴行が回避できるのか、それとも最終的に岡本先生は暴行されるのかを見きわめるのが恐ろしくて、私はその場を離れた。しかし、多くの日本人がかつての植民地台湾での戦時下の行為の仕返しに、通りで暴行を受けたり、侮辱されたりしたと聞いた。

もう一つ私がはっきりと覚えているのは、山本先生についての思い出である。彼は私の二年生のときの担任だったが、日本へ送還される前の数カ月、五年生にあがった私たちを担任した。そして帰国するまで先生は、私たちに中国語を教えてくれた。国籍が日本人であり、中国語は学んだことがなかったにもかかわらず、苦労して手に入れた中国語の本を読んで自ら勉強し、先生は私たちに北京官話の発音と読み方に必要な音標文字を教えてくれたのである。戦争が終わってから、多くの日本人は速やかに本国へ送還される予定であったが、輸送船の数が十分ではなかったために、順番を待ちながら数カ月の台湾残留を余儀なくされていた。山本先生もそうした人びとの一人であった。このころ、中国本土から役人や軍隊が統治を引き継ぐためにやってきていたが、混乱した状況のなかで経済は手に負えなくなっていた。依然として多くの人が食料不足に悩み、何カ月も収入のない状態が続いていた。日本人は言うに及ばず、台湾人にとっても非常に困難な時期であった。残留した日本人たちは、所持品を売って食料と交換していたが、それもすぐに底をついてしまっていた。山本先生は、数日食べていないのでとても腹が空いたと私に言いながら、懸命に私たちに中国語を教えようとしていた。先生の日本なまりの中国語の発音―― bo, po, mo, fo; zhi, chi, shi; yi, wu, yu など――を私はいまでもはっきり覚えている。君たちは今や、中国人なのだから中国語を学ばなければならないと先生は言った。私は自分の空腹にもめげずに中国語を教えようとしている先生の心意気と親切に、とても心打たれる思いがした。彼は私たちが将来困難に耐え懸命に勉強するためには、「がんばる」精神が必要と教えてくれた。私は先生の心意気を尊敬し、忘れることができない。

後の人生への影響

私はこれまで少年時代の断片的な記憶を書き連ねてきた。その大半は、日本占領下の戦時の台湾についてである。それは十年という期間にすぎないが、私にとっては精神発達上非常に重要な時期であった。自分の子どものころに起こったすべての出来事を一貫して記憶することは不可能である。しかし、記憶は断片化されているものの（いわゆる「ウィンドウピクチャーズ」）、当時の私が知覚し、後年私に影響を与えた事柄をそれは反映し、当時受けた教育を通して私の心が日本文化からどのような影響を受けたのか、その時代と状況から私個人の心理と性格がどのような影響を受けたのかを論ずるに足る十分なものである。

権威への絶対服従

日本の教育から私が得たもののなかでも、権威への絶対的な服従と忠誠心は、最も重要かつ強力な影響を私に与えた。階層を最重要視する縦型社会――とくに、戦時下の強力な軍事政権のもと――においては（天皇がその頂点を代表する）権威への忠誠は厳格に守られていた。心理的発達の見地からは、親の権威に耳を傾けその指示に従うことは、思春期前の発達初期段階における子供の主要な課題の一つである。私の場合は、この発達の課題に道徳的、精神的な特質を増幅させる非常に強力な文化的期待と要求が重ねられた。私の生来の几帳面さと従順な性格特性が、権威からの指示に従わせる傾向を生んだこと、あるいは逆にそうした社会的および文化的要求が私の性格特性を強化し、さらに強迫的に私を従順にさせたことは述べておくべきであろう。

幸運にも後年私は、（政府、教師、両親などに代表される）権威に対し絶対服従すべきか否かを評価し、考慮し、判断する能力の必要性を学んだ。しかし、振り返ってみると、権威との付き合い方や対応方法に関する問題が、私にとって主要な心理的課題であったことは明らかである。私は適切に順応してきたし、善意ある権威に恵まれもしたが、少年時代のみならず成人してからの人生においても独断的で不合理な権威への対応に困難を伴うことがあった。

「がんばる」精神と綿密な計画に従って行動すること

日本の教育と文化が私に与えた影響のもう一つの重要な側面は、「がんばる」精神である。日本語の「がんばる」を、英語あるいは中国語に翻訳することは容易ではない。辞書によれば、その意味は「ひるまず耐える、断固やり抜く、断固として自らの立場を守る、持ちこたえる、断固要求する」などとされている。困難な状況に日常的に取り組み、対峙し、対応するために「懸命に努力する」ことをそれは意味する。日本映画などではこの言葉が頻繁に使われ、ときには自分自身に対する励まし、あるいは他人が直面する困難な状況を打破するための勇気づけや助言として用いられている。日常会話で頻繁に使われている言葉である。

がんばる精神は明白に私の性格の一部となった。私は学業において、そして後年、専門分野の研究において、熱心に、粘り強く、懸命な努力を傾注した。学生のころ必要であれば睡眠を一日六時間しかとらず、数週間あるいは数カ月試験勉強に励んだ。また、教授になってからは書籍の執筆に、診療を始めてからは専門分野の実地臨床に、私は努力してきた。

がんばることに関連して私が日本の教育から学んだ習慣は、綿密な計画に従いその範囲内で行動することである。このことは、私の学術分野における研究と後年の専門キャリアの開発に役立った。しかし、（例えば雨中に溝を掘るような）無意味なことに頑なに執着しないよう、私はつねに心がけてきた。そして、計画した目標が合理的か否かをつねに判断する必要があると自分に言い聞かせてきた。なぜなら、頑なな粘り強さと自らの立場を貫く態度を、効率と行動目標を見失ったまま保ち続けることは、私には危険なことに思えるからである。これは戦後、それも後年学んだことである。

民族的意識と同一性

言うまでもないことであるが、日本占領下の台湾に育ったことは私のなかに民族的意識と同一性の感覚を刺激した。私は日本人として受け入れられることを望みつつ、他方では自分を含む台湾人が日本人から二級市民として扱われていることを半ば無意識に気づいていた。結局私たちは、民族的に中国人として生まれてきたのである。中国人としての意識は、少年時代のみならずその後の人生においてもつねに私の心のなかに存在し続けた（詳細は第8章参照）。

もちろん、私は日本人についての意見を自分なりの経験からかたちづくっていた。すなわち、なかにはとても親切で親しみやすい人がいる一方、非常に厳格で過度に粗暴な人もいる。単純な一般化は、いかなる民族集団にも当てはまらないことを私は知った。なぜなら、つねに大きな個人差がそこには存在するからである。通常観察される、特定集団に共通する特性について、意見を述べることのみが私たちには可能なのである。

第2章

思春期から青年期まで：中国文化の影響

第1章で述べたように、太平洋戦争末期の一九四五年になるとアメリカ軍の航空機部隊が台湾を空襲し、制空権を確保した。しかし、アメリカ軍は台湾に上陸せず、日本本土と台湾の中間に位置する沖縄へ上陸し、これを占拠した。日本軍はアメリカ軍の襲来を予期していて、沖縄近海のアメリカ艦艇に対し神風特攻を行った。アメリカ軍は広島と長崎それぞれに原爆を投下し、日本を降伏へと追い込んだ。日本軍の首脳は最後の一兵まで戦い抜くことを考えていたが、天皇が無条件降伏を宣したため、一九四五年八月一五日連合国側に対し公式に降伏した。連合国が以前に締結していたポツダム合意により、一九四五年一〇月一五日台湾は公式に中国へ返還された。中国人はこれを「光復」と呼ぶ。私たちが中国に光栄復帰し、再び中国人民となった日である。

復帰とともに多くの変化が起きた。過去、日本人から「豚」と呼ばれ軽蔑されてきた本土の中国人は、祖国からやってきた私たちの「兄弟」となり、本来私たちが尊敬するよう教えられた日本人は、中国の征服を試みた悪の侵略者となった。彼らは中国人から「日本人の鬼」と呼ばれて敵視され、「犬」同様に軽蔑されていたのであった。かつて日本人から「鬼畜」と軽蔑されてきたアメリカ人は中国とともに日本を破った友好的外国人となった。こうして世界は一八〇度転回し、黒は白へと劇的に変わったのである。それまでの敵と友人が突然切り替わり、私たち公民の身分も変換した。祖国へ復帰した光復の日、わずか一日にして私たちは中国人になり、私の名は曽我敏男から曽文星へと戻ったのである。

私の先祖、祖父母、そして両親

再び中国人に戻るとともに、中国の祖先に関する偉大な歴史を詳細にわたって正式に聞くことができるようになった。曽家は、もともと福建省泉州府晋江県の出身である。前述したように、高祖父は振威将軍の位を持つ軍人であった。軍隊を統率し、台湾を統治すべく「鎮台総督」を清の皇帝から任命された彼は、当時台湾の首都であった台南の中心部に住んだ。その家の正面の壁には四フィートの高さで家名の「曽」が描かれていた。

曽祖父も朝議大夫（政府顧問）の位を持つ官吏であった。祖父は位階を持たなかったが、台湾が日本に割譲されることを知り、近親者を引き連れて福建省晋江にある曽家のかつての住家に避難した。この家で生まれた父の幼児期の記憶によると、家の周囲は高い塀で囲まれ、塀の外には数メートル幅の堀割りが防犯用に設けられていたそうである。それは明らかに富裕な官吏にふさわしい旧家であった。祖父は台湾には戻らず、晋江で亡くなった。未亡人となった祖母は、日本の統治が開始された台湾の状況が落ち着いたことを聞いて、当時十歳になる父を連れて台湾へ戻った。しかし、台湾を離れた当時、残していった彼らの不動産はすべて親戚の名義で（日本政府に）登記されており、以前所有していた家屋はほとんど失われてしまっていたのである。

小学校卒業後、父は師範学校へと進学した。しかし、師範学校は全寮制であったので、祖母は父を手放し一人で暮らすことを望まなかった。そのため、父はまず家を出て寮で暮らせるよう祖母を説得してから師範学校へ願書を提出し、入学を許可された。学校と寮で父は日本式の教育と訓練を受け、味噌汁などの日本食を好むようになった。後年、父は家庭で厳しい躾《しつけ》を子どもに施したが、私はそれが当時師範学校で受けた日本の教育の結果ではないかと考えている。

ここで、私が子どものころ母から聞いた両親の結婚についての話を紹介したい。前述のように、祖父は中国本土で亡くなった。未亡人となった祖母は台湾へ父を伴って移り住み、父が師範学校を卒業し教職に就いた後、一緒に住んでいたが、父がいまだ独身だった二十五歳のときに亡くなった。中国の習慣では、子どもは親の死後一年間喪に服し、結婚などの慶事は避けなければならなかった。しかし、生涯料理など習ったことのなかった父にとって、家事の切り盛りを女性の手を借りずに行うことは困難であった。そこで、親戚らは祖母が亡くなったわずか一週間後に、母との結婚を提案しその段取りをつけた。長期間の服喪が始まる直前の結婚は、中国の慣わしでは許されていた。父と結婚した当時、母はわずかに十六歳で、それまで父と顔を合わせたこともなかった。

祖父の古い写真

母は旧姓を王といい、中国福建省同安県の出身である。母方の高祖父は正七品（文林郎）を、曽祖父は正九品（登仕郎）

右から父，母，姉，そして纏足をしていた母方の祖母

を清の皇帝から賜った。こうした位階が、正確に何を意味するのか子どもの私は理解できずにいたが、母によれば民間人の学者に与えられたさまざまな地位・序列を示す位階とのことであった。彼女の祖父は台湾へ移住し、農業に従事した。祖父の代には、家族から科挙の郷試に優秀な成績で合格したことの証である挙人の資格を持つ者が二人出たと母は言っていた。母は明らかに知識人の家系の出であった。彼女の祖父は中国医学を修めた医師であり、父は成功した漢方薬局の経営者であった。母の父、つまり私の祖父は資産家であり、後には私の祖母以外にも第二夫人、さらには第三夫人を娶《めと》っていた。表向き彼女らは内縁関係にあったものの、実際は親族から皆妻とみなされていた。したがって、私は公式に母方の祖母を三人持つことになる。

この三人の祖母については、私がアメリカに来たころ友人によく聞かせた興味深い話がある。第一の祖母は清代の生まれであった。当時、成功した裕福な家庭で行われていた風習に纏足《てんそく》があり、彼女も足を強制的に縛られていた。成人になってからも彼女の足は縛られたままで、四インチ程度の長さしかなかった。祖父が第二の祖母を娶ったとき、彼女にもしばらくのあいだ纏足を行った。しかし、当時台湾を占領した日本が纏足を禁止したために彼女は纏足から解放され、結果として中ぐらいの大きさの足をしていた。第三の祖母が生まれたころ纏足はすでに厳しく禁じられていたため、彼女は足を縛った経験はなかった。そのため彼女の足は普通の大きさをしていた。つまり、私の三人の祖母は十年のあいだに習慣がどのように変わったかを示す、異なる寸法の足を持っていたのである。

台湾語と新たな国歌の習得

台湾が「光復」によって祖国中国へ返還となった後、私は母国の方言語である台湾語の学習を開始した。日本占領下では、「國語常用家庭」の一員として日本語しか用いなかった私は、戦争が終わるまで一切、台湾語を話さずに過ごし、母方の祖母と母との会話や近所の子どもたちの会話でしかその言葉を聞くことはなかった。戦後になると日本語は一切、禁じられたため、母国語を習わないわけにはいかなくなったのである。

台湾の中国系住民には二種類あった。その約三分の二は台湾語とも呼ばれる福建語を使う福建省からの移民で、残りの約三分の一は広東省の客家人《はっか》が住んでいた地域から移住してきた人びとである。客家人は客家語を使った。公式の中国語である北京官話（Mandarin または北京語）には四声ある。福建語あるいは台湾語はさらに複雑で、理論的には八声ある。同じ発音でも、異なる声調によって異なる意味の言葉となる。例えば、猿、犬、厚い、鉤、到着などはすべて同じ「gao」の発音であっても声調は異なる。誤った声調で発音された言葉は、違う意味を持つほかの言葉に解釈されてしまう。例えば、第一声発音の猿が第四声発音の犬になる。

当初、私の台湾語はまったくひどいものであった。そのため、私は台湾語に慣れた近所の子どもたちや級友らから笑いものにされていた。

問題は母国語の話し方の学習にとどまらなかった。それと同時に私は、北京地域の方言から中国の国語となった北京語も学ばねばならなかった。母方の親戚に医師をしていた伯父がいて、彼は中国本土から台湾へ帰国したばかりの親戚で若い叔母に、北京語を私たちに教えるよう頼んだ。私たち親戚のなかで小・中学校に通う学童期の子どもたちのみならず、ほかの青年らを含む十二名程度の生徒が、遠い親戚の叔母から北京語を学ぶため週数回医師宅で授業を受けた。当時臨時教師でまだ若かった叔母は美しい声調で北京語をしゃべったが、日本語や台湾語とも異なる北京語独特の発音が難しく、私たちが彼女の授業についていくことは困難であった。「はい」（shi）を意味する中国語は、「死」（si）を意味する言葉と区別するため舌を曲げて発音せねばならず、「探す」（zhao）という言葉も同様に「早い」（zao）を意味する言葉と区別しなければならなかった。同様の問題は、英語を学び始めたころ「fry」と「fly」、「election」と「erection」など「R」と「L」の発音の区別でも経験した。

年若い叔母からは、北京語を学ぶほかに中国国歌も教わった。従兄がピアノを弾き、私たちは叔母の後について中国国歌を歌った。当時、歌詞の意味はわからなかったものの、とにかく私たちは国歌を覚え、歌うことができたのである。後になって、歌詞の意味は建国の父、孫逸仙（孫文）が書いた遺書で、国民党員に革命を成し遂げるために努力する意志を表明したものであることを学んだ。

新しい国旗と中国本土からやってきた友人

中国の国旗である青天白日満地紅旗（中華民国の国旗）を初めて実際に見たときのことを、私は鮮明に覚えている。前述したように、私たちの小学校は空襲で壁一面を残して破壊されたため、隣接する師範学校の教室を使い授業を受けていた。この師範学校の校長の息子は私と同い年で、何かの拍子で私は彼と知り合いになった。ある日、中国本土からきた外省人の彼は、校庭で校長の父親が行う予定の国旗掲揚式に私を誘ってくれた。式に出席した私は、そこで初めて自分たちの国旗を目にした。言うまでもないが、その旗はそれまで見慣れていた日本の国旗とは著しく異なっていた。そしてこれもまた、日本の国歌とはまったく異なる国歌の吹奏とともに国旗は掲揚された。当時十歳の少年であった私は、これからはこれが敬意を表さなければならない国旗なのだと自らに言い聞かせていた。

私はこの新たな外省人の友人のことをいまだによく覚えている。しかし、張という姓は覚えているものの名は覚えていない。勇（Yong）だったように思うので、その姓名を仮に張勇とする。張勇はとても優しい人柄で、頭もよく正直かつ誠実な少年だった。私は彼をとても気に入っていて、私たちはとても気の合う友人同士になった。父が師範学校の校長であったため、彼の家族は学校近くの大きな日本式住宅に住んでいた。家には男性使用人がいて、張勇の父を毎朝学校まで人力車に乗せて運んでいた。

私が張勇の思い出を記すのは、それまでに彼が中国本土で得た、私の経験とはまったく異なる経験や人生観を話してくれたからである。例えば、中国に侵攻した日本軍に対して中国兵がいかに勇敢に戦ったかについて彼は語った。巨大な青竜刀を手に、夜間日本軍陣地へ大胆に攻め込み、白兵戦で日本兵を殺害した中国兵の話を、重い刀を振り回す身振りを交えて語ってくれた。そのときの彼の劇的な表情や身振りは、いまだに私の脳裏に鮮明に焼きついている。彼の話の内容は、それまで私が日本人から聞かされてきたこと――日本兵は全員勇猛果敢で中国兵は皆臆病、しかも戦闘が始まる前に逃げ出してしまう――とはまったく正反対のものであった。

張勇はまた、中国兵が機動的かつ適応性を持って命令を実行するよう訓練されていたことについても誇らしげに語った。彼は中国兵、日本兵、アメリカ兵がそれぞれ上官の命令を遂行する方法の違いについて説明した。例えば、日本兵が命令を受けて行進し川に差し掛かったとすると、上官のさらなる命令がなくてもそのまま川に入って溺れるまで行進し続ける。アメリカ兵は、前進するよう上官の命令があっても川岸で行進をやめてしまう。中国兵は行進をやめることはしないが、川に入らずその場所で立ち踏み行進を続ける、というのである。

たとえ少年のつくり話に過ぎなくとも、それは権威に対する異なる文化を持つ人びとの異なる反応を言い当てている。私の想像力は刺激され、異なる文化における上官の命令の「正しい」遂行のしかたと対処法は何かという疑問について私は考えた。文化に関する優れた話を張勇がしてくれたことに、私はいまだに感謝している。

当時の私には、張勇が唯一の外省人の友人であった。彼はいつも自宅に招いてくれて、私たちはよくそこで遊んだ。しかし、私たちの交友は長続きしなかった。彼の父が要職に就くため、家族ともども本土へ帰ることになったからである。私は、本土の中国人の思考方法や世界観について、わずかながら学ぶ機会を与えてくれた張勇の不在を寂しく思った。少年でありながら彼は私たちが異なる教育を受け、異なる人生経験を経てきたことに気づかせてくれたのである。

外省人と本省人の衝突 ― 二・二八事件

「光復」による台湾の中国への返還後、多くの人びとが本土から台湾へやってきた。師範学校の運営と中国式教育の実施のためにやってきた張勇の父のように日本政府からの行政引継ぎに渡来した人びとや、私の教師役を務めた叔母のように、もともと台湾人で中国本土に戦争中避難していた人びとの帰還もあった。また、兵士も多数いた。中国は日本との戦いに八年間を費やし、兵士たちは疲れ切っていた。中央政府はソ連や戦後中国の支配権を得ようとしていた共産主義者への対応に苦慮し、台湾統治の移管や人民の新たな生活にはあまり注意と労力を注いではいなかった。当時、本土から台湾に送られてきたのは通常軍の一部ではなく、福建省から強制的に徴兵されてきた兵士らがほとんどを占めると言われ、彼らの規律は乱れていた。私たち子どもは、戦前往来で日本兵に出会ったときには敬礼するよう教えられていたので、中国兵にも同様に敬礼しようとした。しかし、隊列を組んで行進していた日本兵とは異なり、中国兵が整然と行進することはなかった。なかには異常な背嚢をかつぐ兵士がいたり、大きな飯鍋を肩に担ぐ兵士らもいたりした。それはまるで敗残兵のようであった。私たちは祖国中国の軍隊に少なからず失望した。

台湾に住む多くの人びとは、民族的に中国人であるにもかかわらず自らを台湾人と呼んでいた。台湾の山岳地域に暮らし、台湾人からは高山族と呼ばれていた先住民の数はほんのわずかであった。台湾人は第二次大戦後中国本土からやってきた人びとを外省人と呼び、自らを本省人と呼んで区別した。そして、この区別はその後何年も存続した。

当時、外省人と本省人を区別することには十分な理由があった。どちらも民族的には中国人であるものの、両者は異なる言語を用いていたため、意思の疎通が困難であった。外省人はおもに北京語を話し、本省人は福建語または客家語を話していたからである。言葉の壁はしばしば誤解を生む原因となった。また、生活習慣、行動様式、価値観などのサブカルチャー面でも差異は少なくなかった。

例えば、終戦直後本土から台湾へやってきた外省人の多くがかつて日本人が所有していた日本式住宅を接収したが、こうした住宅の床に敷かれていた畳の上を、彼らは本省人が日本人から学んだように裸足で歩こうとはせず、スリッパをはいて歩いていた。さらには、畳の上で寝ることをせずにベッドを持ち込み、畳の上に置いたため、畳はすぐに傷んでしまった。前述したように本土からやってきた中国兵の行動はひどいものであった。まるでギャングのように市民の持ち物を強奪した行為などは、おそらく戦争中、中国本土の戦闘ではそれが許されていたせいであろう。こうした行為は、本省人のあいだに強い憤りを生じさせた。

本省人と外省人との関係は緊張し、すぐに二・二八事件と呼ばれる暴動へと発展した。一九四七年二月二八日、中国兵の暴行に怒った本省人が政府に対し抗議行動を起こしたのである。暴動は台湾全島に拡大し、本土からはさらに多くの兵士が動員された。結果として、それはさらに多くの殺戮を招くこととなった。トラックに乗った大学生の集団が銃を片手にスローガンを叫び、旗を振りながら過ぎ去って行く情景を眺めていたこと以外、当時十一歳半の小学校五年生であった私は、起こりつつある状況を理解できずにいた。抗議運動が収まると多くの市民が軍隊により拘束され、そのうちの何人かは射殺された。ある日、私は台南市の中心にある公園の大木の下に血溜りを発見した。母はそれが、政府から暴動指導者とされた台南市でよく知られたある人物が、自分の銃殺刑を受け入れる代わりに大学生を含む支持者らを赦免するよう嘆願し、処刑された跡であることを教えてくれた。それからおよそ一週間、私はその木のそばを通るたびに褐色に変色した血痕を眺めていた。いまでも目を閉じれば、地面に残された血痕がありありと目に浮かぶ。当時私は、処刑された指導者がどのような人物であり、処刑の理由が何なのか、悲劇的な結果を彼の家族はどのように受け入れたのかなどと考えた。後年、この事件で知り合いの家族に犠牲者があったことを私は知った。二・二八事件は本省人と外省人のあいだにその後何年も続く深い嫌悪と敵意を生んだ。

「注文した麺の代金は食べる前に払ったほうがよい」――悲惨な経済状態

二・二八事件の後、人びとはどんな反動が自らの身に及ぶのかわからないことを恐れ、事件について語ることを控えていた。私たちはさらにもう一つの重大な社会的危機に直面していた。中国は戦勝国ではあったものの、日本との八年に及ぶ戦争、さらには伸張する共産党勢力との内戦のため、疲弊した経済に悩まされていた。十代の少年の私には政治的状況の的確な把握は困難であったが、社会に起こりつつあった混乱の経験という点ではほかの人びとと同じであった。中国国籍と中国名への変更、新たな言語の習得、（教師の体罰がもはや許されることのない）異なる教育体系への変化、新たな文化への順応などに加え、経済的混乱が私たちを待ち受けていた。その原因は、経済危機に対処するため中央政府がより高額な貨幣を発行し続けたからである。一ドル紙幣は十ドル紙幣となり、十ドル紙幣は百ドル紙幣へ、千ドル紙幣はすぐに一万ドル紙幣へと切り替わって深刻なインフレを引き起こした。私たち子どもは、昔は一セント玉をポケットに入れて飴を買いに行ったものだが、経済危機で貨幣はほとんど用をなさなくなり、飴を買うのに一万ドル札を持ち歩かねばならなくなった。多くの人は米を買うことができず、また数万ドルの現金を持っていたとしても商店に米が不足していたため、入手は困難を極めた。商店の側にも売り控えが目立つようになった。わずか数時間のうちに米価が高騰しかねなかったからである。高値で売れるものを安値で売り、みすみす損をすることは合理的ではない。米を買うためには同じ重さの紙幣を袋に詰め、肩にかついで買いに行かねばならないと人びとは冗談半分に言い合った。もう一つの冗談は、「食堂で注文した麺の代金は食べる前に払っておいたほうがよい」。なぜなら、食べ終わるまでに代金が上がるかもしれないからというものであった。それは悲惨で恐ろしい人生の一時期であった。

経済が危機に瀕しているこの時期、政府は役人に給与を払うことができなかった。支払われたとしても、インフレのせいで給与はほとんど意味をなさなかった。多くの人が食糧に事欠き、子どもらの多くは栄養失調に悩まされていた。近所の知り合いの子どもが栄養失調で亡くなったのもこの時期であった。幸運にも私の母は、持ち物とおもな食材を交換し続けることができた。私は道端に落ちているオレンジの皮を拾い、乾かして漢方薬局に売ったこともあった。しるし程度の現金しか受け取ることはできなかったが、悲惨な家計へのなにがしかの足しにはなった。当時は、どこの家でも似たような経済状況を抱えていた。

私の父は生涯を教師として過ごし、わが家の生計は彼が受け取る給料によって支えられていた。私たち子どもは両親から倹約生活を学んだ。十年以上ものあいだ、父は給料の約三分の一を生命保険と子どもらの学資保険の保険料に充てていた。父は自分や母の身にもしものことがあった場合に備え、基礎的な保険を子どもらに用意したかったのである。しかし、保険料を払うための懸命の努力も、インフレのために満期の保険金は山芋を一個だけ買う程度の額にしかならなかった。インフレで一ドルの価値は四万ドルにまで上昇した。このことは母をひどく動揺させ、代わりに家を購入しておけばよかった、と彼女はとても残念がっていた。住宅の価格がインフレで途方もなく高騰したからである。彼女は「緑の山を持つ人は台所の燃料に一生苦労しない」という中国の農夫の諺をよく引いていた。私はこの農夫の哲学を生涯肝に銘じ、住む家と土地の購入を優先して、生命保険には子どもたちがまだ幼いあいだしか加入しなかった。

小学校での経験

小学校在学中、私の学業成績はつねに優秀であった。音楽の授業ではいつも乙をつけられていたが、それを除けばすべての教科で成績は甲（成績評価は甲、乙、丙、丁の四段階）で、小学校一年生から私の成績はつねにクラスで一番であった。当時、日本の教育制度では一学年は三学期に分けられていた。私は一年生の三学期を通じて教師から級長を指名された。しかし二年生にあがり二学期目になると、教師はほかの生徒を級長に指名した。その生徒の成績は私ほど良くなかったので、私はその先生の決定にとても驚き、挫折を感じて二学期の四カ月間を憤りと恥ずかしさすら感じて過ごした。三学期になると私は再び級長に指名され、不幸、恥辱、憤りなどの感情からいくぶん解放された。後年、教師は彼の決定についてその理由を語ってくれた。父はつねに私が級長であることの心理的悪影響を心配し、子どもの私が他者への優越感を持ち、自分を下位に置くことができなくなるのではと考えたのである。彼の心配は、自分自身教師としての長年の経験から生まれたものであろう。そのため、彼は私の教師と相談して私の級長指名を一学期間外させた。父の意図は善意に基づくものであったが、理由もわからずに一学期を失望と挫折を感じて過ごした私としては、父にそれをあらかじめ教えてほしかったと思う。これは、直接本人への意思伝達を避けるという父の性格を反映した出来事かもしれないが、当事者の背後でことを画策するという中国人一般に共通して見られる傾向を反映したとも考えられる。理由はともかく、苦痛に満ちたこの学期を経験したことは、後年の私にとり有益な教訓となった。人生はつねに順調とは限らないこと、時には他人の下位に甘んじ苦しい状況に耐えながら対処しなければならないことなどをそれは教えてくれたのである。

この経験にもかかわらず、その学期以降戦争が終わる学年末まで教師は私を級長に指名した。台湾が中国へ返還された後、新たな「民主主義的」体制に従い級長は生徒によって選ばれることになった。私は小学校六年生までその後ずっと級長に選ばれ、六年生のときには全校生徒全員の総代に選ばれた。私は朝礼の進行役として国旗掲揚から体操まで指揮をとった。毎朝朝礼台の上から千人近い生徒を国歌の斉唱から体操まで指揮するのは素晴しい経験であった。生来私は臆病な性格であったが、できるだけ大きな声で号令をかけられるよう練習し、生徒の模範となる体操を心がけるよう努力した。これは私に誇りと自信を与えてくれ、後年大集団を率いるうえで役に立つ貴重な経験となった。

演説大会で舞台に裸足で上がる

私が小学校六年生のとき、もう一つ記憶に残る経験があった。北京語の奨励のため、台南市教育局は市内のすべての小学校生徒を対象に演説大会を開催した。私は自分の学校で、ほかの学級代表との予備選を経て学校代表の指名を獲得し、本戦へと進んだ。大会は市内で最も大きい劇場を会場に行われた。優秀な他校の代表たちと出会い、競い合うのは、私にとって初めての経験であった。じつを言えば、私は大勢を前にしての演説を得意とする性格ではなかった。本を読み、文章を書くことは得意であったが、人前での演説は不得手であった。しかし、私は級長かつ学生総代であり、ほかの学級代表との予選を勝ち抜いた学校代表である。やり抜くしかなかった。学校内での予選では、自分の演説を完全に暗記できるまで一生懸命がんばった。そして、教師から教わったとおりに身振りや手振りをつける練習もした。私に残された課題は、中国の諺にあるように「頭皮を厚くしてぶつかれ！」を実行に移すことであった。すなわち目前の困難な障害に挑戦するべく頭皮を鍛えて厚くし、思い切りぶつかるのである（日本的に考えれば体当りのつもりでがんばっていくのだ）。

私には、他校代表と競うための厚い頭皮が必要だった。私がこれから読者に紹介する経緯は、演説大会をどのように戦いどのような結果が得られたかではなく、私がどのように舞台に上がり演説を行ったかについてである。それは台湾が中国に返還されて間もないころのことで、「光復」に続いて起こった悲惨な経済危機からまだ抜け出していない時期であった。私たち一家は依然として日々必要な生計をかろうじて立てていた。この大事な演説大会に、私は戦時中につくられた古い学生服を着、破れて足指の突き出たゴム靴をはいて臨んだ。自分の順番がきて舞台に上がるとき、指の突き出た靴をはいたままでは体裁が悪いだろうと私は考えた。通常は、学校内を裸足で歩き回ることはそれほど無礼で奇妙なことではなかった。ひとつには農村での習慣から、また多くの家庭で子どもに靴を買い与える余裕がなかった事情もあり、当時学校で裸足の子どもを見ることはまれではなかった。しかし、演説を発表する公式の舞台となると話は別である。およそ十二名の競争相手のなかで裸足は私のみであった。結果は等外賞であった。優勝は逃したが二番目に優秀との評価を得たことは、とくに裸足で登壇したことを考えればまずまずの結果であった。私がこの出来事をいまもなお鮮明に覚えている理由は不明だが、おそらく舞台に裸足で登場したことをいまだに恥じているせいか、あるいは付帯する条件はどうあれ内容が優秀であれば成功と考えているせいかもしれない。しかし、十代の少年の私は、父や母がなぜその機会に競争相手の親たち同様に新しい靴を買い与える努力をしてくれなかったのかと考えた。それは、父の懸命な働きにもかかわらず十分ではない給料で家計が支えられていた当時の貧しさを物語るものでもある。

中学校での経験

小学校を卒業した私は台湾南部で一、二を争う台南第一中学校へと進学した。前述したように、台南市には日本統治時代に二つの中学校があった。一つは日本人の生徒のみを対象とした台南第一中学校で、他の一つは台湾人を対象とした台南第二中学校である。戦後になって台南第二中学校が受けた差別の埋め合わせにそれぞれの呼称は逆になり、かつての第二中学校が第一中学校、第一中学校が第二中学校と呼ばれることとなった。皮肉なことに、新しい台南第一中学校には本省人の生徒が継続的に入学したが、第二中学校には外省人の生徒がおもに入学し、生徒の背景の違いから生じる差は広がり続けた。

台南第一中学校への入学は非常に難しかった。入学するには大変難しい試験に合格しなければならないため、成績優秀な生徒のみが入学を許可された。私の通っていた小学校は優秀な生徒が多かったが、台南第一中学校へ進学できた生徒はわずかであった。試験に通り入学が許された私は、同級生のほとんどが小学校の各学級での成績上位者で占められていることを知った。何人かは私同様演説大会の参加者であった。私は市内から集まった優秀な生徒らに伍していくためには、猛勉強しなければならないことを悟り始めていた。

「光復」による台湾の中国返還に引き続いて起きた経済危機によって、十年以上ものあいだ誰も彼もが困難な財政状況に直面した。父の教員給与に収入のすべてを依存する私の家族も例外ではなかった。私たちは持ち家を購入したことがなく、長いあいだ借家住まいであったため、インフレ経済下には唯一頼れる資産となる持

中学校３年生当時学生服を着て級友，校長，教師，顧問たちと（最後列左から２番目が私）

ち家の重要性がどれほど大きいかを学んだ。そこで私の両親は初めて家の購入を決心した。しかし、資金の手当てはどうすればよいのだろう？不十分な担保では銀行融資は見込めない。抵当権付住宅融資制度は、まだ当時の台湾には存在しなかった。唯一の方法は中国語で「會」（日本語で頼母子）と呼ばれる私的な講に加入し、知人と資金を融通し合うことであった[1]。両親は會に加入して家の購入資金を調達した。もちろん、両親は親族からも多額の金を借り、月々返済しなければならなかった。

私たちの最初の家は小さなものであった。実際のところそれは分譲の共同住宅（コンドミニアム）の一戸で、寝室は二つだけ、それに居間と台所に便所という間取りであった。しかし、會や親族への借金の返済には父の給料だけでは足りず、私たちは追加収入を必要としていた。そのための手立ては、寝室の一つを貸すしかない。そこで寝室の一つを両親と三人の弟妹たちが使い、階上の寝室を薄い壁で二つに仕切り、さらに台所の上に小さな寝室を設け、貸与できる寝室を合計三つこしらえた。これらの寝室はそろって夫が空軍に勤務する若い夫婦が借り、入居した。彼らは結婚したばかりの中国本土からの撤退軍人で、政府が家族寮を建設するまでのあいだ住む場所を必要としていた。国共内戦の始まりとともに多くの兵士や民間人が台湾へ撤退移住し、市内の住宅供給は十分ではなかった[2]。そのため、その若い三夫婦が私たちの狭い家へ移り住んできた。こうした状況のなか、姉は母方の叔母の家に居候し、私は夜になると居間にある（寝台の大きさの）戸棚の上に敷布団を敷き、蚊帳《かや》を吊るしたなかで寝た。そして朝は敷布団と蚊帳を片づけて戸棚にしまい、朝食を食べてから学校へ通った。私はこのようにして約一年を過ごした。私たちは一年にわたる困難な時期を、小さくて狭い家のすし詰め生活でしのいだのである。

思春期を経験した中学校時代には、たくさんの出来事があった。私は、生理学の教師が最初でまた最後の性教育を行った日のことを鮮明に記憶している。生理学の教科書には、性生理機能と発育に関する一章があり、もちろん私たちは授業で教えられる前にこの章を隅から隅まで読みつくしていた。そして教師がこの主題をどのように説明するのか、興味津々であった。私たちの教師はとても真面目な医師で、その真剣な顔つきを隠すかのように彼は教科書を高々と持ち上げ、一字一句厳粛な調子で読みあげた。私はその姿をありありと記憶している。彼はその章を読み終えると、説明なしで、厳粛な表情を崩すことなく、ものも言わずに教室を去った。教師の姿が消えると生徒らは全員腹を抱えて爆笑した。学校生活を通じて私が受けた性教育は、これが唯一であった。このことは当時、性に対して社会がどのような視点に立っていたかを反映している。小学校のころは男女共学であったが、男と女のクラスは分かれていたため、学校で男女が知り合う機会はなかった。中学校にあがると男女は別々の学校に通ったため、男女が付き合う機会は完全になくなってしまった。実際には、男女間のあらゆる交際は厳重に禁止されていた。もし女子生徒が男子生徒から手紙をもらったことが教師に見つかったりすれば、二度と手紙を受け取る気を起こさせないよう皆の前でその手紙を読まされるという罰が与

中学３年生当時参加したバスケットボールクラブのチーム（前列右端でひざまづいているのが私）

えられた。もちろんこうした文化的背景では、思春期を過ぎた子どもであっても両親が彼らを前にして性を話題にすることなどはまれで、私たちが男と女について学んだのは仲間や年上の男子生徒らが言う冗談を通じてであった。男女共学で再び女子と同じクラスで学ぶようになったのは大学に入ってからのことである。しかしそうなってからも、個人的な男女の付き合いを私たちは避け、おもに勉強やスポーツに専念していた。

　私が中学三年生のとき、ここに述べておきたいある事件が起きた。それがどのような理由で、またどのような経緯から起きたのか不明だが、ある日私たちの中等学校にキリスト教徒の団体が布教のためにやってきたのである。およそ六百人の全校生徒が全員講堂に集められ、彼らの説明を聞いた。この布教団体はアメリカ人と中国人により構成され、まずトランペットを大音量で吹奏した後、アメリカ人が中国語の同時通訳を介して神への愛について約十分間の説教を行った。その後、団体の指導者は生徒らにキリスト教の入信を希望する者がいたら手を挙げるよう求めた。しかし、手を挙げる者は誰もいなかった。指導者は再び同じ質問を繰り返したが、依然として誰も反応を示さなかった。私は立ち上がり、短時間の宣伝で宗教への帰依を人びとに催促するのは得策ではないと大きな声で指導者に意見を述べた。信仰は霊魂にかかわる重大な事柄であり、音楽で効果を与えたり短いスピーチで語られたりすべきものではないと私は続けた。そして集会は終了した。このとき私に何が起こっていたのかはわからない。おそらく、学校が宗教団体の宣伝を許可したことに不満を感じたか、この団体が私たちにはなじみの少ない宗教への帰依をせきたてたことに嫌悪を感じたのかもしれない。幸いなことに、思春期によく見られる権威への反抗期と潜在的に関連していたであろう私のこの異常な行動を、教師も校長も非難することはなかった(3)。

このころ、思春期と同時に私の背はかなり高くなり、あたかも筍が伸びるように年間四インチも身長が伸びた。私はクラスでも一、二を争うのっぽの少年になり、体育教師は私をバスケットボールチームへ引き抜いた。それまで運動がまったく得意でなかった私だが、厳しい訓練によって優秀なバスケットボール選手へと成長した。私はまだ中学三年生であったにもかかわらず、高校三年生主体のチャンピオンチームへの加入を求められた。勉強だけでなくスポーツにも熱中し、高学年の友人らと競技するようになったことは、私の人生における一つの転機となった。

高校での経験

私たちの中学校（middle school）は、中等学校（junior school）と高等学校（high school）が一緒になっていたことを、ここで明確にしておくべきであろう。学生は中学と高校それぞれの入学試験を受け、合格しなければならなかった。しかし、中学で優秀な成績を修めた生徒は高校の入学試験免除となり、自動的に進学ができた。この入学試験免除は生徒にとって大変に名誉なことであった。私の学年は生徒数が合計二百名であったた

高校３年生当時，学校制定の軍服を着て

が、そのうち高校への入学試験を免除されたのはわずか十名のみであった。私はその免除者中、二番目の成績で高校へ無試験で進むことができ、大変満足していた。

高校へ進学し、年齢的、身体的そして精神的に成長してくると、多くの優れた級友とともに学んでいることに私は知的、情緒的に刺激された。しかし、勉強という点では科目によって退屈で興味のわかない授業があり、知的好奇心をあまり刺激しないものがあった。

私は一般に歴史、地理、化学、物理、そしてとくに生物と生理の授業が好きだった。中学と高校では、（大学一年のときも）週に一時間は中国文学の授業が必須であった。中国文学の時間には、徐志摩の『我所知道的康橋（The Cambridge that I remembered）』や朱自清の『父親的背影（The back image of my father）』、魯迅の『阿Q正傳（The autography of A-Q）』など、著名現代作家らの抜粋を読むことがあった。これら著作に私は大変強く興味を持ったが、授業のほとんどは『四書』など儒学の古典文抜粋の読解に充てられた。中国の古典文学は、現代口語の中国語とは異なり、古語で書かれていた。なかには読み方もわからない漢字が含まれていて、それらを使った文章は意味不明なものが多かった。私たちの課題はそれらの文章を正確な現代語に翻訳し、原文を暗記して自分の作文に引用できるよう努力する（学があるように見せる）ことにあった。実際、こうした学術的練習、すなわち古典的著作に慣れ親しみ、その翻訳手法を学んで引用できるようにすることは、何世紀にもわたり中国の学者らによって行われてきた。そこには、作品の歴史的、社会的背景の重要性の理解や深い意味の読解への関心はなかった。私たちはただ翻訳し、引用に努力していたのである。

私は教師を批判しているのではない。教育制度を批判しているのである。実際には、私たちの中等学校、とくに高校は多くの優れた教師を擁していた。そのなかには後年、私が大学で出会った教師をしのぐ教養豊かな人たちもいたが、科目によってはひどい教師もいた。私たちは「三民主義（国父孫文が唱えた政治的三原則で、共和国革命時より多くの国民党員が支持した民族主義、民権主義、民生主義による建国の重要性を説いた思想）」を読み、軍事教練を受けなければならなかった。中国本土から中華民国の中央政府が一九四九年撤退して後、台湾と中国本土との緊張した関係は四十年から五十年間継続した。私たちは「（中国）本土反撃」のスローガンのもとに政治教育や軍事教練を受けなければならなかった。学内での学生の行動は軍人教官による監督と統制下に置かれた。このことが私たち学生に肯定的に作用することはなかった。私たちは「三民主義」を勉強した（全文を暗記すらした）が、試験が終わればすべてを忘れていた。

全学年を通じて必須の英語の授業も、楽しくもなければ有用でもなかった。私たちが勉強したのは文法、単語の暗記、そして中国語への翻訳のみであった。アブラハム・リンカーン大統領の書いた有名なエッセーを含む多くの古典的文章の読み方と解釈を学んだが、英語を通じて西欧社会の文化や歴史を学んだことはなく、また「ハロー」や「グッドモーニング」などの挨拶も、基礎的日常会話の練習も学ばなかった。後年役立ったであろう生きた英語を学ぶ機会はなかったのである。何年か後アメリカに移り住むようになって、私は英語を再び勉強せざるを得なかった。もちろんアメリカでは、より実用的な視点に立つことを重視した異なる教育体系を私は経験した。

もう一点、バスケットボールの選手になったことが、私の学生生活に及ぼした影響について述べておきたい。前述したように、私は身長が非常に高かったことから、体育の教師にバスケットボールチームへの参加を勧められ、すでに中学生のころから高校のチャンピオンチームで競技していた。スポーツへの情熱は高校入学後も持続し、私は放課後のチーム練習や夜間の試合などに熱中した。結果として睡眠は不足し、課外活動で疲れ切った私は、しかるべき勉強、とくに大学入試という重要な関門への準備に集中することができなかった。

大学入学試験へ向けての猛勉強 ― 教育の「狭き門」を通過するための戦い

当時、台湾の大学に入学するためには、全国「統一大学入学試験」を受け合格しなければならなかった。高校の三年間を過ごしたすべての生徒は、政府の教育省が管轄し台湾の全大学が共催するこの入学試験を受けなければならなかったのである。公平を期するために、全島のさまざまな場所で高校卒業後の卒業生全員が三日間の筆記試験を受けさせられた。試験科目は、中国文学、英語、幾何学、化学、物理学、歴史学、地理学、生物学、それに「三民主義」などであった。大学へ進学する生徒は、希望する学部と学校を選択しなければならなかった。希望する選択肢は十五番までの順位をつけてリストアップしなければならない。例えば、私は一番目に台湾大学医学部、二番目に同大理工学部、三番目に清華大学電子科学部を志望学部に挙げた。それ以外の志望項目は記憶にないが、その長いリストのどこかに生物学部を挙げていたかもしれない。ある受験者の統一大学入試の総得点が五〇〇点とすると、その点数のみが進学する学部または大学への入学基準となる。例えば、その年約三万人の卒業生が大学入学を志したとすれば、その上位千人は医学部を第一志望としたであろう。しかし実際に進学できたのはそのうち約七十名に過ぎなかった。つまり、入学に必要な点をとり七十名の医学部学生の仲間入りをするには、千人の志願者を蹴落とさねばならなかったのである。それはピラミッドの頂上へ登るのにも似たとても激しい競争であった。医学部入学の最低点が四七〇としてそれに〇・一でも足りず競争に敗れた場合は、入学は拒否された。それは競い合って通過を争う、まさに「狭き門」であった。(4)

困ったのは、試験結果が夕方のラジオ放送とその翌日の新聞紙上で発表されることであった。すべての卒業生が、不安とともに両親や友人らとラジオの前で誰々が医学部、工学部、電子科学部などに受かったかの結果報告を待つのである。一流の学部に入学したことを知った親戚や友人が受験生宅を祝福に訪れたり、祝いの爆竹を鳴らしたりすることもあった。しかし、不合格の受験生にとっては、気まずい結果が生じた。失敗した受験生のなかには気まずい思いを避けるため身を隠したり、失望と恥ずかしさから自殺する者まであった。

この狭き門の原因はまことに単純なもので、専門職業における成功にそれが関係していたためであり、大学入試がその学生の将来を決定しかねなかったからである。(5) そのため、卒業生の多くは高校一年生から厳しい受験勉強を始めた。通常の授業のほかに、受験のための個人的授業を子どもに強いる親は数多くあった。

小学校以来、私の成績はほとんどの科目で優れたものであった。小学生時代には「学術優等品行方正」を表彰する賞状をいくどとなく受領した。そのため、両親が私の勉強について心配したことはなかった。また、中学でも優れた成績を維持し、前述したとおり高校への進学受験は免除となった。しかし、高校在学中バスケットボールに没頭したせいで、私は三年生の終わり近くになってから、級友らがすでに一年前から行っている受験準備の不足を心配し始めた。

私はバスケットボール活動を中止し、試験前の三カ月を懸命な受験勉強に充てた。通常は夜遅くまで勉強し、夜中過ぎに就寝、早朝起床して再び勉強した。私は、日本人教師から教わったがんばる精神を奮い立たせ、残された短い時間で効率的な試験勉強を行うための計画を立てた。この三カ月間、私に週末の休みは存在しなかった。「月月火水木金金」の日本式スローガンに従って猛勉強を行ったのである。その努力が報われ、統一大学入学試験では物理、化学などの科目で最高得点を得た。そして驚いたことに、中国文学さらには英語などの科目でも高い得点を得た。唯一芳しくなかった成績は幾何学であった。医学部入学に必要な総合得点（許容差〇・一で合計四七〇点）を私は獲得したのである。医学部七十名の枠のなかで最後に入学の決まった学生が私であったことは後になって知った。合計点が〇・一低かったとしたら私は工学部へ入学するところであった。そうなっていたら、人生はまったく変わっていたことだろう。なんとも大きな重みを持つわずか〇・一の得点差であった！

心理的な打撃 ― 不幸な身体疾患の罹患

当時の台湾で最も権威ある台湾大学医学部への入学に、私はとても興奮した。中学生のころから生物学と心理学が好きだった私は、医師になることに強い興味を持っていたのである。父もこの結果に大きな満足と誇りを感じていた。しかし、私には対処しなければならない数多くの困難が待ち受けていた。台湾の医学校は七年制で、イギリス同様最初の二年を医学部予科課程、そして残りの五年を医学部での教育に充てていた。医学部での教育が始まるまでは、普通大学のキャンパスで二年間の予科課程教育が行われた。

そのころには台湾の経済状況も改善していたが、依然として私たち家族を含む多くの人びとの生活は楽ではなかった。大学の授業料は、大部分が政府補助のため自己負担はわずかであったが、私たち家族が生活費の心配から免れることはできなかった。私は生まれて初めて台南市の実家を離れ、当時台湾の首都であった台北市の学生寮で暮らすことになった。大学へ着ていく服を新調する費用が捻出できず、両親は家を出る私に父の着古した上着を与えてくれた。流行遅れではあったが、その上着は冬を暖かく過ごすのに十分であった。

大学の学生寮には各部屋十名が寄宿していた。部屋には二段ベッドが五つ備えてあり、学習机が五脚あって学生は向かい合わせに座り、それを使うようになっていた。部屋はベッドと机がほとんどを占め、後はわずかな通路を残すのみであった。寮の食事は一日三度支給された。しかし、それはまったくひどい味であった。朝食は粥と十二個くらいの茹でた落花生、昼食と夕食には白米の飯と野菜、わずかな豚肉か魚肉のお菜が付くのみで、若く育ち盛りの学生に十分な栄養を供給するものではなく、私たちはいつもひもじい思いをしていた。

学生寮の生活環境はひどかったが、耐えられないことはなかった。しかし、予期せぬ重大な問題が生じ、私はその対処に追われることになった。胸部X線写真撮影を含む定期身体検査を受けた結果、私は校医に呼ばれ肺結核症に罹患していることを告げられたのである。この悪い知らせは私に強い衝撃を与えた。当時、結核の治療薬は存在せず、発病後しばらくして死に至る例が頻発していた。結核は中国語で世病（生涯の病）と呼ば

医学部へ進学した当時，校門にて

れ、その病名は一生患い、治療に全財産を費やしたとしても結局は死に至る病であることを暗示していた。肉体的にも精神的にも、それは私にとって最悪の時期であった。午後になると熱が上がり、寝ているあいだも冷汗に悩まされた。食欲は減退し体重も減少した。私は希望を失い恐怖におびえた。勉強もはかどらなかった。しかし、私はあえて両親にこの病気のことは伝えなかった。心配させたくはなかったからである。級友や同室の仲間とも、「生涯の病」に自分が罹患している事実を共有することには不安を感じた。私は孤独で悲しく、希望を持てずにいた。それは人生最悪の時期であった。

大学の校医は、学生の約五％が結核を病んでいるのだから、私一人ではないこと、恥じる必要のないことなどをあげて私を慰めてくれた。そして、「生涯の病」にも、いまや新たな治療薬が入手可能となったことを告げた。この治療薬を薦める校医の、眼鏡ごしの暖かい視線と親しげな表情を私はいまだに覚えている。私は彼の指示に従い、毎週診察室で注射を受けた。その治療薬には副作用が若干あり、聴力が影響を受けた。しかし、医師の薦めに忠実に従い、私は一年間この治療を継続した。

幸いなことに治療への反応はよく、健康を取り戻して勉強に再び専念できるようになった。大学一年の終わりにはクラスで最も優れた成績を修めた学生の一人として、奨学金受給資格も得た。しかし、残念なことに成績優秀な学生への奨学金制度はその年以降廃止されてしまったのである。私にとってなんとも不運な結果であった。奨学金を期待していた私は、大学のこの奨学金廃止決定には心底落胆した。しかし、最も重要なことは健康の回復ときたるべき医学部での四年と考えていたので、私は将来への希望にあふれていた。

私の恋愛 ― 大きな喜びと障害の克服

医学部での四年間に私は多くのことを経験した。私たち学生は、解剖学（死体解剖を含む）、生理学、病理学、薬理学などを含む基礎医学ならびに内科学、外科学、小児医学、産科学、婦人科学などを含む臨床医学を学んだ。個人的には、将来の私生活と職業人生を決定づける特別な予期せぬ出来事が起こった。私は恋愛を経験したのである。

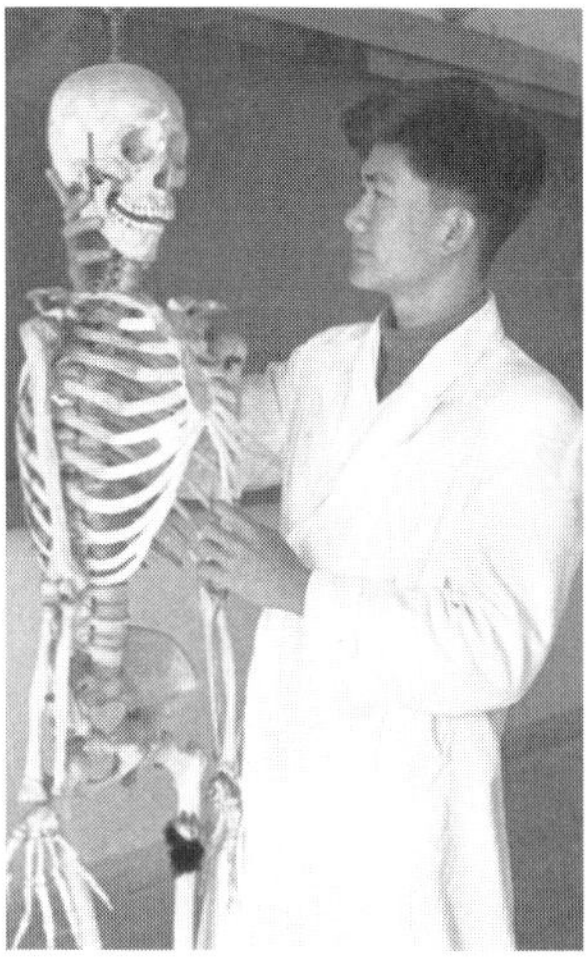
解剖学の授業に参加

この当時、恋愛関係を持つ医学生の数は非常にわずかで、結婚はまれであった。私の級友に唯一の例外があり、彼はクラスでただ一人在学中に結婚して息子を一人もうけていた。一人息子であった彼の父親も、裕福な家庭の一人息子であった。伝統的な考えに立てば、これまた一人息子であった彼の祖父が、家系の継承を確実にするため、ひ孫を望んでいたのは当然であった。極めてまれな例外を除けば、医学部は勉強をするための場所であり、結婚は卒業後まで延期されるのが普通であった。実際に、級友の約三分の一は見合

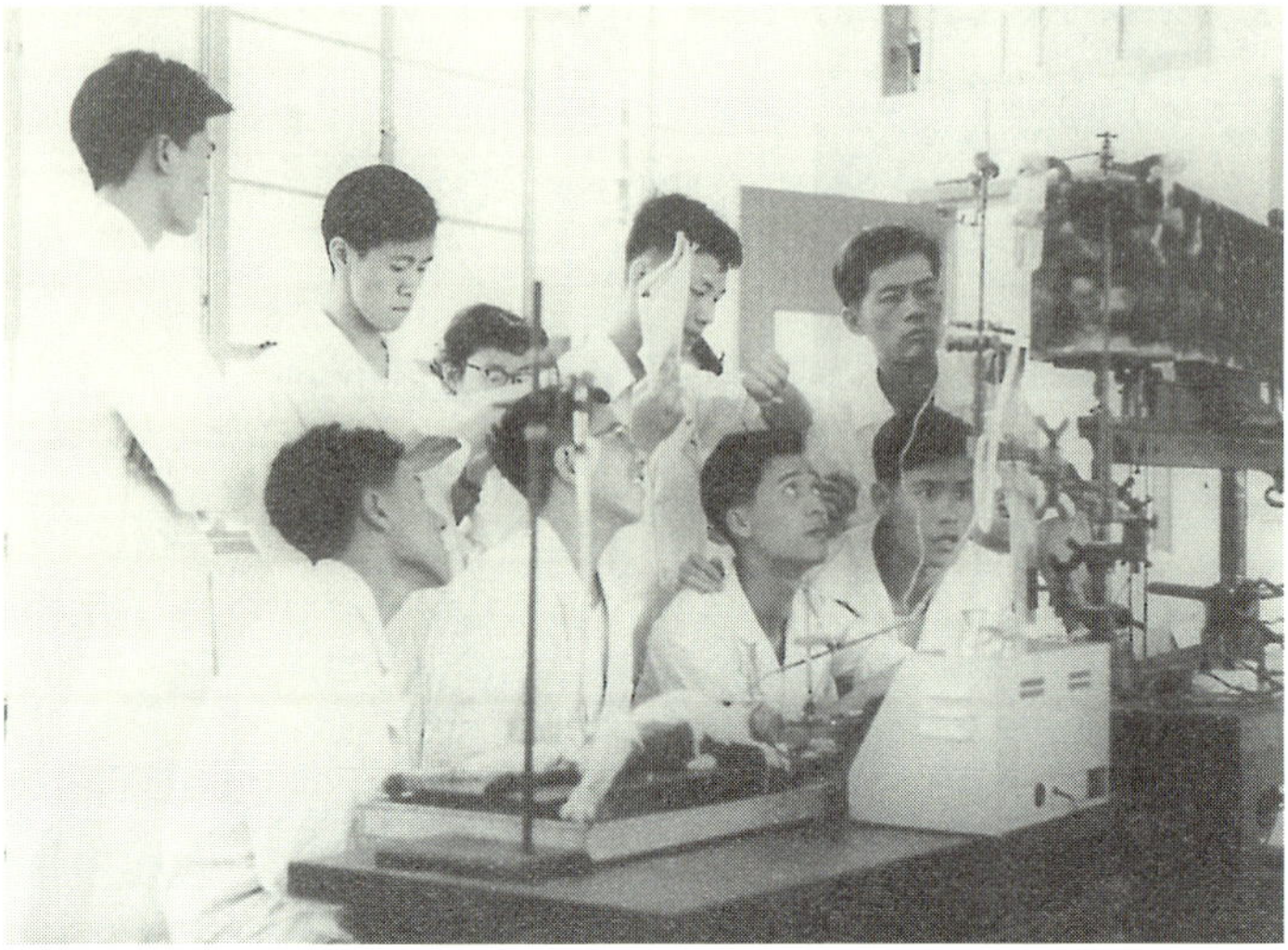
生理学の実験に参加した級友たちと（左端が私）

いまたは恋愛によって、卒業後一カ月以内に結婚している。しかし、医学部入学早々恋愛を始める級友は非常にまれであった。

医学部の慣例で、学年末に開催される忘年・祝賀パーティーの段取りを担当するのは医学部一年生ということになっていた。一年生の半ばごろになったので、私たちはパーティーでの出し物の準備を始めた。私たちが上演することにしたのは、ある詩人と恋に落ちる若い女性が織り成す演劇であった。女学生のなかから徐静という名の同級生が恋人としての若い女性役に、そして私が詩人の役に選ばれた。選考がどのように行われたか知らないが、それまで自分が演劇の役者になることなど考えたこともなかった。小学校では、つねに級長として演説大会への参加を教師から指示されたり、学芸会での演劇に参加を指示されたりすることはあったが、こうした活動を楽しんだことは一度もなかった。私がそれに懸命に取り組んだのは、それが与えられた義務であったからにすぎない。私は、人前での演技や演説が得意ではなかった。もちろん、経験を重ねることでそうした活動が上手に行えるようになったかもしれないし、少なくとも習熟はしたであろう。それでもなお私は演技を好まず、また詩人を演ずるような人間でもなかった。しかし、同級生の徐静が、私にその詩人の役を演じてほしいと望んでいるのを断ることは簡単ではなかった。この出来事の前にも、私は校庭の一隅で彼女とばったり会い、言葉を交わしていた。当時、男女共学の大学においてすら異性間のこうした交流はまれであった。しかし、互いに引き合う火花のようなものが私たちにはあったのだと思う。彼女が私に詩人の役を演じてほしいと言ってきたとき、私はその願いを受け入れたのである。

その役を引き受けた以上、任務を遂行するため私は詩人の演技を本気で研究し、セリフを覚えた。私たちは一カ月間稽古を重ねて本番公演に臨んだ。通常のカーキ色をした学生服以外に上等なズボンを持っていなかった私は、詩人らしく見せるため級友からズボンを借りて舞台用の衣装にした。劇中、私は美しい音楽を背景に女優役の徐静に「なんと美しい月が空にかかっているのだろう！」と情熱的に語った（台本のセリフどおりに、そして微妙かつ文化的に適切な方法で情熱的な感情を互いに表出した）。演劇が終わってから徐静と私は恋仲になった。後に級友たちが言ったように、私たちは「芝居の筋を実生活で演じてみせた（中国語で假戲真做）」の

医学部のパーティーでの演劇に参加した静と私。恋人たちの役を演じた二人だが，実際にも間もなく交際を始めた

である。彼女の名は、苗字が徐（Hsu）、名前が静（Jing）である。中国の習慣では、友人や同級生同士は皆苗字と名前を合わせて呼ぶ。しかし、ここからは日本の習慣にならい静（シズあるいはシズカ）と名前だけで呼びたい。(6)

恋に落ちることは素晴らしい経験だった。しかし、私たちの関係は結婚まで六年という長い年月を経ねばならなかった。前述したように、当時医学生で結婚する生徒はわずかな例外を除けば皆無であった。両親の多くが子どもの結婚を財政的に援助することは不可能であった。理論上、結婚する前にまず卒業し、職を得て給料を稼がなければならなかった。こうした理由を別にしても、静と私は数多くの困難に対処せざるを得なかった。困難の多くは私たちの家族に関するものであり、またその一部は将来の仕事に関するものであった。静は中国本土から移住した外省人で、私は本省人であった。その当時、外省人と本省人が結婚することはほとんど考えられないことであった。二・二八事件を思い起こしてほしい。外省人と本省人のあいだには依然として大きな隔たりがあったのである。なかには憎み合い、軽蔑し合う者もあった。私の両親は北京語を学び始めたとはいえ、通常の社会的な意思伝達を、その新たな言語で行うのに十分な技能は獲得していなかった。彼らはおもに台湾語を用いていた。静の両親は北京語しか用いず、台湾語は部分的にしか理解しなかった。言語の壁に加えて私の家族の宗教は仏教であり、静の家族のそれはカトリックであった。そして当時、カトリックの信者としか結婚できなかった。最後の問題は静が一人っ子であり、私は長男という点にあった。私の両親は静の両親が家系を継ぐために私を養子に迎えたいと言い出すのを恐れていた。それは私の両親が必要以上に心配していたことであって、私と静は決してそんなことを考えてはいなかった。私の両親は、結婚後に生まれる孫の少なくとも一人を、静の両親が家系を継ぐため養子に取る可能性すら心配していた。彼らの心配は、すべて伝統的文化概念に基づく家系の継続にあった。私たちは皆、民族的に中国人でありながら、結婚となるとこうした事柄を深刻に考慮せざるを得なかったのである。

今日の若者の目から見れば、こうした問題は考慮にすら値しないであろう。なぜナンセンスな伝統を気にするのか、なぜ結婚する前に両親の許可と祝福を望むのかと不思議に思うことであろう。ここでわが家系を過去三世代にわたってさかのぼり、結婚に関する興味深い逸話を紹介する。

前述したように、母方の祖母は子どものころに纏足を強いられていた。そのため、彼女の足は四インチしかなく、出歩くこともままならなかった。じつのところ彼女は外出を許されてはおらず、いつも家の中に閉じ込められていたのである。彼女が結婚適齢期（十六歳）になったころ、仲人が家を訪れた。祖母はカーテンが引かれた寝室の扉近くの椅子に座らされた。カーテンのすそから両足を出し、纏足を仲人に見せるよう両親に言いつけられていたからである。仲人は花婿候補のところへ行き、彼の両親に祖母が間違いなく纏足で「ハスの葉の形をした小さな黄金の足（金蓮足）」を持つことを確認したと告げた。仲人は祖母の容貌を見ておらず、まったく重視していなかった。祖父は祖母が小さな足を持つ女性という事前知識だけで結婚したのである。

その二十年後に結婚した私の両親は見合い結婚であった。習慣に従って、父は母の家を訪れることも彼女の姿を見ることも許されなかった。どのような女性との結婚が準備されているのかを知りたかった父は、彼女が通っていた小学校を訪ね、彼女の成績を教えてほしいと学校に頼み込んだ。彼はそれを見て満足し、見合い話を受け入れたのである。新郎新婦は結婚式当日まで互いに顔を合わせたことはなかった。

さらに二十年が経過し、戦後台湾の中国本土への「光復」による復帰などを経て時代は変わった。おもに西欧映画の影響で、台湾にも見合い結婚に代わって自由恋愛の考えが浸透した。中国語で「相親」と呼ばれる社会的な機会を両親が設け、両親と仲人も出席するその場での若いカップルの顔合わせが広く行われるようになった。互いに気に入った場合、恋人として付き合うことが許され、婚約から結婚へと進むのである。すべては二、三カ月のあいだに行われた。もちろん、二人は結婚する前に互いを知っている。私の姉が高校を卒業し、銀行へ勤めたころ、彼女は同僚の男性と恋に落ちた。その男性は私の家を訪れ、父の許可を得てから姉を連れ映画を観に行った。両親が相親を段取りして二人が知り合う機会をつくる必要はなかった。彼らは互いに相手を好きになり、恋人として付き合うことを自分たちで決めたのである。このことが近所に知れわたると、新方式で恋愛関係を発展させたモダンカップルを一目見ようと、隣人たちが家の外へ出てきたほどであった。わずか五十年のあいだ、三世代で男女関係はどれだけ変わっただろうか？　両親の仲介を経ず許可も得ないで私たちが恋愛関係を始め、互いの親が顔を合わせる前に結婚を決めたことについて彼らがどのように感じていたか、いまになって私にはその気持ちが理解できるのである。

六年ほど付き合った後、いよいよ結婚という段になって、私たちは精神科主任からの許可取得というもう一つの難問に対処しなければならなかった。私たちは医学部を修了後、二人とも精神科での四年間の研修（レジデンシー）を希望していた。精神科主任は私たちを呼び、静が研修二年目になるまで結婚は待つよう助言（実際には命令）した。研修一年目には数多くの臨床的責任が生じるため、仕事にすべての注意を傾けなければならないと彼は言った。そして、結婚後すぐに静が妊娠した場合、研修の継続は困難になる可能性を指摘した。

子どものころ受けた日本式教育が培った権威への従属の考えからではなく、主任の善意ある助言に従うことが当時の台湾では現実的であった。台湾には精神科のある大学は一つしかなく、私たちは主任の助言に従うしか方法はなかった。一年間結婚の延期という条件をのめば、主任は喜んで私たちの公式な仲人になることを約束してくれた。若者の自由恋愛による結婚でも、当時結婚式を行うには公式の仲人を必要としたのである。著名な仲人の出席が得られることは、結婚するカップルにとって名誉なことであった。

以上のように、私たちが結婚する前に乗り越えなければならなかった数多くの障害のうち、二人の恋愛関係に起因したものは皆無で、すべて文化的な原因によるものであった。すなわち、私たちはともに民族的には中国人であったにもかかわらず、異なる集団（本省人、外省人）に属していたこと、双方の家族のサブカルチャー面での違いに伴う両親の反応、結婚に関する社会的習慣、専門職業における権威者の影響などである。私たち若いカップルにとって、こうした難関を次から次へと克服することは容易ではなかった。それを可能にしたのは二人の堅固な愛情であり、それが問題への対処を容易にしたのであった。実際に、こうした外的障害の克服に伴って私たちの関係と結婚の決意はますます強くなった。

専門職業の選択 ― 精神科医への道

ここで私たち二人が医学部から卒業した後、どのようにして精神科医の道を選択したかについて記しておきたい。医学部に入学した当初、私は内心外科医になることを希望していた。しかし、手術室での作業経験か

大学医学部を卒業した 1961 年，大学校門にて静と

ら、自分は外科医に向いていないことを理解した。その後、内科医を目指して勉強したものの、多種類の薬剤と患者ごとの至適用量などを記憶することの難しさを悟った。私は、子どものころから記憶力のよいほうではなく、概念レベルでの思考と、総合的で統合された方法を用いて物事を体系化するほうがむしろ得意であった。精神科でのインターンを始めて、私は精神医学こそが将来自分の進むべき道であることを理解した。いま思い返してみると、医学部予科のころからすでに人気の高かったSigmund Freudの『夢の分析（Dream Analysis）』やKarl Menningerの『人間の心（The Human Mind）』などの日本語訳に私は魅了されていた（当時、私たちの大学図書館に英語の書籍はなく、こうした専門書は日本語訳で読んでいた）。私は人間の心をどのように分析するかという問題に大きな興味を持っていた。精神科のインターンをしていて、患者との対話、彼らの心と行動の理解、病理学、心理学的支持の探究などを楽しんでいる自分に私は気づいていた。加えて、主任であり、私が職業上とても重要な師と仰ぐ林宗義（Tsung-yi Lin）教授が、私を大いに勇気づけ励ましてくれた。静も精神科研修ではとても良い成績をあげ、主任からも高い評価を得た。私たちはそろって精神科医となることを決めたのである。

しかし私たちは、大学病院の研修課程がピラミッドシステムであることを考慮しなければならなかった。このシステムでは、研修医一年目に迎えられた四人の研修生のうち三名しか二年目に進めないのである。そして次の年、さらにまた一名が研修課程から除外される。このようにして、最終研修年次の四年目には研修医は一名しか残らない。最後に残る者は主任研修医（チーフレジデント）と呼ばれ、その後ポストがあれば医学部の専任講師の一員として受け入れられる。言い換えれば、同僚の研修医らと昇進の狭き門通過を競わねばならないのである。そのため静は、医学部卒業後内科の研修を一年行い、私と同期での精神科研修の開始を避けた。一年後から静は精神科の研修を開始したので、私たちは二人とも主任研修医になることができた。静がつねに自分を後回しにして私の将来を優先してくれたことに私は感謝している。必要であれば、彼女は自分の将来を犠牲にしてでも私を助けてくれたであろう。

結婚の準備 — カトリックへの改宗

私たちは、結婚前にもう一つの重大な難関を突破しなければならなかった。私たち家族の宗教の違いである。前述したように、私の家族は仏教を信仰し、静の家族はキリスト教のカトリック教徒であった。私はカトリックへの改宗を決断した。カトリックの教授と神父のもとで勉強した後、私はカトリック教徒となり、結婚の準備は整ったのである。

台湾の中国式習慣にならい、結婚式は新郎の実家の所在地で執り行われた。すなわち、私の出身地であり両親の住む台南市である。父はカトリック教会での結婚式を準備した。私の両親は仏教寺院以外に足を踏み入れた経験はなく、キリスト教会とのかかわりは生涯で初めてであった。それにもかかわらず、父は教会を訪れ、

静との結婚写真

すべての必要な段取りを行ってくれた。カトリック教会と他宗派のキリスト教会との区別もよく知らない父であったが、結婚式終了後、西欧式の教会での挙式は感じが良いと言った。おそらく、教会の格式ばった雰囲気が気に入ったのであろう。教会での結婚式を気に入ったという父の発言を、私は意外な思いで聞いた。しかし、一番ありがたかったのは結婚式を手伝ってくれた彼の善意と努力であった。

教会での結婚式の直後、同じ日に、静と私は実家で伝統的儀式をあげなければならなかった（おもな目的は私の両親と親族を満足させることであった）。中国の習慣では、新郎新婦は仏壇に礼拝し、先祖への敬意を表すことになっていた。当初、私は線香を焚《た》いて先祖に礼拝することには、カトリック教徒の静が反対を示すのではないかと危惧していた。しかし、彼女は私の後に続いて線香を焚いて供え、先祖の仏壇の前で私とともに礼拝を行った[7]。私はそのことをうれしく思い、両親もとても喜んだ。彼らは曽家に義理の娘が「嫁入り」したことを感じたのである。彼らにとってそれは重要なことであった。

その後、私たちは年長の親族すべてに表敬の挨拶を行う必要があった。新婦は年長者一人ひとりに表敬の挨拶をし、お茶を勧め、お返しに彼らから紅包と呼ばれる現金入りの赤い封筒を受け取ることがしきたりであった。私はそのことを静に説明した。これを聞いた静は、年長者にお茶を勧めて、その代わり、紅包を受け取ることはまったく気にしないと冗談めかして言った。前述したように、私には母方に寡婦の祖母が三人あった。静は彼女らに第一夫人、第二夫人、第三夫人の順でそれぞれ辞儀をし、お茶を勧め、銘々から紅包を受け取った。次に彼女は、母方のすべての伯父（あるいは叔父）および伯母（あるいは叔母）への表敬の挨拶を行った。私の父方に親族はなかったが、母には合わせて四人の伯父と叔父があった。祖母の第一夫人から一人、第二夫人から二人、そして第三夫人から一人である。私は彼らを第一大伯父（あるいは叔父）、第二大伯父（あるいは叔父）と、祖母の順ではなく年令順に呼んでいた。彼らは誰を母親とするかにかかわらず皆同じ祖母の息子と見なされ、その序列は通常の兄弟姉妹のようにおもに年令に基づいていた。静は彼らとその連れ合いに対し、順番に表敬の挨拶を行った。静が事前に相手の顔と名前を覚えていたかどうかは不明だが、私はただ順番に従って挨拶すればよいことだけを彼女に伝えた。中国の習慣では、兄弟姉妹や親族の識別と表敬は、年齢による階層的順序が主要な関心事なのである。

要するに私たちは、西欧式と東洋式の二つの異なる結婚式を同日に行ったのであった。それは両家の期待を満足させる方法であり、自分と相手の方法論の違いから言い争いに陥ったりしないよう、妥協と交渉を通じて潜在的問題に対処し、解決を求める中国式方法であった。

夜にはホテルで披露宴が開かれた。私たちの精神科主任は約束どおり台北から台南まで遠路駆けつけてくれ、公式な仲人として宴会に参加してくれた。彼は仲人としてのスピーチを行い、素晴らしい新郎新婦で素敵なカップルといった月並みな賞賛や「ともに白髪の生えるまで（中国語では白頭偕老）」などの祝福の言葉だけでなく、若い男女が本人同士のみならず互いの家族のために思いやり、本省人と外省人という社会的差異を乗り越えて結ばれ大変良い出発点に立ったことを祝したいと巧みに微妙な点に触れながら的を射た賛辞を述べてくれた。

ふたりの最初の子ども

私たちが結婚したのは三月であった。そして静は七月に妊娠し、十カ月後の翌年五月、私たちに最初の子どもが生まれた。それは男の子であった！　あらかじめ考えていたとおり、彼は超文と名づけられた。「超」は優れていることを意味し、「文」は知性または優しさを意味する（私の名前の一部でもある）。この命名は、その子が能力を遺憾なく発揮し、知性に秀でた人物になるようにとの私たちの両親の願いを反映したものであった。

静と私は、結婚当初男女それぞれ二人ずつ計四人の子どもがほしいと考えていて、あらかじめ四つの名前を考えていた。すなわち、男には超文と偉文、女には倩文と詩文である。中国の伝統的習慣では、家名を継ぐ男子の名には、同じ世代であることを示す共通した漢字を名前の一部につけることが良いとされていた。女子は夫の家に嫁ぎ、夫の家名を名乗ることから（もちろん嫁いだ後も自分の両親に親しい感情を持つのだが）父方の家系からは「部外者」と見なされる。しかし静と私は、子どもの名については男女別なく考えることにして

長男と家族写真

いた。つまり、互いに兄弟姉妹であることを示すために、「文」という漢字を名前に共通して用いることを決めたのである。中国人は一般に男子には男性的な名前を、女子には女性的な名前をつける。倩文という名前は、魅力、優しさ、知性を意味し、詩文は詩のような美しさ、優しさ、知性などを意味し、どちらも女性にふさわしい名前である。最終的に私たちは子どもを三人授かった。男一人に女二人である。用意してあった男の名前の一つは使わずじまいであった。

私たちは皆で男子誕生を喜んだ。私たちの両親にとっても初孫の誕生は心躍る出来事であった。しかし、静と私にとって病院の研修医を続けながらの子育ては容易なことではなかった。私たちは、夜中起きて子どもの世話をするばかりでなく、三〜四日に一度順番で病院の宿直を行い、家でも病院でも公私ともに頻繁に宿直を行った。その結果、夫妻ともに睡眠不足で困ったが、子どもがやや大きくなると一家三人でより穏やかな暮らしを楽しむことができるようになった。

研修の終了

私たちが、最初の子どもの育児に追われているあいだも精神科での研修は続き、数年が瞬く間に過ぎていった。研修期間中には刺激的で興味深い出来事が数多くあった。患者と接しながら、私たちは彼らへの治療法、とくに精神療法を学んだ。当時、中国語による精神医学の教科書はなく、私たちは英語の教科書を使って学んだが、英語の読解に不慣れなため、一字一句翻訳しなければならず、辞書に頼りきりであった。一ページを読み終わるのに一晩かかり、一章を読むには数週間かかった。読むのに時間を要しただけでなく、理解するのも容易ではなかった。心理、精神などの抽象的概念の理解には、言語が障壁となることを私たちは思い知らされた（このことがその後、海外から帰った私たちに初の中国語による精神医学教科書執筆を決意させた）。

記述に値する多くのことが研修期間中に起こったが、私が選んだ専門職業の道に最も大きな影響を与えたある出来事についてのみ述べておきたい。

精神科主任の林宗義教授のもとで私が研修医一年目のころ、私たちの部門は中国人の精神疾患の有病率を調査する十五年間の追跡研究を実施した[8]。主任は私に台南市近くの漁村である安平地域を調査するグループへの参加を指示した。病院の研修医には調査への参加に消極的な者（なかには参加指名を嫌う者もいた）が多かった。調査を行うには数週間家族と離れなければならないし、地域周辺にホテルがないため寺院に寝泊りするうえ、食事は粗末であった。しかし、私は調査研究にとても興味を持った。なぜなら、調査のために家庭訪問した際、多くの精神障害者が必要不可欠な治療も受けられないまま、何年間も家の中に閉じ込められたり、庭に鎖でつながれたりしていたのを目の当たりにしたからである。精神的に病んだまま治療を受けない人びとの悲惨な状況を私は決して忘れることができない。

私たちは、日中に家庭を訪問して調査を行った。テレビもなくほかの気晴らしもない漁村では夜間何もすることがなく、私はその時間を利用し村で民俗治癒の儀式を行っていた祈祷師（シャーマン）を訪ねることにした。これが私にとっては重要な経験となった。村人たちは海が荒れても漁業に従事せざるを得ないため大変信心（あるいは迷信）深く、人生の問題解決をすべて祈祷師に委ねていた。村には数名の祈祷師がおり、私は地元の若者風の身なりをして彼らのもとを訪れ、その治療の儀式を観察した。時には神経衰弱をわずらう若者をよそおって、めまい、不眠、背痛など神経衰弱の若年患者特有の身体化症状を祈祷師に訴えた。大変興味深いことに、トランス状態に入った祈祷師は私を見つめながら「若者よ、女性の下着（竹ざおを使って通りに干された洗濯物）の下を歩いてはならない」と告げた。当初、そのかなり風変わりな助言に驚いたものの、すぐにそれは性的刺激や性的禁欲の勧めを意味するものと理解できた(9)。なんとも独特なクライアントへの力強いメッセージ伝達方法である。それは私にとって良い教訓となった。

これが民俗祈祷師に会った最初の経験で、これをきっかけに私は文化と精神療法という主題への興味を持った。安平での調査に参加しているあいだ、私はもう一つの貴重な経験をした。その当時、スコットランドから著名な文化精神医学者である Morris Carstairs 教授が疫学調査の顧問として私たちを訪れていた。私が、彼に民間の祈祷による治癒への新たな興味と経験について相談したところ、彼は友人で同僚のアメリカ人が著した民俗的祈祷治療法と現代の精神療法を比較した書籍があることを教えてくれ、その本の送付依頼を約してくれた。私は海外の著者から本を送られた経験がなく、Jerome Frank 教授から有名な『説得と治癒―精神療法の比較研究（Persuasion and Healing : A comparative study of psychotherapy）』が送られてきたときには非常に興奮した。台湾の一介の研修医に対する Carstairs および Frank 両教授の配慮には大変感謝している。言うまでもなく、調査研究への参加によってコミュニティーにおける精神障害者の生活について学び、同時に世界的に著名な文化精神医学者との接触の機会を与えてくれた主任の林教授に対しても、私は深く感謝している。

四年の研修期間の最終年を主任研修医として終えた私は、大学の講師として精神科に迎えられ専門職の道を歩み始めた。しかし、そのころはまだ予期せぬ大きな転機が人生を待ち受けていることに気づかなかった。その転機とは精神療法を学ぶための海外留学である。

航空券が届きアメリカ留学の途へ

台湾の学生の多くは、さらなる研究と経歴を積むために留学、とくにアメリカ留学を夢見ていた。そして医学部の級友のほとんどは、留学に必要な外国医者資格認定試験（ＥＣＦＭＧ）を受けていた(10)。事実、私の級友の半数近くは医学部卒業後アメリカで研修を受け、専門家としてアメリカで生活していた。

私の両親の財政状態は決して順調ではなかった。研修のために私を留学させることは多額の資金を必要とするので、とても無理な相談であった。そのうえ、私は過去肺結核をわずらっていたため、海外渡航は許可されない可能性があった。そうした理由から私は級友らのようにＥＣＦＭＧは受けなかったのである。

しかし、研修終了直前、林教授は世界保健機関（ＷＨＯ）の特別奨学金研究員としてハーバード大学医学部のマサチューセッツ・メンタルヘルスセンター（Massachusetts Mental Health Center, 略称マス・メンタル）へ精神療法の研修に私を留学させたいと言ったのである。マス・メンタルはアメリカで最も高名な、多くのアメリカ人卒業生にとっても入学の難しい精神医学教育施設の一つであった。私は、夢にもそのような施設で学ぶことになろうとは思わなかった。林教授はとても厳格（例えば、研修一年目での静との結婚禁止など）であったが、教育者としてまた学者として、そして責任者としての洞察力と将来計画を持っていた。彼は数名の若い同僚を海外へ留学させた後、学部へ戻し、主要な教授としていた。彼は私が精神療法に興味を持っていることを知り、私に留学を勧めたのである。しかし、責任者としての彼は必要のない限りほとんど他者との意思疎通を行わなかった。そのため、これほどの大きな計画があることを彼から打診されるまで、私は知らなかったのである。

私はとても興奮し、彼が生涯一度しかない機会を与えてくれたことに感謝した。しかし、心のなかではとても相反する感情を抱いていた。当時公費によって留学する特別員は、留学後の帰国を確実にするため、家族を台湾に残して行かねばならなかった。私のマス・メンタルへの留学期間は三年であった。それはすなわち、妻や息子との三年間の別離を意味した（留学期間中に一時帰国することは、財政的に困難かつ規則のうえでも不可能であった）。静はこのまたとない機会を逃すべきではないと励ましてくれた。三年という月日は確かに長いものの、残りの人生に比べればわずかな期間と彼女は言った。いつもはとても穏やかな性格の静だが、いざ

ボストンへ向かう24時間の空旅を前に

となれば冷静かつ断固たる態度で私に良い助言を与えてくれるのである。彼女の意見と激励を聞いて、私は特別研究員の申し出を受け入れることにした。

しかし依然として、私は十年前に罹患した肺結核について心配していた。医師は、一年間治療を継続したのでX線検査によれば肺の病巣は石灰化し、安定していると告げた。しかし、海外留学のための身体検査は非常に厳格なものなので、検査に合格する自信は私にはなかった。私は指定された病院へ行き、痰と胃管で採取した胃液の細菌培養検査などを受けた。結果はすべて陰性であった。私は合格したのである！　次いでアメリカへの入国ビザを申請したが、いまひとつ重要な問題が残されていた。私が受験しなかったＥＣＦＭＧの合格という要件である。林教授はマス・メンタルの院長Jack Ewalt教授に相談し、ＥＣＦＭＧの合格要件を私には適用しない旨の返事をとりつけてくれた。こうして、次から次へと問題は解決されていった。ジュネーブのＷＨＯ本部からは、私宛航空券を一週間以内に電送すること、マス・メンタルですでに開始している教育プログラムに遅れないよう、出発準備を整えることなどを伝える電報が送られてきた。

私は急ぎ荷造りを始めた。準備には一カ月分の給料のほとんどがつぎ込まれた。いままで買ったことのない背広を注文し、静の助けも借りて（ユニバーシティーという商標で）高価な腕時計を買い、パーカーの万年筆も購入した。マス・メンタルで自分が適切な衣服や小物を持たないアジア人研修医と軽く見られないための配慮である。もう一つ問題があった。それまで私は、新しい靴を買うときはいつも苦労していた。中国人にしては比較的背の高いほうなので、いつも靴は注文でつくらせていたのである。しかし、出発まであと一日しかなかった。幸い靴屋で大きなサイズの靴が見つかったが、それは注文靴で背の高い顧客が注文したものであった。私は靴屋の店主になんとかしてその靴を譲ってほしいと頼み込み、承諾してもらった。さて、これで新しい靴、新しい背広、そして新しくて高価な腕時計と万年筆がそろった。ＷＨＯから電送された航空券を持ち、私は空港へと急いだ。見送る妻、息子、両親、親族、そして親友らに別れを告げ、私はワシントンＤＣへ直行する旅客機に乗り込み、二十四時間の空の旅へと出発した。ワシントンＤＣ到着後にはＷＨＯの地域事務所へ出頭し、見知らぬ地ボストンへと向かうことになっていた。

私の人生への影響

民族意識と帰属感の劇的変化

戦争の終結とともに、短い期間に日本人から中国人へのかなり劇的な民族的状況および帰属感の変化を私は経験した。また、自分にとって敵と味方の定義が完全に、しかも急激に変化した状況にも順応しなければならなかった。

心理的には、再び中国人となることに大きな困難はなかった。なぜなら、日本統治時代の日本人化教育にあっても、心の奥底では自分が生まれながらの中国人であり、先祖は中国人という自覚を持っていたからである。とくに、日本人から二級市民として扱われていたため、私たちは完全な日本への帰属意識は決して持たなかった。

しかし現実には、多くの人たちと同じように私にとって中国を母国と自覚および認識し、完全に自分を中国人と感じるまでには、かなり長い時間の経過を必要とした。わずか一カ月程度で日章旗から青天白日満地紅旗（中華民国の国旗）へ帰属意識、および同一化を感情レベルで変化させることは容易ではなく、それには長い年月を要した。

文化的変化への順応の難しさ

民族的意識そして国家的帰属と同一化感に比べ、私にとって祖国の文化そして戦後の時代への順応は、ほかの多くの人びとと同じようにより複雑であった。そこには言語の変化のみならず、概念や習慣の変化も含まれていた。専制政体における権威への絶対服従から専制的民主主義政体への移行は大きな挑戦であり、学習の過程、そしていわゆる民主主義的体系への順応が必要であった。教師からの体罰はもはや受容されなくなったが、選挙を通じて私たち自身の統治権限を選択することには、練習と習熟を必要とした。

経済危機を含む社会的崩壊の痛みを伴う経験

この段階で、私たちの人生に起こっていたことは、国籍、帰属意識、文化などの変化のみならず、社会的崩壊と経済危機の痛みを伴う経験でもあった。食べる物も衣服も治安も確保できずに、何年も暮らすことは本当に困難なことであった。そうした経験に私たちは脅えいら立ちを感じたが、同時にそれは私たちを強靭にした。後年、アメリカで学んだ「人生は楽しむもの」という考えだけでなく、人生が容易な道のりではないこと、そして困難に対処するためには、真面目に働く必要があることなどをそれにより理解したのである。

精神的打撃との遭遇

個人のレベルでは、身体疾患による心的外傷を経験した。それは、人生において将来の成功へと向かう途中の若年期に起きた。その経験が私に与えた精神面での打撃は大きく、数年にわたり自分は何かがおかしいとの感情を生じさせ、心的外傷を負わせ、自信を喪失させた。幸いなことに、その反対方向への作用を私に及ぼし、心理的苦痛といら立ちを減少させる出来事が人生において数多く起きた。決意と粘り強さで私は困難を乗り越えることができたが、それまで入手不可能であった「生涯の病」の治療薬が出現した幸運も私に味方した。

権威への対応と社会的制約

幼児期の期待と教育によって、私は権威を敬い、それに従い続けてきた。中国社会では、権威の持つ力は依然として非常に強かった。台湾の中央政府を司る国民党と、中国本土で新たに設立された中共政権とのあいだの政治的緊張が高まるにつれ、私たちは政府への絶対的服従を強いられた。さもなければ、共産党のシンパとして逮捕され処罰されかねなかったのである。

私はこの段階を通じて数多くの社会的規制に対処し、社会のなかで個人に課せられた文化的制約に従わざるを得なかった。成功への階層をよじ登る途中に、私はつねに競争にさらされ、同時に行方を妨げる数多くの障害にも直面した。

勤勉の精神

私の受けた日本式教育は、おもに国のためにがんばる精神を持って一生懸命働くことを教えた。この精神は戦時下に誇張された。対照的に、十代の若者としてまた若年成人として私が懸命にスポーツや勉学でがんばったのは、国のためではなくおもに自分のためであった。私は、この勤勉の精神を社会全体の目的達成のためではなく、私自身の教育における目標、そして専門職業における目標の達成に用いたのである。

国への献身的愛情

私が、明確に中国民族の一人としての自覚を持っていたとしても、若年成人期を通じて国に対する帰属意識と献身的愛情は強いものではなかった。それは、祖国が日本から中国へ変わったためばかりではない。当時の混沌とした社会的、政治的状況が祖国への強い献身的愛情の発達を妨げたのである。政府への忠誠を教育されても、私たちは心の奥底では忠誠心を持ち得なかった。国は内戦の最中にあった。政府への忠誠心を持つことはつねに困難なことであった。多くの人が、共産党シンパとして政府によって拘束された。私たちの両親は、政治に関与するな、政府からは距離を置けと警告した。

ストレスへの順応を学ぶ

数多くの障害や困難に直面し、人生は、克服するかさもなければただ受け入れるかのいずれかしかない問題と不幸に満たされていると私は考えるようになった。不幸な状況に遭遇したときは、いつも「塞翁が馬」(11)のたとえを思い起こすことにしていた。このたとえは、吉事が凶事になったり禍《わざわい》が転じて福となったりするように、人生は禍福が予測できないことを指している。それは、哲学的態度で人生と取り組む中国文化の一つの反映であり、私に儒教の四書の一つ『大学』の中の古い諺を思い出させてくれた。すなわち、「人生において成し遂げるべき大きな責務を天があなたに課したのであれば、天はまずあなたの心を苦しめ、骨には重荷を負わせ、身体を飢えさせるであろう」というものである。また、もう一つの有名な諺は「人事を尽くして天命を待つ」である。言い換えれば、中国の伝統文化に蓄積された概念的教えや哲学的態度は、私を含む多くの人びとにとって人生で直面する問題への対処に有用な財産となっているのである。

第3章

青年期（初期）：アメリカ文化との早期の接触

太平洋上二十四時間の飛行

一九六五年八月一日、三十歳の私は日本航空の旅客機に搭乗し、台北を後にして東京へ向け出発した。東京到着後、乗り換えたホノルルまでの便はパンアメリカン航空であった。それは私にとり、最初の飛行経験かつ最初の海外旅行であった。ホノルル空港到着後、入国審査と税関検査を終え接続便に乗り換えた私は、アメリカ本土西海岸のロサンジェルスを中継し、東海岸のワシントンDCに到着した。ワシントンDCのWHO地域事務所で到着の手続きをすませた後、最終目的地であるハーバード大学の重要な精神医学教育施設マス・メンタルのあるボストンへ向けて私は再び旅客機の旅を続けた。

東京を離れてホノルルへと向かう途中、なんらかの原因で給料のほぼ半月分もした高価な新品の腕時計が止まってしまい、私は時間の感覚を失っていた。そのため、窓から漠然と見える太平洋を横断中は飛行時間がとても長く感じられた。しかも客室の窓から遠くない場所に取り付けられていたエンジンからは、騒々しい爆音がやかましく機内に響いていた。窓際の席に座っていた私は、眼下の海と上空の雲海だけの景色を見ながら、何時間も過ごさなければならなかった。

その当時、映画上映などの機内サービスもなく、私は座って目を閉じアメリカがどのような国かを想像し、新聞で読んだ黒人を迫害するＫＫＫという結社[1]について考え、中国人である私に、同僚や患者がどのような態度で接するかについて考えた。私はそのときすでに台北で研修医として四年間の精神科研修を終えていた。しかし主任は、アメリカでしっかりとした教育を受けるために、ボストンで再び最初から三年間の研修を受けるほうがよいと忠告した。とくに、英語のコミュニケーション能力が心配なので、私も研修プログラムを最初から最後まで受けたほうがよいとは思ったが、研修を再び繰り返すことが、私にとってどのような経験となるのかについても考えていた。妻と息子が恋しくなり、この先三年彼らに会えないことが悲しかった。こうした考えにふけったり、うたた寝したりしているうちに飛行時間は二十四時間を超え、台北からは地球の裏側に位置するボストンに到着した。ボストンと台湾とでは十二時間の時差があり、文字どおりそれは昼と夜の差であった。

「お水をもらえますか？」――コミュニケーションの問題

飛行中に喉が渇いたので客室乗務員に水が飲みたいと伝えたとき、私は自分の英語がひどく下手なことを悟った。「メイ…アイ…ハブ…ア・カップ・オブ・ウォーター？」と英語の疑問文を頭のなかで組み立てているうちに、客室乗務員はいくどとなく私の側を通り過ぎていた。とうとう私は、万国共通の身振り言語を使って、自分の手を口にもっていき、水が欲しいことを示した。第2章でも述べたように、私たちは中学一年から大学一年まで毎週一時間の英語の授業を計七年間も続けてきた。文法を習い、文章の翻訳方法を学び、名論文をまるごと暗唱すらしたものの、ただの一度も通常の会話を練習したことはなかった。私は日常会話の練習が直ちに必要なことを痛感した。

機内食も難題の一つであった。それまで私は西洋料理を食べた経験がなく、中華料理や日本料理などの白米の飯を食べていたからである。台北を発つ前、静と私は試しに洋食レストランへ行き食事をとった。注文したのはフライドチキンの野菜添えで、ご飯ではなくポテトをたのんだ。料理はおいしく、私たちはくつろいで食事をとることができた。しかし、レストランの料理長がその料理を中華風に味つけしていたことを私は知らなかった。私にとって旅客機内で出された食事は、すべて「まずい」のひとことであった。それは普通ではない味がして、ほとんど食べることができなかった。長旅のせいかめまいがして、神経質になっていたことが食欲減退の原因だったかもしれない。私は米のご飯が食べたくてしかたなかった。ボストンに着いて同僚の中国人に電話をかけ、まず自分がボストンに到着したことを告げた後、次にはどこへ行けば米を買えるのかを尋ねた。携行した荷物のなかに、私は電気炊飯器を持参していたのである。

幸い米は近所のスーパーマーケットで買うことができ、また勤務先のマス・メンタルの近くにスタジオ（一部屋のアパート）を見つけ、契約することができた。シングルベッドと机が備えられた寝室兼居間が一部屋あるだけのスタジオは、小さな台所と浴室が付いて家賃は月七十ドルであった。この数字を鮮明に記憶している理由は、それがＷＨＯから毎月支給される生活費の約半分に相当したからである。支給される生活費のなかから台北に住む家族へ仕送りもしなければならず、家賃と食費の支出管理には注意しなければならなかった。

私は、まず腕時計を修理しなければと考え時計店へ行った。受け付けた店員が蓋を開けて内部を点検し、軽くどこかに触れたかと思うと時計は再び動き始めた。蓋を閉めた彼は私に修理代金二十ドルを請求した。請求額は労賃だと彼は言った。私はすぐにアメリカの労賃がいかに高いかを学んだ。後で知ったことだが、この請求額は通常の新品の腕時計を楽に二個は買えるほどの金額であった。

一年目の研修医と主任研修医を混同する

ボストンに到着したときは八月の初旬で、七月に始まった研修プログラムは開始からすでに一カ月が経過していた。ボストン到着の翌日、私はすぐに四階建ての古い建物にある病院に向かった。院長のJack Ewalt教授は親切に私を迎えてくれた。彼は私に、マス・メンタルはハーバード大学医学部における主要な精神科病院兼教育施設で、関係者を含めると六百名近い教職員を擁していると教えてくれた。マス・メンタルでは毎年二十名の研修医を受け入れていたので、三年の研修プログラムを受けている研修医の合計は最大六十名に達した。研修医はハーバード大のみならずアイビーリーグに属するほかの大学からも受け入れていた。海外からの研修医として、私のほかにもう一人日本人が参加したその年は、マス・メンタルが初めて公式に海外からの研修医を受け入れた年でもあった。私はこの高名な施設において、海外研修医の一人として教育を受けることをとても幸運に思った。Ewalt教授は、マス・メンタルは素晴らしい施設だが唯一の欠点は建物が非常に古いことで、私たちには新しい建物が必要だと言った。私が中国に「名酒は古い甕《かめ》で保存する」という諺があると答えたところ、彼はそれを聞きにっこりと笑った。

Ewalt 教授は、私が研修することになる病棟の主任研修医 Robert Pyele 医師を紹介した。Pyele 医師は、私と同じユニットで研修予定の一年目研修医が五人いることを説明し、そのうちの一人である Robert McCaly 医師を紹介してくれた。私はアメリカ人の名前、とくに Pyele や McCaly など姓氏を記憶することには不慣れであった。そうした姓氏はまったく耳慣れない音節に聞こえた。彼らは、研修医同士は呼び名で呼び合う習慣になっていると教えてくれた。そこで私は、少なくとも彼らの呼び名だけは記憶するよう努力した。そのほうが姓名ともに覚えるよりもずっと簡単だからである。私は手帳に彼らの姓名を記録し、ロバート（Robert）という名前にはボブ（Bob）という略称があることを書き添えた。しかし、「B-o-b」と書いてボブと読むと発音を練習していた私は、主任研修医と一年目研修医がともにボブと呼ばれていることを忘れていたのである。

1965 年から 1968 年まで研修を受けたマス・メンタルの前で

翌日は、病棟で毎朝八時から開かれる会議に出席しなければならなかった。しかし、台北とボストン間の時差十二時間のせいで私が目を覚ましたのは昼近くの一一時であった。起きてすぐに歯を磨き、新調のスーツを着込んで私は急ぎ病院へ駆けつけた。出勤第一日目にして遅刻という事態に、私はとてもバツの悪い思いをした。私はボブに時差ぼけで朝の会議を欠席したことを詫びた。彼は問題ないと言ってくれたが、自分が謝った相手が主任研修医なのかそれとも一年目の研修医なのか、私には確信が持てなかった。その前日にわずかな時間顔を合わせただけであり、当時はアメリカ人が皆同じに見えたのである。昼食後、私は葉巻を吸っている研修医を見かけ、彼が主任研修医に違いないと考えた。台北の病院ではほとんどの医師がタバコを吸い、上級職の医師だけが葉巻を吸っていた。じつのところ葉巻を吸っていた医師は、一人は病院長もう一人は病理部門長の二人だけであった。葉巻を吸うには社会的な地位を必要としたのである！　葉巻を吸っていた研修医が主任研修医に違いないと考え、彼に近づき「ボブ」と声をかけて朝病棟への出勤が遅れたことを詫びた。彼が「君は今朝すでに同じことを言ったじゃないか！」と答えたので私は混乱した。私がすでに詫びたのはこのボブだったのか？　午後に入って毎夕行われる定例会議が開かれ、会議室に主任研修医とすべての一年目研修医が集合した。そこで初めて私が二度謝罪したボブは、主任研修医ではなく一年目の研修医であったことを知った。勤務初日にしてボブの区別がつかなかったことは、私にとってバツの悪い経験であった。そのうえ、同じ病棟で働く五人の研修医のうち女性研修医一人を除く残りの男性研修医四人は全員が葉巻を吸うことがわかった。少なくとも葉巻と社会的地位の関連について、台湾で当たり前のことがボストンでは必ずしも当たり前ではないということを、私は大切な文化的教訓とした。台北の病院では医師と看護師は全員白衣を着用していたが、マス・メンタルでは患者との外見上の差をなくすために医師、看護師とも全員が私服で勤務していた。病棟内で患者と医師や看護師を取り違え、さらにバツの悪い経験をしないよう、私は急いで医師、看護師、病棟スタッフを区別しなければならない必要に迫られていた。

じきに私は、体型の違いのみならず欧米人は髪の色や瞳の色に至るまで違いがあることに気づいた。東洋人に黒髪が多いことは知っていたが、瞳の色まで私は気にしたことがなかった。瞳の色は誰でも同じと考えていたのである。子どもが生まれたときも私たちにとって気がかりだったのはその体重だけであり、髪や瞳の色まで気にしたことはなかった。ある日、ボストンで何かの登録の際、私は登録用紙の髪の色の欄に黒と記入し、瞳の色の欄にも深く考えず簡単に黒と記入した。登録用紙を精査した受付け係は私のもとへ歩み寄り、私の眼をしげしげとみつめ、あなたの瞳の色は黒ではなく暗褐色だと言った。そのとき私は初めて、自分の瞳が暗褐色であることを知ったのである！

「生野菜をうさぎのように食べる」 ― なじみのない新たな文化

私は電気炊飯器でご飯を炊くこと以外、台湾を出る前に自炊のしかたを学んだことはまったくなかった。そのため落ち着くまでの数カ月間は、昼食と夕食を病院の食堂ですませることにした。食堂で用意される私たちの食事は、病院食と同じものであまりおいしくはなく、献立もあらかじめ決まっていたので、火曜日の昼食も水曜日の夕食もどんな内容かは事前にわかっていた。しかし、料理を覚えるまでのあいだ、便利なので週末を含む毎日の食事を食堂ですませていた。主菜とパンのほかには生野菜のサラダをよく食べた。欧米人が調理しない野菜をサラダにして食べることは知っていたが、それまで私は台湾でサラダを食べたことはなかった。中国人が野菜を食べるときは必ずそれを調理した。ボストンでは努めてサラダを食べるようにした理由は、野菜が健康に良いと知っていたからである。しかし、生野菜は私にとって味がなさすぎた。しかたなく私は、食卓に備えつけの塩を振りかけて食べていた。私は台北にいる静に、アメリカ人はまずい生野菜をうさぎのように食べると手紙に書いて送った。およそ一カ月もサラダを食べ続けたある日、同じテーブルに座ったある研修医がサラダに何かをかけていたのを見て「それは何？」と私は尋ねた。彼はそれがサラダドレッシングであること、ナイフとフォークが置いてあるテーブルの隣にいろいろな種類のドレッシングが用意されていることを教えてくれた。私は、生野菜をドレッシングなしで約一カ月も食べ続け、サラダの欧米式食べ方を知らないで、そのまずさに文句をつけていたのだ！

それから数カ月して、私は近くのスーパーマーケットに食材を買いに行き、アパートで料理を始めた。当時台湾には、まだスーパーマーケットはなかった。台湾では、普段私たちは青空市場へ行き、いろいろな食材をときには値切って買っていた。しかし、アメリカのスーパーマーケットは違っていた。すべての品物は包装ずみで定価販売であった。ある意味でそれは便利だが、私のような新参者には少なからず問題を生じた。例えば、魚はすべて切り身で売られ、頭のついた全体の姿を見ることができないため、何の魚か判別できずいちいちポケット辞書で名前を調べなければならなかった。しかし、小さな辞書では役に立たないことが多かった。肉も同様であった。あるとき包装ラベルを注意して見ずに買い、豚肉と思って調理し食べてみると、それはなじみのない臭いのする羊肉であった。私はどうしても食べることができず、仕方なしにそれを捨ててしまった。野菜ですら台湾で見慣れたものと異なっていた。茄子を例にとれば、台湾の茄子のように細長いものはなく、大きくて丸みをおびたものばかりであった。食べなれた好物の野菜を見つけることは難しかった。スーパーマーケットで売っている米も長粒米で、アジア米のように炊いてもねばりがなくパサパサしていた。一番の難題は、生のショウガが売られていないことであった。

後に私は地元の中国人から、郊外にあるヘイマーケットというイタリア系食材の市場に行けば、必要な食材や香辛料が入手できることを教えられた。地下鉄で三十分ほどかかるその市場へは、週末にときおり出かけた。そこでは通常のスーパーマーケットにはないショウガ、にんにく、エシャロットなどばかりでなく、魚の頭、豚の腎臓、牛の胃袋、さらには豚の脳みそまで買うことができた。台湾では豚の腎臓は珍味の一つで、多くの人がこのご馳走を料理したがるため、肉屋に予約が必要なほどであった。また、豚の腎臓は比較的高価な食材であったが、イタリアンマーケットではとても安価でそれを買うことができた。なぜなら、そんなものを欲しがるアメリカ人は少なかったからである。多くの中国人は、このイタリアンマーケットで内臓を食材として購入していた。友人の一人はいつも牛の胃袋を買う肉屋から、「大きな犬を飼っているのだね」と言われたと話していた。アメリカでは通常、缶詰を犬や猫の食事に与えていたが、ときには牛の胃袋を調理してご馳走として与えていたからである。

分厚い新聞 ― 倹約することまたは浪費すること

明らかにアメリカと台湾とのあいだには、食事の嗜好をはるかに超えた生活様式と習慣上の大きな違いがあった。ある日、私は近所のドラッグストアに日曜版の新聞を買いに行った。日曜日の新聞には、週末の安売り情報が載っていることを誰かから教わったからである。前述したように私は、ＷＨＯから送られてくる生活費をとても注意深く支出しなければならなかった。店員は店の隅に日曜版があるので、そこから取るよう私に言った。手にしてみると、それは一インチほども厚さのある代物だった。私が欲しいのは日曜版だけで一週間分の新聞ではないと店員に伝えると、彼はそれ全部が日曜版で、値段はたったの十セントだと答えた。彼の言葉を完全には信用できなかったが、とりあえず十セントを渡して新聞をアパートに持ち帰った。内容を読んでみると確かにそれ全体が日曜版で、ほとんどのページはさまざまな種類の広告に当てられていた。自分の読みたい箇所を読み終え、私はアパートの管理人に新聞をどう始末すればよいのかと尋ねた。彼は、アパートの外に大きなゴミ箱があるから、そこへ捨てるよう言った。台湾であれば用ずみの新聞は、各家庭で再利用のために取っておいて引取り業者に売るのだがと私は言った。私たちは紙を節約しなければならなかったからである。管理人は奇妙な表情を浮かべ、アメリカでは誰もそんなことはしない、なぜなら樹木も森林もたくさんあるから紙不足を心配する必要はないのだと言った。再利用という公的概念やそれを推進する運動は、当時のアメリカには存在しなかったのである。

私はアメリカ人が大量に物資を浪費し、倹約という概念も習慣もないことを理解した。台湾では日本の統治時代、使っていない場所の電灯は消すように教えられた。ところが、アメリカではこの考えは当てはまらなかった。あるとき私は、アパートの廊下の電灯を消したことがあったが、管理人はそれを見て、明かりを消してはいけない、暗闇で誰かが転んだりしないよう夜間は電灯を点けたままにしておく必要があるのだと言った。アメリカ人の彼は、明らかに私とは異なる視点に立っていた。すなわち、エネルギーの節約よりも（自分が訴えられないための）安全を重視していたのである。

私がアメリカ人の友人に新聞の日曜版にまつわる経験を話したところ、彼はアメリカには物資を使えば使うほど経済が良くなるという考えがあると教えてくれた。物資を節約する必要はないのである。「消費が経済を活性化する！」という経済的概念を私は容易に理解できなかった。しかしそれ以降、必要のない限り日曜版の新聞は買わないようにした。吝嗇《りんしょく》を心がけていたのではなく、用ずみ後には廃棄されるだけの一インチもの厚さの新聞のために、どれだけの樹木が伐採されなければならないかを考えたのである。

生活費の支出についての話だが、最初の月の生活費を受け取った私は、その半分をカラーテレビの購入に充てた。可能な限り金を使うというアメリカ流の概念に従ったためではない。それについては特別な理由があったのだ。英語の学習のみならずアメリカ人の生活について学ぶためにも、自分のアパートにテレビが欲しかったのである。アメリカ文化に関する知識を深めアメリカ式生活様式に習熟することは、精神科臨床でアメリカ人患者と接するうえでできるだけはやく達成すべき課題と私は考えていた。

二カ月目にはテープレコーダーを購入した。それを使って患者との面接を録音し、アパートに帰って会話を

ハーバード大学キャンパス内のハーバード師像の前にて

研究するためである。私は指導医（スーパーバイザー）に患者との面接について、レポートを提出しなければならなかった。マス・メンタルでは研修医一名に毎週異なる指導医三名がつき、おのおの一時間の指導セッションを行っていた。台湾では、このような集中指導は行われなかった。マス・メンタルでの指導は、アメリカの教育様式に従い、患者が何を言ったか、私がどのように答えたか、どのような理由で患者が特定の治療段階にあるのかなど、実践的学習に重きが置かれていた。それは台湾での指導のように理論的解釈に重点を置くものではなかった。当時テープレコーダーは、タイプライターと同じくらい大きく重く、機械を収めた箱の上に大きなリールが二つ回転するようになっている高価なものであった。しかし、精神科面接そして精神療法を行ううえで、それは私にとって有用な投資であった（その三年後には改良が進み、テープレコーダーは弁当箱の大きさになり、持ち運びに便利で値段も手ごろなものになった）。

三カ月目にはオーバーを買った。ちょうど一〇月に入り、季節は冬に向かってとても肌寒い天気が続いていた。アメリカ人の研修医らは、冬用に厚手のオーバーを買うよう私に助言してくれた。病院やアパートのなかには暖房が備わっていたが、外はとても寒く厚手の外套は必需品であった。新品のオーバーは価格が毎月の生活費の半分ほどもした。私はデパートの地下のセール品売り場へ行き、オーバーを購入した。これでニューイングランド地方の寒い冬への備えができた。以上のように、ボストンでの最初の三カ月はテレビ、テープレコーダー、オーバーを購入したため、残金から台湾の家族への送金はできずじまいであった。私は支給される生活費を非常に注意深く管理し、週末といえども安価な病院食のみを食べるようにしていた。

幸い、ほとんどのアメリカ人研修医は、厚手の冬用ジャケットを着込み、質の良い革靴を履き葉巻をふかしてはいても、身につけているのは安手のボールペンと腕時計であることを私は発見した。誰も高価なパーカー万年筆や高価な腕時計を持ってはいなかった。このことに気づいてからは、パーカーを使うことをやめアパートにしまっておいて、同僚の研修医らと同じように普通のボールペンを使うことにした。しかし、台北で買い求めた高価な腕時計は、修理代がずっと安い台北に戻るまで二度と修理しないことを肝に銘じつつ引き続き使うことにした。しかし、この腕時計はそれから十年以上故障なく作動し、二つの社会の経済体制における大きな違いを示す記念品となった。このころになるとボストンでの生活にも慣れ、私は毎日を楽しく暮らすようになっていた。

感謝祭のパンプキンパイ ― 度を越した礼儀正しさの教訓

前述したように、マス・メンタルでは各病棟で研修医の日常指導を行う主任研修医と病棟責任者のほかに、一年目の研修医一名につき三名の指導医が割り当てられていた。通常、そのうちの一名はグループ指導を担当する院長または副院長、一名は教授、そしてもう一名はシニア研修医であった。院長および私の指導医に割り当てられたシニア研修医については、後ほど語りたい。ここでは私の教授兼指導医 Ernest Khan 博士との興味深い経験について記す。

ハーバードにおけるアメリカ人精神科医や教授の多くがそうであったように、Khan 教授はユダヤ人であった。彼には同じくユダヤ人の妻と四人の子どもがあった。Khan 教授は、戦後すぐに兵役で駐留軍の一員として日本に派遣された。そこでの経験から、彼は東洋文化と芸術に強い興味を持つようになった。彼はアジア人が大好きで、個人基金すら設立し、私が到着した同じ年に若き精神科医阪本良男医師を日本からマス・メンタルへ留学させていた。

Khan 教授は、間近に迫った感謝祭に私と阪本医師夫妻を、彼の家へ夕食に招待したいと言った。彼は、感謝祭の伝統として七面鳥の網焼きを食べる習慣があることについて説明し、当日は朝食抜きでご馳走に備えるようにと助言した！　私は言われたとおり生まれて初めて食べる網焼きの七面鳥の味を想像しながら、教わった道順をたどってケンブリッジのハーバード大学近くにある彼の家へと向かった。彼の家は、前庭に美しい花々が咲く素敵な住まいであった。

私たちは全員ダイニングルームにある楕円形をした長い食卓を囲んで着席した。それぞれの小皿に取り分ける前に、網で焼いた七面鳥をまずメイドが大皿にのせ、皆に見せた。Kahn 夫人は私たちにとても優しく接してくれ、たくさん食べるよう勧めてくれた。網焼きの七面鳥はとてもおいしかった。Kahn 夫人は私が痩せているので、もっと食べて００７映画の主人公のように強くならなくてはと言った（後に私は、ユダヤ人の母親は中国人の母親と同様ほかの人びと、とくに招待客には食事を勧めることを好むと教えられた)。彼女の説得に応えて私は七面鳥をたらふく食べ、満腹になった。それはそれまで食べたいかなる料理よりもおいしい食事だった。

そのころの私は、西洋料理のメインコースの後にデザートがあることを知らなかった。私たちが七面鳥を食べ終わると、Kahn 夫人はメイドにパンプキンパイを持ってくるよう告げた。ニューイングランド地方で有名なパンプキンパイは感謝祭の食事に特別なデザートとして食べるのですという彼女の言葉を私はいまだに覚えている。彼女はパンプキンパイの大きな一切れを各人に出すようメイドに指示した。私の腹はすでにメインコースでいっぱいになっていた。しかし、夫人の言葉を聞き、私はパンプキンパイを平らげようと決心した。実際にパイは美味であったが、使われていたシナモンが私の好みではなかった。私は西洋の作法では出された料理をすべて平らげたほうがよいと教えられていた(東洋の多くの国、とくに中国では、主人が客人に十分以上の食事を提供したことを示すために、出された料理は少し残すことが礼儀とされていた)。Kahn 夫人は、パイの味はどうかと尋ねた。私は失礼のないように「とてもおいしくいただきました」と答えた。それを聞いた彼女はもう一切れどうぞと勧めた。もう一度私は失礼のないように「はい。ではほんの少しいただきます」と答えた。彼女はその言葉を無視し、切り分けた巨大な一切れを私の皿の上に載せた。私は一生懸命頑張って二切れ目のパイを平らげた。それは私にとって生涯に食べた最初で最後のパンプキンパイとなった。度がすぎて礼儀正しい東洋人にどのような結果が起こり得るのか、その日私は身をもって学んだのである。

異なる文化における礼儀の問題について、著名な文化精神医学者である土居健郎博士は、彼自身の経験を私に語ってくれた。土居博士は私よりも十歳ほど年長で、東京大学医学部を卒業し、戦後すぐにフルブライト奨学金を得てアメリカへ留学した。彼もまた指導医の家での夕食に招待された。女主人は食後のデザートはアイスクリームであることを彼に告げた。戦時下の日本にアイスクリームはなかったが、土居博士はアメリカがアイスクリームでは有名なことを知っていた。彼はデザートのアイスクリームを初めて味わう機会を興奮しながら、心待ちにしていた。しかし、女主人の「デザートにアイスクリームはいかがですか？」という問いに、思わず彼は「いいえ、結構です」と丁重に答えてしまったのである。日本の作法に従ってまず「いいえ」と断れば、女主人がその答えを無視して、思慮深く親切にもう一度デザートを勧めてくれるものと彼は思っていた。しかし、アメリカ人の女主人は彼の答えを尊重し、二度とデザートを勧めなかった。彼は日本の礼儀どおりに振る舞った結果、長年待ち望んでいたアイスクリームを賞味する機会を逃してしまったのである。

こうした話は、社交の場で礼儀正しくあることだけでなく、自分の意見を表現することにも関連している。西欧社会、少なくともアメリカにおいては、各人は個人として尊重され、彼または彼女の意図や願望を他者に知らしめるために、自分の考え、そして選択を明確に表現することが求められる。対照的に東洋のいわゆる状況志向の社会では、各人は他者の考えや欲求により強いかかわりを持たねばならず、彼または彼女の考えや選択を明確に表現せずに、比較的丁重かつ微妙な方法で相手の考えや欲求に沿って応えることが求められる。東洋では、受けた質問に対して「あなたの好きなように」あるいは「どちらでも構いません」と答える傾向があり、質問者がその人の真の選択を推測しかねる場合が多い。他人が何を欲しているのかを推測することが必要で、結果としてときに誤解が生じることがある。

コミュニケーション上のもう一つの問題点は、東洋人が過度に控え目に振る舞う傾向にあることで、これによって西洋人との付き合いでは予期せぬ結果を生じることがある。以下の話はその一例である。

私がボストンに到着して一年後、静も彼女自身でフルブライト特別奨学金研究員資格を得て台北からボストンへ留学し、同じくマス・メンタルで研修を受けることが可能となった。私たちは親しくしていたアメリカ人の研修医とその妻をわが家へ夕食に招待した。静は数日をかけ当日の料理を一生懸命準備した。しかし、いざ食事を始める段になって、中国の習慣にならい「今日の料理はごく粗末な家庭料理で、あまりおいしくないかもしれません」と丁重に伝え、女主人として客の「許し」を求めたのである。彼女の意図は（中国式に）礼をつくし謙遜する点にあった。幸いなことに、その日招いたアメリカ人の同僚は親しい間柄にあったので、そこまで謙遜することは礼儀正しいことではない、なぜなら彼女の言葉はまるで客を大切にしていないか、あるいは尊敬していないかのように聞こえると言って誤りを正してくれた。その代わりに「私はあなた方のためにすてきな料理を用意しました」、あるいは「私は、何日もかけてあなた方のためにこの特別な料理を用意しました」と言ってはどうかと彼らは静に提案した。この親切な助言を聞き、私と静は気持ちを伝える方法を変えることにした。当初、謙遜を善とする私たちの伝統的方法を捨てるのは容易ではなかった。自分たちが準備した食事を自慢することは、恥知らずな振る舞いと感じていたからである。しかし、私たちの料理自慢を聞いたほうがアメリカ人の客は楽しそうな反応を示すので、西洋人の友達には過度の謙遜は適切ではないことを理解した。

「先生が好きです！」――コミュニケーション上の混乱

異国で外国語を使いながら暮らす際には、どのようにして意味論的に意思の伝達を図るかを理解することのみならず、言葉に付随する意味を適切かつ正確に把握することも重要となる。言葉を知っているだけでは十分ではない。以下の話はこの点を例示するものである。

病院で働き始めたころ、私は病棟スタッフ全員に優しく接するよう心がけていた。アメリカの病院では看護師が患者のケアにおいて比較的重要な役割を担い、場合によってはユニットの患者の治療方針で、医師に影響を与えることすらあることを私は理解した。これは、医師に従うよう訓練され従属的な役割のみを果たす台湾の看護師の状況とかなり異なっていた。

私は、一緒に働くユニットの看護師らには努めて友好的に接するようにしていた。ある日、若い看護師の一人が面と向かって、「私、ツェン先生が好きです（Dr. Tseng, I like you！）」と言った。思い出していただきたい。台湾では男性と女性が互いに「あなたが好き」と言うことはめったになかった。中国では異性に対して「私はあなたが好き」と言うとき、それは「私はあなたを愛している！」と意味がほぼ同じだからである。それは、当事者だけに限られた状況での愛情と親密さを表現する言葉なのである。若くかわいいアメリカ人の看護師から「私、ツェン先生が好きです！」と言われ、それをどのように解釈し答えればよいのか私にはわからなかった。もちろん、「好き（like）」という言葉の意味は知っていたが、念のため辞書を引き再確認した。「好き（like）」の語は、他者への肯定的な愛情を表す動詞と定義されていた。他者への好意を持つことをそれは意味していたが、その辞書は看護師が私にどのような気持ちを伝えようとしているかという点の理解では役に立たなかった。私が理解したかったのは、その状況における潜在的な意味と文化的含意であった。とうとう私は親しかった同僚のアメリカ人研修医をつかまえ、このことを相談した。彼は、その看護師が私を一人の人間として（または同じ病棟で働く一人の研修医として）好きだというだけの意味であると教えてくれた。私はそれを聞いて安心したが、同時に自分の英語能力に少し失望し、さらには「好き（like）」という簡単な言葉の解釈について心配した自分にも落胆した。アメリカ文化における男女関係、そして男女間のコミュニケーションとその含意について、私がより多くを学ばなければならないことは明らかであった。

「あなた方は同じように見えるのになぜ互いに言い争うのですか？」——グループセラピー実習中に発した質問

人間関係を理解するためには言語の深い理解が必要なことは、数多くの機会で例証された。研修医一年目には、私たちは患者のケア、個別のスーパービジョン、そして教説的セミナーに加えてグループセラピー（集団療法）の教習のためにも、訓練目的の団体精神療法（T–グループと呼ぶ）に参加しなければならなかった。研修医が参加するT–グループの目的は、私たち研修医が患者にグループセラピーを実施できるよう団体対人関係と集団療法のプロセスを学ぶことにあった。それは教育訓練を目的としていたため、トレーニンググループセラピーまたはT–グループと呼ばれていた。T–グループ参加の副次的目的としては、他者との付き合い方の学習や、熟達したセラピストになるためのプロセスの一つである自分がどのような人間かを知ることなどがあった。一年目の研修医は全員が七、八名のグループに分けられ、リーダーを務める教授一名のスーパービジョンのもとにそれぞれのグループで毎週ミーティングを行った。

私と阪本医師は同じグループに配属された。グループには同じ病棟からの研修医もいればほかの病棟からの研修医もいた。当時の私は依然として英語力が十分ではなく、グループメンバーの討議内容を理解しようと努めるものの皆が早口でしゃべるため聞き取りは容易ではなかった。あるとき、メンバーが二つのグループに分かれて議論をしているように聞こえたため、私は何か異変が起きつつあることを本能的に悟った。T-グループの各メンバーは討論では必ず発言することが求められた（さもないと引っ込み思案やグループプロセスへの不参加を批判された）。なんとか口を開いた私は、グループに何が起きているのかと質問した。その答えは、メンバーがユダヤ人と非ユダヤ人とに分かれて論争中というものであった。彼らが用いたユダヤ人（Jews）と非ユダヤ人（gentile）という言葉を私は完全に理解できなかったが、とにかく意見を述べるために、「あなた方は皆同じように（私には）見えるのになぜ互いに言い争うのですか？」と質問した。白人ではない私がこう問いかけたことにグループは驚いた様子で、しばらくの沈黙の後論戦をやめ、T-グループ本来の作業を再開した。

T-グループでは、メンバーのなかから順番で記録係を決めていた。記録係はセッションの議事録を取り、次のセッションで前回の議事報告を行うことになっていた。この方法は、各セッションでのグループプロセスの観察と、次セッションにおける継続性維持を学ぶためのものであった。前述したように、私と阪本医師は同じグループに配属されていた。私たちはともに英語には不慣れで、記録を取ることやグループプロセスの報告は苦手であった。しかし、がんばる精神を発揮して、私はその課題に取り組む決心をした。そして、それまでの人生で重要な難題にぶつかると必ずそうしてきたように、中国の諺にある「頭皮を厚くして課題にぶつかれ！」を実践した。私は記録を取り、その次のセッションで報告を行った。アメリカ人のグループメンバーは全員が私の仕事ぶりをほめてくれた。私は喜びとともに救いを感じた。しかし、阪本医師はかたくなに記録係を拒否し続けていた。

前に簡単に触れたように、日本から留学していた阪本医師は私よりも数年年上で、研修プログラムの参加者中、私を除いて唯一の外国人研修医であった。大阪の私立病院長の息子という出自に加えて、彼は立派な人柄の人物であった。スポーツに堪能でサッカーをよくし、また音楽にも造詣が深く、オーケストラの指揮者も務めていた。しかし、英語はあまり流暢ではなく、口頭説明となると二の足を踏んでいた。Tグループのメンバーは挑戦するよう勇気づけたが、彼はそれを拒否していた。引き続き説得を試みるグループにいら立った彼は、ほとんど腹立ちまぎれに片言英語でこう言った。「君たちは知っているか…私が中学生のころ…君らヤンキーの鬼どもは日本を爆撃した…だから英語を勉強する時間などなかったのだ。なぜ、私に英語で議事録をつくれと無理なことを言うのか！」。部屋にいたアメリカ人研修医は一斉に驚きの表情を見せた。阪本医師の攻撃的で民族性みなぎるこの発言以降、グループメンバーは彼を記録係にする説得努力をやめた。普段の阪本医師はとても礼儀正しい日本人男性であったが、グループセッションで苦手とする課題の遂行を強制され、忍耐が限界に達し、怒りが爆発したのであった。Tグループでは、メンバーの心の内に感じたことを表現することが学習目的とされていた。彼はおそらくやや過剰な方法でそれを実行したのかもしれない。いまとなっては、この出来事を楽しく思い出しながら書いているが、そのときの雰囲気には一触即発的なものがあった。

アメリカ人研修医ばかりのなかで、ほかよりも劣る立場に置かれた日本人医師の彼がどのように感じたか、私にはよく理解できた。それによって、彼の民族的感受性が刺激を受けたのである。ある日、T-グループのセッションに遅れてきた彼は、グループがすでに行っていた議論には頓着せず、世界最高のタワーが東京に建設されたことを誇らしげに発表した。彼は東京タワーがパリのエッフェル塔よりも高いことを強調した。アメリカ人研修医に囲まれたなかで、日本人としての民族的感覚を維持するため、日本が達成した偉業を発表する必要が彼にはあったものと私は推測している。

故郷台南市を知るアメリカ人の理髪師

アメリカと中国の文化に関する興味深い話を以下にいくつか紹介したい。すでに述べたように、地球上では台湾はボストンの裏側に位置している。当時そのあいだの交通には船で数週間、飛行機で数日間を要した。多くのアメリカ人は台湾の存在すら知らなかった。マス・メンタルの副院長であった著名な Elvin Semrad 教授の場合もそうであった。彼は有名な精神分析医であり、患者の心を深く読み取る優れた面接技術から、尊敬を集めていた。精神医学、精神科看護学、社会福祉を学ぶ学生からは精神療法の「神」と崇《あが》められていた存在であり、彼らはマス・メンタルを訪れ Semrad 教授と患者との卓抜した面接を実地に見学する機会をつねに求めていた。教授は生涯マサチューセッツを離れたことはなく、まして他国を訪問したことなどなかった。しかし卓越した教授であり、とても親切な人であった。マス・メンタルに到着してすぐに私は彼に面会を申し入れた。私は中国の習慣に従い、竹の絵皿を土産に持参し手渡した。彼はアジア人精神科医としての私の面会をおいに喜び、贈り物に満足げであった。しかし、彼は精神分析理論を信奉し、象徴的意味を理解すべく教育を受けた精神分析医である。私の贈った竹の絵皿に竜が描かれているのを見て、彼は訝《いぶか》しげな表情を浮かべ、なぜ竜なのかと質問した。中国人にとって竜は慈愛に満ちた雨の神で、農作業には欠かせない雨を降らし、同時にまた権威の象徴でもあると私は説明した。彼は熱心にその説明を聴いていたが、訝しげな表情が完全に消えることはなかった。後に私は、西洋において竜はつねに禍《わざわい》を人びとにもたらす悪の象徴であることを知った。経験豊かな分析家といえども、象徴の文化的違いに思い至らなかったのである。

この著名な教授についてはさらに興味深い話がある。ある日、Semrad 教授の秘書から電話があり、私の「母国」台湾から一人の女性精神科医が教授を訪問しているので、私にも一緒に面接して欲しいとの指示があった。私はそれを聞いて不思議に思った。なぜなら、台湾から外地を訪問する可能性のある女性精神科医は、妻の静をおいて考えられないし、ましてや彼女が私に無断でアメリカを訪れることはないことを知っていたからである。そのうえ、客員研究者である私とその配偶者は、台湾政府の規制で同時に海外への出国は許可されないこともわかっていた。こうした疑問を抱いてSemrad 教授の執務室へ向かったが、そこで紹介されたのはタイから訪れていた女性の精神科医であった。どうやらSemrad 教授は、同じアジアのタイとタイワン（台湾）の区別がつかず、それらは同じ国と考えていたようなのである。まさかとは思いつつ、万一妻に会えるのではと期待していた私はがっかりした。代わりに紹介されたのは、タイからやってきた女性精神科医であった。しかし、私は著名な学者ですらこのような誤りを犯すことを知って救われる思いがした。マス・メンタルでの勤務初日に、主任研修医のボブと研修医一年目のボブとを取り違えた誤りを恥じていた気持ちが、ずっと楽になったのである。

台湾とボストンに関するもう一つの話をここで読者に紹介したい。当時、私は散髪に病院近くの小さな床屋を利用していた。ある日、私の髪を切っていた中年のアメリカ人理髪師が私にどこからきたのかと尋ねた。私は台湾からと答えた。台湾のどこか、と彼は続けた。このアメリカ人は台湾について何か知っているなと思いつつ、台湾南部の都市台南からと私は答えた。しばらくのあいだ沈黙があって、台南市の中心部にロータリーはなかったかと彼は質問した。その言葉に私はとても驚き、なぜ私の故郷についてそれほど詳しく知っているのかを聞いた。すぐに答えはなく数分が経過した。やがて彼はゆっくりと、戦時中アメリカ軍の航空部隊に所属していたこと、台南市を爆撃したB‐24爆撃機の搭乗員だったこと、そして市中心部のロータリーは爆撃の指標だったことなどを明かした。私は椅子から飛び上がらんばかりに動揺して、私たちを爆撃した鬼畜米兵は貴様だったのかと叫びそうになった。しかし、彼はただ軍の命令を遂行したにすぎないと考え、じきに興奮は治まった。私は彼に対して怒ることはできなかった。ましてや彼は、話をしながら丁寧に私の髪を刈り続けていたのである。私は故郷の都市を爆撃したこの親切な「鬼畜米兵」と良好な関係を保ったまま、客員研究者としての残りの三年間、彼に調髪をまかせたのであった。

「中国人の共産主義者は国へ帰れ！」――民族認識への侮辱と挑戦

私がボストンにいるあいだに接したアメリカ人のすべてが親切であったわけではない。到着前には、ボストンを含むニューイングランド地方の人びとは、イギリス人のように社交の場では冷静沈着で控え目な傾向があると私は聞いていた。皆の前では容易に他者、とりわけ外国人には親愛の情を示さないというのである。そのため、控え目で冷静なボストン人との交流を予想していたが、意外なことにほとんどの人、とくにマス・メンタルのスタッフや担当した患者らは私に親切でやさしく接してくれた。しかし、中国人の共産主義者と私を非難し、国へ帰れと命じた精神病患者を含めて例外はいくつかあった。

この患者は中年の白人女性で、入院時に私の担当する患者に割り当てられた。彼女は妄想性障害に悩み、多くの人が彼女を苦しめしいたげていると思い込んでいた。彼女は、言葉の強いなまりから私が中国人であることを知り、とても動揺して「中国人の共産主義者は中国へ帰れ！」と言った。中国本土の共産党と戦う台湾からきたのだと説明を試みたのだが、彼女には中国本土と反共台湾との区別がついていなかった。そして、私を見れば必ず「中国人の共産主義者は国へ帰れ！」と叫ぶのであった。そのうち彼女は、病室に入ってくるスタッフに対し、病室の窓から抜き取った鉄棒を誰彼かまわず投げつけるようになった。スタッフはこの危険な患者をどう扱ってよいものか途方に暮れていた。そこで私は、台湾の精神科病院で得たこうした攻撃性の強い患者への対処経験を生かすことにした。私は主治医として看護スタッフにチームを組んでもらうよう要請した。看護師の一人に精神安定剤の注射器を持たせ、患者への投与がいつでも可能な態勢をとらせた。これから攻撃的行動を抑制しますと患者に予告した後、枕で身を護る看護師二人と私は病室へ駆け込んだ。私がかざしていた毛布は、護身のためのみならず患者を覆い、鉄棒の投擲《とうてき》を防ぐためのものでもあった。私たちは患者の腕と脚をつかんで抑制し、注射器を持った看護師は注射を行った。攻撃的行動が抑制された後は、患者が妄想的精神状態から回復するまで一連の電気ショックが二、三週間施された。スタッフは危機的な状況を率先管理した私の手腕を称賛した。しかし、私は頻繁に共産主義者と呼ばれ中国へ帰れと言われることには内心不満であった。後に彼女は精神病状態から回復し、いかに無礼な振る舞いを行ったかを知って私に陳謝したので、この経験が残した悪感情を払拭することができた。

アメリカ人が中国人の私にどのような接し方をするかを、私は常に意識していた。この患者が私を侮辱したとき、彼女は精神病状態にあった。しかし、健常者で私を侮辱した例も一つあった。それは私が何かの用事で現金を受け取るため、ある事務所に行ったときのことであった。私は現金の受領額が予期していたよりも少ないことに気づいた。窓口の説明では、手数料の控除がその理由とのことであった。私は手数料が高すぎると抗議した。現金出納係は文句があるなら中国へ帰るべきだと言った。中国人であることを除けば、ほかに何のいわれもなく自分が侮辱されたと私は感じた。この対応に気分を害した私は、出納係の女性を訴えてやりたいと考えた。しかし、幸いなことにこの種の侮辱を経験したのはそのときだけであった。

中国名は変えない ― 自分の民族意識と帰属感を保つ

私の民族意識と深いかかわりのあった、名前にまつわる話を紹介しよう。ボストンに到着した当初、アメリカ人の同僚らにとって中国名の「ウェンシン（文星）」は発音が難しかろうと考え、発音の似た西洋名の「ヴィンセント」を使うことを私は考えていた。しかし、アメリカ人研修医の Roy Fitzgerald 医師（略称フィッツ）は私が呼び名を変えようとしているのを知り、ウェンシンにはどのような意味があるのかと尋ねた。それは知恵の星を意味すると私は答えた。これを聞いたフィッツは、ウェンシンという深い意味の名前を西洋風に変えないほうがよいと助言した。私はその助言に従い、ウェンシンで通すことにした。アメリカ人のなかには覚えづらいためか、「ウェン」と最初の漢字だけを呼ぶ人もいた。しかし、私はウェンシンが知恵の星を意味することを伝え、ファーストネームは漢字二文字で正式に呼ぶよう主張した。アメリカ文化への適応を助けてくれただけでなく、私の民族意識と帰属感を支えてくれたアメリカの友人フィッツにはいまだに感謝している。

私の名前について二点ほど述べておきたいことがある。前述（第2章）したように、私には乳児のころに亡くなった二人の兄があった（当時は抗生物質がなく、軽度の感染症でも死亡する乳児は多かった）。私が誕生したとき、両親は私の健康をとても案じていた。そのため、父は易者に姓名判断を頼んだ。師範学校出の教養のある教師であったにもかかわらず、とくに二人の息子を失った後でもあり、父は新たに生まれた長男のために易者の占いという伝統を信じたのである。易者は私の生命力がそう強くはないこと、そしてこの問題を解決するためには、「火」の要素を含む漢字二文字を命名するよう断じた。父は中国の習慣にならい、二文字の最初の字を「文」とした。これは曽家一族の「文」の世代に属することを示すものである。[2] 父は「文」と「星」の二文字を選び、知恵（あるいは知性、文学、穏やかさ）の星の意味を私の名に持たせた。しかし、同時に易者の占いに従って、私が生存するための十分な生命力を確保するため「火」の要素をおのおのの字に加え、炆煋とした。私はこの名前を三十歳すぎまで使っていた。しかし、台湾である日、私の講演に関する記事が新聞に載り、このつくられた漢字が新聞社の活字になかったために担当者が虫偏の似た漢字を用いたのである。結果として私の名前は蚊蝗、つまり蚊（カ）と蝗（イナゴ）、と表記されてしまった。[3] 私は感情的に動揺すると同時に嫌な気分を感じた。そのときすでに成人期まで私は生き続け、もはや自分の名に火の要素は必要ないと感じたのである。そこで私は火偏を付けるのをやめ、通常の簡潔な「文星」に戻すことにした。名前から火の要素を取り去ったことで、静は私の性格から昔の短気なところがなくなったと冗談めかして言った（火の要素はいら立ちや怒りなどの感情と密接な関係を持つ）[4]。彼女はそれをとても喜んでいた。

以上に紹介した話は、中国人の命名に対する考え方を示すものである。しばしばそれは、両親と祖父母あるいはそのいずれかの願望を反映している。そして、ある意味では子どもの身元証明に両親や祖父母の名を反映させたいという期待の表れでもある。この点で、私は中国名を持ち続けるよう勇気づけてくれたアメリカ人の友フィッツにとても感謝している。それ以来、私が自尊心を持ち続けるうえで、また中国人としての民族意識と帰属感、そして個人的同一性を維持するうえで彼の助言は支えとなった。

他人をほめること——新たな態度と新たな報酬

私は徐々にアメリカ人の大切にする文化的態度を学び始めていた。そのうちの一つが、自分の考えを明白、かつ正確に曖昧さを残さず表現する態度であった。言葉を換えれば、自分の立場を明確にし、自我の視点に立って自分の意見を述べることが重要であった。例えば、私の名前に関しては、自分の名前を使うことを優先し、アメリカの友人らにはその発音方法を学ばせること、すなわち他者がそれについてどう感じるか、どう対処するかを気遣うことよりも、自分のやりたいことや自らが欲するところを優先することが大事なのであった。この態度は個人志向の社会で強調される価値観を反映していた。それは、アメリカ人が力点を置く特徴的態度の一つで、自分の考えを口に出すことなのである。感謝祭の夕食で勧められたパンプキンパイの一件が示すように、はっきりとイエスかノーかを言い、過度の丁重さを避け、他者が自分の答えをどう受け取るかを心配しないことである。これが自我志向の社会において自己を表現する方法なのだ。

もう一つ私が直ちに学んだアメリカ的態度は、他者を肯定的にほめる方法であった。中国人を含め東洋人は、おおっぴらに他者をほめることはしなかった。とくに、自分の家族についてはそれが顕著であった。自らの子どもや友人の前で夫や妻を賞賛することは洗練されていない態度とみなされた。配偶者は、他者の前でほめられると、ほとんど「部外者（あるいは客）」のように扱われたと思いかねない。そのため、「部内者（親しい家族）」である自分の配偶者や子どもをほめることはまずなかった。しかし、アメリカ人の友人らは、他者の前で彼らの配偶者、子ども、友人をよくほめることを私は発見した。精神の健康という観点からこれは良い習慣であった。それが賞賛された人の肯定的な対人関係を促進し、自尊感情を高めたからである。この習慣は私にはとくに良い作用をもたらした。なぜなら、他者をほめるよりも批判する傾向が私には強かったからである。親しい人たちをほめるというアメリカの習慣は、徐々に私の新たな態度となり、性格の一部を矯正するようになった。

アメリカ人など西洋人に観察されるもう一つの態度は、女性に対する気配りと礼儀正しさであった。例えば、女性のために扉を開けることは男性の美徳の一つとされていた。それは小さな行為ではあるが、紳士的態度の精神と礼儀正しさを示していた。私はこの態度もすぐに学び取った。女性が扉に近づきつつあるのを見ると必ず扉を開けて道を譲り、女性を先に通した。通常、その女性からは微笑と感謝の言葉が返礼としてあった。私はすぐにこの態度に慣れたが、同僚の阪本先生を含むある日本人男性らは、容易にこの態度を取ることができなかったようである。阪本先生の場合、習慣的にまず扉を開けて自分が先に通り、彼の妻やほかの女性らはその後に続かせていた。やがて、アメリカ人の同僚らから親切な忠告を受け、彼は努めて夫人に優しく接する態度を取り始めた。しかし、彼は帰国のとき、ハワイと東京のあいだにある国際日付変更線をひとたび通過すれば、こうした親切な振る舞いは終わりだと冗談めかして言っていた。彼は、日本が近づくにつれ日本の伝統的様式に戻す必要がある、つまり飯を茶碗によそって出すのを含めて、食事を給仕するのは妻の役目であり夫ではないと言った。

クリスマス ― 孤独感と家族と離れていることの寂しさ

阪本先生が西洋紳士的礼儀作法を取り入れる際に苦労したことについて語った以上、私自身のアメリカでの苦労についても語る必要があろう。阪本先生は日本政府から家族帯同の海外留学を許されていたが、私は特別奨学金研究員資格での公費留学のため、台湾政府から同様の許可は得られなかった。私はすでにボストンで一年間を独りで暮らしていた。当時、国際電話料金はとても高く、もちろん電子メールなどの通信技術の発達からはほど遠い時代であり、私と静との通信手段は航空郵便に頼っていた。台湾へ手紙が届くには一週間を要し、返信が私の手許に戻るまでにはさらに一週間を要した。私は寂しかった。とくに週末や休日には寂しさが募った。雨や雪が降った休みの日には、外出することもなく一人アパートの窓から降る雪や雨を眺めていた。ＷＨＯの特別奨学金研究員としての私は、自動車を持つことを禁じられていた（これは受入れ国の交通規則や事情に疎いＷＨＯ奨学研究員に頻発した交通事故を防止するためであった。もっとも、ＷＨＯの奨学制度の限られた生活費では自動車の所有は無理であった）。私にはドライブを楽しむ余裕はなく、外出には地下鉄を利用していた。雪や雨の悪天候に地下鉄に乗ったり、散歩したりするのは愉快なことではなかった。

ボストンに到着して五カ月も経たずにクリスマスがやってきた。台湾では、クリスマスイブにダンスパーティを開く一部の若者を除いて、人びとはあまりクリスマスに関心を持たなかった。多くの人はクリスマスを西洋の休日と考えていて、それを休暇のシーズンとして祝うことはなかった。しかしボストンでは、ほとんどすべての家庭に色とりどりに飾られたクリスマスツリーが立てられ、人びとは家族への贈り物を買いにデパートへと走った。私はホームシックになってしまい、贈り物をいくつか買って静と息子に郵送した以外、ほとんどの時間を一人アパートですごしながら悲しい気分に沈んでいた。

もう一つ私を憂うつにさせた出来事は、静がそのころ第二子を宿していたことであった。出発の少し前に妊娠の事実がわかったのだが、彼女はそれを私に伝えなかった。そのことが、私の留学への決心を鈍らせると考えてのことであった。ボストンに到着して数カ月経ってから妊娠のこと、そして合併症を患っていることなどを彼女は知らせてきた。産婦人科は彼女に出産までの数カ月安静にするよう命じていた。困難な時期に彼女のかたわらにいられないのは残念なことであった。私は不安で意気消沈した。とくに、休暇の季節になってクリスマスキャロルが聞こえてくると、私の悲しさは一層増した。本来喜びの歌であるはずのキャロルによって、気分はさらに憂うつになった。それ以降の三十年間、台湾に戻って家族とともにいるときも、クリスマスキャロルを聴くたびに私は憂うつな気分になった。私はクリスマスシーズンを嫌っていた。

四月に入って受け取った静からの手紙に、第二子（長女）の誕生の報があった。長女はあらかじめ私たちの決めたとおり、魅力、優雅さ、優しさを意味する「倩文」と命名された。私はその知らせに興奮し、初めての国際電話を静にかけた。そして、出産を祝福し彼女の労をねぎらい、なんとかアメリカを訪れる方法を考えて欲しいと訴えた。それがほぼ不可能であることを知っていたが、希望を持つことで少なくとも気分は改善した。

静も特別奨学制度研究員となってボストンへ

ボストンに静を迎え，公園でバーベキューを楽しむ

それはほとんど不可能なはずであった。しかし、不可能は可能となったのである。それから数カ月後、静から彼女が奨学金制度の申請に合格したことの知らせがあった。しかも、許可を得た奨学金制度は一つではなく二つであった。そのうちの一つは定評のある研究者に与えられるフルブライト奨学金で、ほかの一つはアメリカン・ウィメン・スカラシップであった。精神科研修医として働き始めてから彼女は、つねに徐静という結婚前の旧姓を用いており、ほかの中国女性のように結婚後夫の姓に改姓して「曽徐静」とは名乗らずにいた。彼女はこの二つの奨学制度研究員の資格を、徐静の名で申請し取得していた。合格に引き続いて政府に海外留学を申請したところ、幸運にもその申請が許可されたのである。私はこの知らせを聞いて、マス・メンタルで彼女も研修できないだろうかとEwalt院長に頼み込んだ。Ewalt院長は喜んですぐにこの申し出を受け入れてくれた。

現在に至るまで、私にはそれがどのようにして可能となったの

病院のパーティーへ行く前に自宅アパートにて

かわからない。もちろん、第一には静の能力が二つの奨学金制度の留学資格の同時取得——しかも一つは権威あるフルブライト奨学金——を可能にしたことは明らかである。静はとても聡明な女性で、台湾の医学校入学試験を極めて高い得点で合格し、すでに七年間の奨学金を受給していた。もう一つの要因は、私のマス・メンタルにおける初年度の成績が優秀であったことである。Ewalt 院長は私の手腕を買い、同時に妻を恋しがっていることを気の毒に思っていた。前述したように、マス・メンタルでは毎年一年目の研修医を二十名受け入れていた。阪本医師と私が研修医として受け入れられた一年後、静ともう一人の日本人研修医が外国人研修医としてプログラムに加わった。また、静の研修一年目に、マス・メンタル始まって以来最初のアフリカ系アメリカ人（黒人）研修医の受け入れがあった。

振り返ってみると、夫婦ともに同一の素晴らしい研修プログラムに受け入れを許された背景には、私たちの能力に加えて運も幸いしていた。誰にでも自らの人生を発展させる機会が与えられるというアメリカ文化の一つの特徴が、この幸運には反映されていた。有能であり、一生懸命頑張る決意と機会を逃さない気持ちを持つ人には誰であろうと扉は開かれており、人生を築くことができるのである。言うまでもなく、私たちを高く評価し、発展の機会を与えてくれた Ewalt 教授と出会えたことは幸いであった。

一年間の一人暮らしの後、静がボストンでの生活に加わった。フルブライト奨学生の彼女には家族帯同での海外留学が可能であった。しかし、当時三歳の息子と四カ月になる娘は台湾にいる私たちの両親のもとに預けることにした。それは私と静にとって困難な決断であったが、静が研修医としてマス・メンタルで教育を受けるには、それ以外に方法はなかった。二人で暮らすにはもう少し広いアパートが必要なため、私は付近に適当なアパートを見つけ、引っ越した。いよいよ空港で静を出迎える日、互いに離れて暮らした長い月日を考えて、私は胸がいっぱいだった。再び一緒に暮らせることは、私たちにとって大きな幸せであった。しかし二人とも直ちにマス・メンタルでの研修に忙しい日々を送ることになった。私たちはアメリカ生活をより深く知るために、同僚と一緒に数多くの社会活動にも参加した。

社会における対立する価値観の観察

私は、アメリカという一つの社会についていくつかのことを学んだ。アメリカが「人民の、人民による、人民のための」という言葉を標榜していること、自由と民主主義の原則に基づいて建国されたこと、すべての個人を平等とみなすといいながら、南北戦争後の一八六五年に禁止されるまで奴隷制度を維持していたことなどを知り、私は意外な感じを受けた。しかし、法のもとにアフリカ系アメリカ人が自由を得たとはいえ、彼らへの差別は続いていた。南部では、黒人は白人と同じ水飲み器から水を飲むことができなかったし、乗り合いバスでは後部座席に座らされていた。黒人の子どもらは白人と同じ学校で学ぶことを許されていなかった。私がボストンにいた当時、連邦政府は黒人生徒を白人居住地域の学校へ通わせる政策を実施したものの、それは白人たちの強い反発を引き起こした。また、南部で起きた「血の日曜日事件」に関する話も耳にした。南部の黒人が白人同様の選挙権を持つための有権者登録には、長い時間がかかっていた。選挙権運動のために穏やかに抗議していた黒人グループは、警察の暴力的手段によって排除された。一九六〇年代に公民権運動の高まりを観察していた私は、運動の指導者であった Martin Luther King 博士暗殺の報を聞き、衝撃を受けた。このことが私に、社会というものは個人同様種々の対立する価値観を内包する複雑な制度との考えをもたらした。問題を処理し解決するには、時間が必要なのである。

私たちがボストンに在住していたころのアメリカは、ベトナム戦争の初期段階にあった。共産主義の拡大を恐れたアメリカは、ドミノ効果を防ぐためにベトナムでの戦いを始めた。しかし、多くの若者、とくに大学生がそれを正義の戦いではないとして、反対の意志表示や行動を取ったことに私は驚かされた。また、若者の多くは徴兵され戦場で命を危険にさらすことを望まなかった。人びとが自らの政府のみならず大統領すらも公に批判するという、経験したことのない事実に私は衝撃を受けた。それは、当時の台湾を含む多くの独裁体制の社会では容認されない社会的行動であった。日本政府が中国を侵略し後に太平洋戦争を引き起こしたころ、それを批判し誤りを指弾する声を上げようとするものは一人もいなかった。当時、私たちを巻き込んでいた中国の内戦について、台湾政府を批判することが安全と考えていた者も皆無であった。社会が（政治的）権威に対してさまざまな態度を持つこと、そして人びとは権威にさまざまな方法で対処することが許されていることなどを理解するうえで、その経験は役立つものであった。

私たちの主任と院長

前述したように、Kahn 教授は私の研修初年度の指導医の一人であった。そして、Ewalt 院長もまた初年度の指導医の一人であったことは、私にとって幸運であった。彼は私と阪本医師の両方一緒に一年間グループ指導をしてくれた。ともに働くことで、私は Ewalt 教授をよく知ることができた。

Ewalt 教授は元来テキサス州の出身であった。学術面でもまた管理面でも彼の能力の高さは広く知られていた。彼はハーバード大学からその主要な教育施設であるマス・メンタルの院長としてのみならず、同大学医学部の精神科主任としても迎えられたのである。

Ewalt 教授は独特な性格の持ち主で、率直に意見を言い、赤いスポーツカーの運転が趣味だった。私は彼が精神医学の教科書を著していたことを知り、その著書を買って彼の考え方と知識の深さを知るために隅々まで読んだ。そして、指導ミーティングには必ず十分な準備をすませて臨んだ。彼は非常に鋭い洞察力の持ち主で、私の言いたいことは正確に理解した。私は彼を深く尊敬し、彼から多くのことを学んだ。

Ewalt 教授について、アメリカ文化における権威者に関連する特別な思い出として読者に紹介したい話がある。Ewalt 教授は離婚経験者で、離婚後数年経ってある研修医の美しい前妻と再婚した。彼女が前夫（つまり研修医）と別れた原因は Ewalt 院長と直接関係はなかったが、その特殊な状況によって Ewalt 院長は若い男性研修医にとってかなりの心理的脅威となった。それは Sigmund Freud がギリシャ神話の英雄オイディプスを用いて説いた、子どもの人格発達における男根期に観察される両親と子どもの三角関係的なコンプレックスを思い起こさせた。なぜなら、院長が研修医の妻と結婚したことは、自分らの若妻を奪う可能性のある権威者に対し年若い研修医らが脆弱であることを意味し、それ自体彼らにとって心理的脅威となるからである。私の言いたいのは、この状況が実際に発生したということだけでなく、年度末に研修医らにより上演された創作劇の筋書きも、若い部下の妻を奪う権威者の物語であったことなのである。興味深いことに、Ewalt 院長は彼の若妻を伴って劇場に現れ、前列に座り一向に意に介した様子なく観劇していた。じつのところ、研修医たちは年末パーティには三年連続して同じ内容の劇を演じたのである。心理学的には、若い研修医らが「恐怖対抗的」防衛機制としてこの劇を選び上演していると解釈することができる。しかし、文化的視点からは、権威者である院長がなんの問題もなくこの劇を楽しむことで、若い研修医らに昇華を容認し、演技を通じて恐怖に対処させていたことが重要である。東洋の社会で、若者が感情の表出にこうした劇を上演しようとすれば、権威者は間違いなく彼らを罰するであろう。

著名な人物でありながら、Ewalt 院長は静がボストンに到着後、私たち夫婦を自宅での夕食に招待してくれた。院長がそうしたかたちでの研修医との付き合いはめったにしないことを知っていただけに、私たちにとってそれはとても名誉なことであった。彼の家の記憶はいまだに鮮明である。それは前庭にメープルの樹を配したニューイングランド地方に典型的な大きな家であった。私たちが訪れたのはある初秋の日で、メープルの葉が赤や黄金色に染まり、とても美しく見えた。家に着くなり私は、彼の邸宅が素晴らしいこと、とくに庭のメープルが紅葉して美しいことなどを賞賛した。彼は見るぶんには美しくてよいけれども、秋になると毎日の落ち葉掃除が大変だと答えた。私はハーバードの主任といえども、庭の落ち葉は自ら掃除しなければならないことを知った。夕食の準備が整うころになると、Ewalt 院長は夫人を手伝いながら台所から食卓まで料理を運んだ。おまけに、あたかも熟練したウェイターのように指先で皿回しすらやってみせた。私が彼の素晴らしい技能を賞賛したところ、驚いたことに彼は大学生のころ、学費を稼ぐため実際にレストランでウェイターとして働いていたことを明かした。

ハーバードの主任が、大学生のころにウェイターをしていたことを知り、かつ彼がそれを誇らしげに語ったことに私たちは驚いた。台湾あるいはいかなる東洋の国においても、ウェイターとして働いた経験のある主任はいないであろうし、またその経験があったとしても、他人にそれを公表することは遠慮したであろう。アメリカ人が私たちとは実に異質であることを私と静は理解した。彼らは一生懸命努力し、自分を信じて成功を追い求め、独力で得た業績をとても誇りに思うのであった。

数カ月後、私と静は Ewalt 院長と夫人の好意への返礼に、彼らをわが家へ夕食に招待した。彼らは招待を受け入れてくれた。数人のアメリカ人研修医が夕食のことを知り、主任との付き合いに参加したいので、自分たちも招待して欲しいと言ってきた。客を歓待するにはおいしい料理だけでは十分でなく、良い会話も必要なことは私たちにもすでにわかっていた。中国人は社交的な会話よりもおいしい料理の提供を重視する。静と私は知人の研修医とその夫人をもう一組の客として選んだ。私たちの選んだ研修医（Robert Kenneson 医師）は静の同僚で、話し上手な男性であった。彼らは夕食用のワインを持参したいと申し出た。そのおかげで、夕食に供するワインを選ぶという難題が解決された。当時、私は料理に合うワインの選び方をまだ知らなかっ

ハーバード大精神科主任 Jack Ewalt 教授夫妻を私たちのアパートに招く

た。

しかし、未解決の問題がもう一つ残っていた。静がボストンにきてから、私たちは近所に寝室が三つあるより大きなアパートをなんとか見つけ、引っ越した。以前のアパートより広さはあったものの、私たち用の寝室にある使い古しのダブルベッド以外各部屋に家具はほとんどなかった。客間兼食堂にはまだなんの家具もなかったため、中古のソファを買い、同僚の研修医から彼が大学時代に自作して以来使っていた食卓を譲ってもらった。その食卓は薄い木の板でできていて不安定ではあったが、何はともあれもらうことにした。静はそれに合うテーブルクロスを見つけてきて、食卓はなんとか見られるようになった。しかし、私は到着した Ewalt 夫妻に食卓がぐらつくので注意して欲しいと警告することを忘れなかった。彼らは、そんなことは気にしない、マス・メンタルで受け入れた研修医はお金のためではなく勉強のためにきているのだからと言った。質素な家具に引け目を感じていた私は、少し気が楽になった。Ewalt 院長は、静がつくった胡瓜《きゅうり》と寒天を酢とにんにくで味づけした中国風サラダを気に入り、夫人は揚げ魚の甘酢あんかけが気に入った様子で、つくり方を静に質問していた。つくり方を尋ねるのは女主人への賛辞であり、静をとても喜ばせた。

教師や指導医からの激励 ― 自己の可能性を伸ばす

前述したように、一年目の研修医には一人につき三人の指導医がついた。そのうちの一人はシニア研修医、つまり三年目の研修医であった。その目的は、有能な三年目の研修医に教師としての指導方法を学ばせることにあった。また、シニア研修医の指導は、臨床医療に必要な実践的助言が含まれていることが多かった。私の指導を行った三年目研修医は George Vaillant 医師であった。彼は非常に知性豊かな際立って優れたシニア研修医で、私を指導しながら、ボストンでのアメリカ人のやり方はロンドンでのイギリス人のやり方とは違う可能性があることを、いつも忘れないようにと注意した。彼は、台湾における中国人と、そのほかの文化における中国人との環境の違い、そしてその比較についてつねに考えるよう私に注意し、アメリカでしか通用しないかもしれないボストンでの教育を盲目的に受け入れるのではなく、文化的視点から人間の心と行動や態度を考えなくてはならないと私を励ました。自分でも知らないうちに、彼は文化精神医学的な見地から、ものごとを批判的に考えるよう私に教えた最初の教師であり、同僚であった。Vaillant 教授は当時まだ若かったが、すでに Harvard Project を自ら継承し担当することを心に決めていた。Harvard Project とは、ハーバード大学の生徒を一九二〇年代から一九六〇年代までの数十年間追跡調査する縦断研究で、健常な精神の被験者を対象とした数少ない著名な研究となった。彼はまた、防衛機制を階層的に順序づけて分類し、対処機制の体系的理論化を試みた研究者の一人として知られている。潜在的に普遍的な事柄や、文化的変動に依存する事柄の概念化において、彼は私を支援してくれた。

私にはとても頼りになる同期の研修医仲間も数名あった。とくに、アメリカの生活に適応する方法やアメリカの研修医として活動する方法を学ぶうえで、彼らはおおいに私の助けになってくれた。Fitzgerald（フィッツ）医師はその一人であった。すでに述べたように、彼は私が中国名を保持すべきであると助言し、またアメリカの生活を理解するうえで役立つ数多くの事柄を私に教えてくれた。

そして、私と静にとても大きな影響を与えた教授が、Margaret Bullova 教授であった。彼女は、マサチューセッツ工科大学（ＭＩＴ）で女性の精神医学者として研究するかたわら、マス・メンタルで研修医を指導していた。学者としての彼女は、幼児が言語をどのように発達させるのか、また異なる文化において異なる言語をどのように学習するかについて特別な興味を持っていた。私と静がマス・メンタルで研修を受けていることを知り、ちょうど中国人の幼児について研究していた彼女が私たちに声をかけたのである。ユダヤ人である彼女は私たちを自分のアパートに招待し、得意とするユダヤ料理を含むアメリカ料理のつくり方を静に伝授してくれた。それだけでなく、週末には私たちを名所旧跡などさまざまな場所へドライブに連れて行き、アメリカの歴史と民俗に触れさせてくれた。私にとってとても重要なことは、彼女が英語の論文の作成を指導してくれたことである。三年の研修中に学び考えたことを私は「中国文化、人格形成そして精神障害（Chinese culture, personality formation, and mental disorders）」と題した英語の論文にまとめていた。Bullova 教授は、私の英語を直してくれただけでなく、後年私が執筆し出版することになる数多くの論文や著作の基礎を成す学術論文の書き方を指導してくれた。

マス・メンタルでは毎年研修医から論文を募集し、コンテストを開いていることを知り、私はEwalt院長にほかのアメリカ人研修医に交じって投稿してもよいだろうかと聞いた。彼は、このコンテストにはマス・メンタル勤務の研修医約六十名のなかから論文作成に秀でた約二十名が参加すると説明し、「これは本格的なコンテストだ。しかし、君が参加したいのであればそれはとても結構なこと」と答えた。そして、「ここはアメリカだ。競争の機会はすべての人に開かれているのだよ！」と笑いながら言った。私は、Bullova教授の助けを借りて書き上げた論文を応募した。意外にもそれは選外佳作賞に選ばれた。私は受賞したことをとても満足に思った。

その数日後、Ewalt院長の秘書からの電話で、院長が私の書いた論文のプレゼンテーションを行いたいとの連絡があった。それは精神科の定期学術会議における研究発表で、通常はマス・メンタルでの講義や講演に著名な研究者や教授を招聘し、開催される会合であった。私にとっても名誉ある機会であったにもかかわらず、それまで英語で発表を行った経験がなかった私は当初躊躇した。しかし、つねに頭皮を厚くして困難な課題に挑戦してきたことを思い出し、招待を受けることにした。自分が一生懸命努力し有能である限り、優れた論文を書くこともプレゼンテーションを行うことも可能なことを私は悟ったのだ！　これは、その後何年にもわたり専門家として人生を歩むうえでの大きな励みとなった。

研修はそれから数カ月後の六月に終了予定であった。静と私は台湾帰国へ向けての準備に追われた。数年間を過ごした地を去り、多くのアメリカ人の友達や同僚に別れを告げることには寂しさを感じた。しかし、同時に私たちの帰国願望は強く、台北に帰って五歳になる息子と、私がいまだ顔を合わせていない二歳半の娘に会いたい気持ちには、切なるものがあった。私たちは荷造りをすませ、台北へ向けてボストンを後にしたのである。

私の人生と性格への影響の分析

マス・メンタルでの三年間の研修では、現代精神医学、とくに力動精神医学と精神療法について多くを学んだ。しかし、私の受けた最も大きな影響は、知識そのものではなく、アメリカ式の実践的、力動的、そして効果的学習方法であった。言うまでもなくそれに付随して、アメリカ人が重視する態度やその基底にある価値観などを含めて、アメリカ式生活様式も学んだ。また、アメリカと中国の類似点と相違点を比較することによって、自らの中国式思考様式、行動様式、対処様式などをさらに深く自覚した。マス・メンタルでの三年間は私にとって貴重な機会であったが、家族との別離という代償も支払わねばならなかった。

異質な文化への適応の衝撃

戦後、日本文化から中国文化へと根本的な文化の変容を経験したにもかかわらず、文化的視点から見れば、日本と中国の文化の差異よりも、私が体験した中国とアメリカの文化の差異のほうがずっと大きかった。アメリカ文化は言語、コミュニケーション、習慣、対人関係、物事の捉え方、重視する価値などの点でまったく異なっていた。これほど異質な文化と遭遇し、自分自身の文化的継承を維持する方法を学習し、同時に新たな文化を吸収したことで、私は大きな衝撃を受けた。精神的安定を失わないために、私は内的平衡の維持方法を学ばねばならなかった。

私はアメリカ文化から数多くのことを学んだ。なかでも重要だったのは、他者との適切な関係を保ちながら、同時に十分な自律性を持って自我を機能させる方法であった。相手の感情を傷つけずに自分の心、意見、考えなどを表現する方法の学習もまたもう一つの教訓であった。階層構造の制約を受けずより対等な立場で他者と付き合う方法の学習も、やり甲斐のある挑戦であった。何を維持し何を変えるべきかの決定は、新たなそして異なる文化体系で直面する基本的な難題である。これが、アメリカという新たな異文化にさらされた私が学んだおもな教訓であった。

民族意識と帰属感への刺激

異なる民族的、人種的集団との接触は、その人の民族的、人種的意識と帰属感を確実に刺激する。また、自分よりも優勢で支配的な集団からおとしめられたり、（過去、白人が黒人に対して行ってきたような）差別を受けたりする経験は、民族的、人種的観点からは否定的な自己像をその人のなかに形成する。私の中国人としての民族意識と帰属感は、幸いにして基本的に強く肯定的なものであった。ほかの民族や人種集団との遭遇は、私自身の民族性と人種的背景の自覚を促し、同一性を刺激した。中国人であることを理由に、アメリカ人には歓迎されていないと感じさせられた経験が何度かあったが、付き合ったアメリカ人のほとんどは私に対しとても親切で、私を中国人として尊敬した。このことによって、私の民族意識と帰属感は肯定的に維持され助長された。

適切なコミュニケーションのための言語の重要性

言語がコミュニケーションに必要不可欠なことを私は苦労して学んだ。異なる文化背景を持ち、違う言語を用いる人との出会いでは、言語論的レベルでの意思の伝達のみならず、話された言葉の裏にある意味や価値を把握し、認識することも重要となる。言い換えれば、有意義なコミュニケーションを経験するには文化への理解が必要なのである。私がアメリカに初めて来たとき、もう少し流暢に英語が話せたらと願った。そうであれば、私が受けた研修からより多くの便益を享受することが可能であったからだ。言語ハンディキャップの制約から、つねに利き手ではないほうの手を使って勝負させられているように私は感じていた。

発展のための自己への挑戦

私のアメリカでの生活は言語にのみ制約を受けていたわけではない。それは財政を含むそのほか数多くの不利な条件によって影響を受けていた。滞米生活一年目は、自動車を持つ余裕がなくさまざまな場所を見て回ることができなかったし、生活費は不十分なため安い食料品を買い、狭いアパートに住み、節約生活を送るしか方法はなかった。孤独を感じ、妻子に会いたいと思ったことも一度や二度ではなかった。しかし、幸いなことに自分の置かれた状況が一過性のものであり、研修が終われば帰国して家族と再び一緒に暮らし、研修の成果を将来の発展に活用できることを私は認識していた。言い換えれば、私には将来への希望があった。それがみじめな気分に陥ったときの私を支えてくれ、困難な状況に対処する強さをもたらしたのである。挑戦が私を鍛え、戦う意志をもたらし、成熟した人格の発達を助長した。しかし、当時の私が若く、成人早期にあって柔軟性と活力そして希望にあふれていたことは認めなければなるまい。もし、歳をとってから同じ状況に置かれたとしたら、これほど容易に直面することはできなかったであろう。

アメリカ文化を学ぶ

アメリカでの生活体験を通じて、私はアメリカ式の生活にはいくつかの欠点があることを学んだ。しかし、同時に知っておいて役に立つ数多くの長所があることも学んだ。すでに述べたように、自分をどのように表現するか、他者をいかにほめるか、そして他者とのより公平な付き合い方などは、私が習得に努めた肯定的態度の例である。

一つの社会として、競争と相互発展という条件下での民主主義、自由、独立、責任などのアメリカ的精神や考え方を私は高く評価した。とくに、院長、副院長、教授、指導医、同僚研修医を含め出会った人びとの多くが、すべてを盲目的に学ぶのではなく、自分がアメリカから学ぶに値すると判断したことのみを学ぶよう助言してくれたことを、とくに私はありがたく思った。このことは、私にとって当時の開かれたアメリカ社会への適応に役立つとともに、後年、文化的視点から選択的に賢く学ぶという私の重要な指針となった。

第４章

青年期（後期）：中国文化の再体験

希望と喜びに満たされて ― 子どもたちとの再会

一九六八年六月末、私たちはマス・メンタルでの研修を終えた。研修プログラム終了の数カ月前から、すでに子どもたちとの再会を楽しみにしていた静と私は、切望していた帰国を前に興奮していた。子どもたちへの土産と両親や親戚への贈り物の購入、そして荷造りなどで私たちは忙しい日々を過ごした。荷物はすべて船便で送り出し、二人は航空機で台湾へ帰国することにした。途中、アメリカ西海岸のイエローストーン国立公園を短時間で観光し、ハワイと東京に立ち寄った後、私たちは台湾に無事帰着した。台北空港には三年の不在のあいだ、育児をまかせていた静の両親と長男の超文が迎えにきていた。超文はすでに四歳になって

台湾へ帰国後２人の子どもと

いた。静と私は超文を連れ、直ちに汽車で台湾南部の台南市へと向かった。台南の私の両親に預けていた娘の倩文と私は、それまで互いに顔を合わせたことはなかった。彼女が台北で生まれたとき、私はボストンでの単身留学を始めて半年しか経過していなかった。両親の家で初めて対面したその娘も、すでに二歳と二カ月になっていた。静と私の心配をよそに、倩文は意外にも問題なくすぐに私たちになついた。私たちは息子と娘を連れ、一家四人水入らずの生活を始めるため台北へと戻った。それからおよそ二年後に次女の詩文が生まれ、私たちの子どもは一男二女になった。再び家族が離れて暮らすことのないよう願いつつ、私たちは新生活をいとなむためのマンションを購入した。静と私の海外留学のために余儀なくされた別居生活は、家族にとってじつに大きな犠牲であった。

「精神療法などにかける時間はない」――権威者からの弾圧

私は国立台湾大学医学部所属のまま、ＷＨＯ特別奨学研究員資格を得て政府の公式研究生として留学したため、海外研修終了後は同大医学部へ戻り、専任講師として教鞭を執ることとなった。静は、独力で著名なフルブライト・フェローシップとアメリカン・ウィメン・フェローシップという二つの奨学研究員資格を同時に取得したため、理屈としては私的奨学生と見なされていた。そのため、台湾大学医学部には彼女の籍はなかった。しかし、私立の台北医学校から教授団の一員として、また同校と関係のあった台北市立精神科病院の精神科部長として彼女を迎えたいとの誘いがあり、彼女はそれを受け入れた。

国立台湾大学病院の精神科に復帰した私は、マス・メンタルで受けた教育の成果を実地臨床に応用し、精神療法を普及させることへの希望と献身的愛情、そして情熱に燃えていた。それは、精神科元主任の恩師林宗儀教授が私を海外での研修に送り出したおもな理由でもあった。しかし、精神科の新たな主任から、精神療法の開発と教育をやめるよう、中国語の表現を使えば「冷水を頭から浴びせられた」に等しい予期せぬ発言が私に対してあった。林宗儀教授は、台湾大学病院をすでに去り、ジュネーブのＷＨＯ本部で数年間実施される精神保健プログラムの指導者に昇格していた。彼はその後カナダのバンクーバーへ移り、終生台湾に帰国することはなかった。

台湾大学精神科勤務当時，事務所を訪れた静と

海外研修の終了と職場への復帰の報告に訪れた私に、精神科の新主任は今後の方針について説明した後、外来患者の診療所では毎朝多数の患者を受け付け、医師も研修医も多忙を極めている、このような状況では「精神療法などにかける時間はない！」と言ったのである。アメリカのモデル、あるいは少なくともマス・メンタルで実践されているモデルにならえば、午前に通常診療を行い、午後に精神療法のための特別診療を予約制で行うことができると私は反論した。彼はその言葉に耳を貸さず、「中国人患者は話し合い療法に関心などない。彼らが関心を持つのは薬物療法だけだ。そのうえ、予

約制度というものにもなじみがない」と言った。どんなに新しい制度といえども、まず始めてみれば患者は学習し慣れるはずと私は説得を試みた。しかし、彼はまるでアメリカで数年教育を受けただけの若造が、主任に提案などおこがましいとでも言わんばかりの表情で、私を見つめるだけであった。

私は、少なくともマス・メンタルで学んだ新しい教育体系を試したいので、若い医師を対象とした精神療法の教説的セミナーだけでもやらせてほしいと主任に頼み込んだ。彼はまたしてもその提案をしりぞけ、教育訓練で忙しい研修医には回診の際の指導でこと足りると言った。そのとき、私は何を提案しても彼は断固としてそれを拒否するであろうことを悟った。彼はなんらかの性格上の問題を抱えているか、あるいは私に偏見を持っているか、そのいずれかに違いないと私は考えた。前任者のお気に入りの若い教職員が、海外留学に選抜されたのだと考えて私に不満を抱いたのであろう。あるいは、前任者と個人的な対立があり、その怒りを私にぶつけていたのかもしれない。それは私にとってとても不幸なことであった。しかし、台湾の学術組織や雰囲気がそうした状況である以上、主任の権威に従うよりほかに方法はなかった。大学の学術機関で働くことを希望していた私は、彼に服従せざるを得なかったのである。

「それは教授の仕事だ！」――私たちの最初の本は出版禁止

精神科での精神療法の授業が許されなかったことで、私は中国語での精神医学教科書の執筆作業に精力を傾けた。私が医学部の学生だったころ、そして精神科の研修医になった後も、英語で書かれた精神医学の教科書を読むことにはかなりの苦労が必要だった。中国語で書かれた精神医学の教科書は、当時台湾ではまだなかったのである。辞書を使っての英語の教科書への逐語訳では一晩で一～二ページがやっとであった。さらに悪いことには、英語の文章を中国語に直しても何が書かれてあるのかが理解できなかった。マス・メンタルでは、アメリカ人研修医が数篇の論文を一晩で読み、翌日のセミナーに備えていただけに、私はとてもいら立ち失望した（当時の私は、うまくいって一週間でせいぜい一篇の論文を読むことができた）。研究のためには、言語の習得が欠かせないことを私は悟った。この経験が、私にとって中国語での精神医学教科書執筆の動機づけとなり、それが実現すれば台湾初の中国語版精神医学書となる予定であった。

静は、若いころから中国語の作文にとても秀でていたことをここで述べておくべきであろう。学校の教師の勧めもあって、彼女は小学生にしてすでに短い散文を新聞に寄稿し、掲載された経験を持っていた。私たちのアメリカからの帰国を聞きつけたある新聞社からは、精神保健に対する考えに関する一般向けの連載記事の寄稿依頼があった。私たちのその新聞記事は、読者から好評を持って迎えられた。テレビ局からは、若者の心理についての講演をシリーズで放映したいとの依頼もあった。こうしたことに勇気づけられて、私たちは中国語版の精神医学教科書執筆に真剣に取り組むようになった。私は主題を体系化して各章ごとの執筆を開始し、静は中国語での編集を手伝った（中国語は私の第一次言語ではなく、静は中国語にとても堪能であった）。彼女がその文才と臨床的洞察を生かし、事例紹介を書き加えたことで、原稿の質は飛躍的に向上した。静と私は、夜間や週末を使ってこの新たな共同プロジェクトの完成に努力を傾けた。しかし、どのようにしてわかったのか、この教科書執筆が精神科主任の知るところとなったのである。ある日、彼の執務室から呼び出しがあり、彼は中国語版精神医学教科書の執筆は本当かと私を問い詰めた。それが本当であることを私は認め、執筆に至った理由と経緯を説明した。しかし、彼は教科書の執筆と出版は教授や主任の役目であると私を叱りつけた。年の若い講師にすぎない私は、適格ではないというのである。彼は執筆の中止を命じ、さもなければ職を辞し大学所属の精神科を去るべしと告げた。私はその言葉に大きな衝撃を受けた。マス・メンタルでは主任の Jack Ewalt 教授に英語の論文コンテストへの参加を促され、「ここは自由の国だ。自分の才能を伸ばしなさい。書きたければどんな論文も書いてよいし、出版社が望むならどんな本でも出版したらよろしい」と勇気づけられたことを考え合わせると、そのショックはなおのこと大きかった。私は、当時台湾で最も有名な大学であった国立台湾大学医学部を辞めることは望まなかったので、教科書出版計画は諦めざるを得なかった。しかし、静と私は原稿の執筆を継続し、それがいずれ陽の目を見る日に備えたのである。

「上官は政策を立てるが、部下は対策を考えて応じる」――中国式権威への適応

主任から中国語版教科書の出版を禁じられたので、私たちは静（だけ）を著者として表に立て、出版することに決めた。静の書く序文に、夫である私の名は数章への謝辞以外には記されないようにした。前述したように、ボストンからの帰国後、彼女は台北市立精神科病院の成人精神科部長として迎えられていた。この病院と私の勤務する国立台湾大学病院とは何の関係もなかったため、私の主任の統制も彼女には及ばなかったのである。このようにして、台湾初の中国語版精神医学教科書が一九七一年に出版された。私たちがアメリカから帰

国して三年の月日が経過していた。この教科書は大きな成功を収めた。優れた中国語で力動精神医学の見地から書かれた内容は興味深く、事例紹介も数多く掲載されていた。直ちにこの本は、医学校や看護学校で好んで用いられる教科書となった。

おそらく、私たちの教科書に刺激されてのことであろう。私の主任も中国語で精神医学教科書を執筆し、その一年後に出版した。しかし、内容の乏しいその本が多くの人に受け入れられることはなかった。書評にも好意的なものはなく、やがてそれは市場から消えていった。

一九八一年に私たちが台湾を離れハワイへ移住した後、私たちの教科書は増補改訂され、私の名前は主著者に復活し、静は共著者として名を連ねた。この本は台湾を代表する精神医学の教科書となり、その後数十年にわたって広く用いられた。一九九四年に最終版が出版されるまでのあいだ、私たちは数回に及ぶ増補改訂を加えた。

一九八二年にＷＨＯのコンサルタントとして私が初めて中国本土に招かれた折に、私はその教科書を携えて上海精神病院（Shanghai Mental Institute）を訪れ、病院の院長に寄贈した。帰国後、院長から教科書は非常に評判良く引っ張りだことなったため、図書室で閲覧のみの扱いとし、「鎖で縛りつけて」貸出不可とすることになったとの報告があった。中国本土では、症状、診断、薬物療法を含む身体療法などを中心とした記述精神医学が主流であった。力動精神医学の見地から書かれた私たちの教科書が、読者に大きな学術的刺激となったに違いない。すなわち、この教科書は、ボストンのマス・メンタルで静と私が学んだ精神医学の知識と精神療法に重点を置きながら、精神現象と病理の力動的理解を中心に書かれたのである。

私は、中国人のために私たちが著したその教科書が、中国の精神医学の発展に大きく寄与したと確信している。しかし、出版にあたっては本来の道を選ぶことができず、長い年月を必要とした。中国に「上有政策、下有対策（上官は政策を立てるが、部下は対策を考えて応じる）という諺がある。これはつまり、上官が理不尽な規則あるいは制限を課したとしても、部下はその適応方法を学び、自分自身でその問題を解決しなければならないことを意味している。私たちは困難に遭遇しても、それを乗り越えて教科書を出版しなければならなかった。なぜなら、それが重要な仕事であることを知っていたからである。同時に、私たちのとった手法は台湾社会における権威、とくに部下に対して優しい心を持たない上司への対処方法を反映していた。

教科書の改訂版には、私たちに力動精神医学を学ぶ機会を与えてくれた二人の師、すなわちマス・メンタルの院長であったJack Ewalt教授と、国立台湾大学病院精神科元主任であった林宗義教授への献辞が付け加えられた。彼らは、私たちのたぐいまれな中国語版精神医学教科書の執筆を間接的に支援してくれたのである。それは、私の知る限り台湾で最初にして唯一の中国語で書かれた精神医学教科書で、今日に至るまで数十年間出版され続けている[1]。

学際的研究グループへの参加 — 中国人的性格の研究

アメリカからの帰国後、私たちは知らないうちに思考様式や行動様式を含めて自分たちの性格が変わってしまったことに気がついた。アメリカ文化とそれが重視する民主主義的生活様式の価値観にさらされたことで、私たちは再び中国文化へ完全に適応することができなくなっていたのである。とくに、伝統的な権威に対する態度や心構えにおいてそれは顕著であった。私は、独善的で専横な主任の支配する部門で働くことに極度の失望を感じていた。つねに「出る杭は打たれる」という中国語の諺を思い出しては自らに警告を発し、たとえ正当なものであっても自分の意見を述べることには非常に用心し、謙虚な態度をとり、自分の力を誇示しないよう注意した。しかし、自らの潜在能力を思いどおりに高められないことに私は非常にいら立っていた。台湾へ帰ってからの二年間は、私にとり専門職業的には悲惨なものであった。

しかしそのあいだ、静と私に幸運がめぐってきた。私たち二人が、中国人の性格を研究し、その結果を本にまとめる学際的グループへの参加を招請されたのである。李亦園（Yih-yuan Li）教授[2]および楊国枢（Kuo-shu Yang）教授[3]の指導のもと、その学際的グループは台北に組織された。台湾における行動科学や社会科学の著名専門家のほとんどが毎月一度台北に集まり、「中国人の性格」の研究を行うこととなった。静と私がボストンで教育を受け、著作の出版に精通していることは皆に知られていた。研究者は、各自の専門分野に応じてそれぞれに中国人的気質に関する主題が与えられ、毎月順番で各自担当する主題について発表を行い、出版予定の本の完成に向けた意見交換と議論を行った。結集した研究者には、歴史学者、哲学者、人類学者、社会学者、そして精神医学者（静と私）が含まれていた。異なる学問分野の研究者らとの共同研究は素晴しい機会であった。この経験によって、私は自分の知識を多方面にわたり深めることができた。そして、最も重要なことは、それが私にとって中国人的気質を考察する刺激となったことであった。

この活動は『中国人の性格—学際的研究（The character of the Chinese : An interdisciplinary approach）』

と題した中国語の書物にまとめられ、一九七二年に出版された。李教授および楊教授が編者として名を連ねたこの書物は台湾の大学生のあいだで好評を博し、とてもよく売れ増刷された。当時の台湾に心理学や性格に焦点を当てた書物は多くなかったため、この本は知的な刺激を求める大学生の要求に合致していた。しかし、この本は同時に問題も引き起こした。

一九七〇年代、台湾と中国本土の共産党は依然として非常に強い緊張関係にあった。そのため、若者らに広がりかねないあらゆる反政府大衆運動のきざしや、社会の治安を乱す動きに当時の政府は極度に敏感になっていた。多数の大学生が熱狂的に支持する書物は、いかなるものであっても危険な兆候とみなされた。その書物の主題が何であれ、それは過去中国に発生した五四運動のような社会革命につながるイデオロギー運動を誘発しかねなかったからである[4]。私たちの本は、政府の保安局によって審査されることになり、政府に忠実なある学者がこの本の評価に当たった。彼は全十二章の半分以上が「中国伝統文化に反する」内容であり、政府にとって有益ではないと報告した。そして、なかには反政府的な内容や共産主義の影響が見られると評したのである。一九七五年（初版の上梓から三年後）、この本は政府により発禁処分を受け、その後一切、増刷が禁止された。これは各章を担当した研究者ら、とくに学術的知見の普及に努力した編集者らをおおいに落胆させる事件であった。中国人の性格に関する学術的書物が、政府の反対にあうとは誰も予想していなかったからである。

政府お抱えの研究者によって批判された章には、静と私が執筆を担当した部分も含まれていた。私の書いた章「心理的発達の観点から考察した中国人の性格」は「反中国伝統文化的」であり、中国伝統文化にとって

「不名誉」（侮辱的）であるとされた。じつのところ、その評価を行った研究者が何を意味しているのか私には見当がつかなかった。おそらく、私が英語から中国語に翻訳した学術用語で、人格形成の諸段階に用いた言葉が不名誉とみなされたのであろう。「肛門期」という用語が侮辱的とされ、注意深く翻訳した性蕾期の詩的引用（元来は英語で phallic stage、和訳は男根期）が「猥褻」とされたものと推測された。[5] 静の執筆したのは「子どもたちの物語に反映された親子関係」と題された章であった。彼女の書いた文章が一九六〇年代に中華人民共和国（共産中国）でよく知られていた作家の文体に似ているとの理由以外、具体的に彼女の書いた章のどこが「反政府的」との批判に該当したかについて私たちには知らされなかった。評価した研究者は、彼女が一九五〇年代にわずか十二歳で中国本土から台湾へ避難した事実を忘れていたのである（静は研究グループのなかで最年少の研究者であった）。静が中華人民共和国（共産中国）の作家を知るはずはなかった。中国本土と台湾との通信や連絡は約四十年間にわたり厳しく禁じられていたからである。静が台湾で成長するあいだ、著名な共産主義者であるその作家の著作を読むことは不可能であった。それにもかかわらず、彼女が執筆した章に同じ文体が用いられていただけで反政府的（または共産主義者！）との疑いがかけられたのである。彼女が著名な作家と同等の名文を書いたということで、見かたによってそれは賛辞と受け取れなくもなかった。しかし、彼女の執筆目的は子どもたちの物語という文化的産物を分析し、そこに反映された親子関係を理解する点のみにあった。それが反政府的と非難されたことは、不愉快な冗談としかいいようがなかった。

その書物の増刷が政府によって禁止されたとき、幸運にも静と私はすでにハワイへ移住していて、個人的にも学術的にも禁止処分が直接私たちに影響を与えることはなかった。しかし、それはその後何年にもわたり他の章を執筆した研究者らの台湾における学術的出版物に深甚な影響を与えたのである。皮肉なことに発禁処分の解かれた一九八八年までのあいだ、その本は学生らのあいだでますます高い評判を得続けた。

民俗治癒儀式の研究 ― 民俗祈祷と運勢判断

台北の学際的研究グループへの参加とは別に、静と私は独自に台湾における民俗治癒儀式の調査を行った。話し忘れたが、静と私は一九六八年、ボストンで研修終了後、台湾への帰国の途中、恩師林宗儀教授の提案でホノルルのイースト・ウェスト・センター（East-West Center）を訪問した。センターでは、ハワイ大学の人類学教授 William Lebra 博士率いるアジア太平洋地域精神保健プログラム（Asian and Pacific Mental Health Program）が実施されていた。アメリカの連邦予算で行われていたこのプログラムは、毎年アジアおよび北米から約六名の研究者をセンターに半年間招請し、アジア太平洋地域における精神保健問題について研究、情報交換、論文作成などを行うというものであった。さらに、「文化と精神保健」をテーマに、関係する研究者を二十名程度招待して毎年三日間会議が行われ、その一連の講演録はシリーズで逐次刊行されていた。このプログラムは、アジア太平洋地域で精神保健研究を推進する重要なプロジェクトであった。

静と私はセンターに Lebra 博士を訪問した。彼は私たちを歓待してくれ、プログラムに参画する研究者らを対象に講演を行ってほしいと要請した。そこで、私はすでにマス・メンタルで発表したものと同じ内容の講演を行った。Lebra 博士は私の発表が気に入ったらしく、私たち二人にプログラムへの参加を提案した。私たちはこの親切な招待をとてもうれしく思ったが、ＷＨＯの特別奨学研究員として海外で研修を行ったため、台湾帰国後三年経過しなければ再度海外留学はできないことを説明した。Lebra 博士は三年後ホノルルへきてプログラムに参加するよう私たち二人に提案した。Lebra 夫人の Takie Sugiyama Lebra 教授は日本生まれの社会学者で、夫と同じハワイ大学に勤務していた。彼ら夫婦の経験からも、プログラムには静と私が夫婦で参加するほうが望ましいとの助言を受けて、私たちはそれから三年後の一九七一年にホノルルに戻ることに同意した。Lebra 博士は、一九七一年の会議の主要テーマは精神保健を目的とした民俗治療法を中心とする代替療法の予定なので、静と私それぞれがこのテーマに沿った発表を予定してほしいと提案した。

私たちは、「文化と精神保健」プログラムへの参加と民俗治療を主題とした国際会議での発表を念頭に調査を開始した。第２章に詳述した、安平での疫学調査当時出会った祈祷師（shaman）の経験を踏まえて、私は台湾における民俗祈祷治療法の実践について研究することを選択した。静は彼女の好む主題であった運勢判断についての調査を選んだ。私たちは時間があれば台北の寺院へ行き、運勢判断を求めてやってくる人びとだけでなく、どのような易断《えきだん》を彼らが受けるか、その占いの内容についても観察した。運勢判断（くじ引き）を受けるには、まずその寺院の神に対して真剣に祈らねばならない。そしてその後、竹串を箱から抜き取

廟を訪れ，占いの籤をひく静

廟の長老に占いの内容を読み解いてもらう人

るのである。竹串には番号がふってあり、それと同じ番号の御神《おみ》籤《くじ》（中国語でchien：籤）を寺院備え付けの棚から取り出す。寺院によって御神籤にはそれぞれ独自に六〇、八〇、一〇〇番台の数字の組があった。静は、いろいろな組の御神籤を異なる寺院から集め、それぞれの組の御神籤を分析した。その結果、それぞれの組で御神籤の番号の合計が違っても、占いの基本構成は皆似ていることを彼女は発見した。基本的にそれらは大吉、中吉、小吉、あるいは凶に下位分類され、割合で見ればほとんどが吉で、悩みや心配事を胸に占いを求めてやってくる人びとに希望と勇気を与えるよう配慮されていた。占いの内容は、勉学、結婚、病気、引越し、尋ね人、訴訟などの範疇に分けられ、人生の重要な問題や心配事に関連づけられていた。静は、御神籤の回答や指示には特定の興味深い傾向があることを発見した。例えば、引越しや旅行の相談にはおおむね反対意見が述べられ（伝統的な農業社会の要求に合致）、結婚の相談には結婚を受け入れるよう進言し（見合い結婚の習慣に合致）、夫婦問題では時間が問題を解決することを示唆し（安定した家族を重視する価値観の社会では離婚は決して考慮されない）、対人関係の問題では訴訟を避け、交渉と妥協を志向するよう促していた。こうした回答や指示は、文化が持つ価値観を反映していたといえるし、あるいはまた運勢判断は文化が持つ価値観を強化するための制度化された方法であったともいえる。静の研究結果はとても興味深いもので、精神療法の主要目的の一つに洞察を加えるものであった。

前述したように、台湾の南に位置する人里離れた安平の漁村で行われた疫学調査に参加したとき、私は夜間の自由時間を利用して村の祈祷師の祈祷治療法を観察した。当時、とくにへんぴな地域で依然として広く利用されていたこのような祈祷師の治癒が持つ意味を、私は感覚的に理解した。私は祈祷師へのインタビューを通じて、彼らがどのような暮らしをしているのか、どのようにして祈祷師になったのか、受療者はどのような問題や悩みを抱えているのか、どのように祈祷を行うのか等々の調査を継続することを決めた。有意義なインタビューや観察を行うためには、彼ら祈祷師と個人的に親しくならなければならない。そのために、私は十分な時間をかけて頻繁に彼らを訪れることにした。当初私は、祈祷師が私の勤務する（台湾北部に位置する）首都台北の近辺には見つけにくいのではないかと案じ、知己のアメリカ人人類学者 Bernard Galin 博士にこのことを相談した。夫人とともに長いあいだ台湾における人類学の研究を行っていた彼は、台北には多数の祈祷師が住んでいるので、発見するのに心配は要らないと教えてくれた。そして、親切にも台湾大学の近くに住む祈祷師のところへ私を連れて行き、紹介してくれたのである。その祈祷師は彼の知り合いで、私を信頼し自分の個人生活について語り、どのようにして祈祷師になったかを説明してくれた。これに力を得た私は、台北市内の祈祷師をさらに探して尋ね歩き、同じように個人インタビューを重ねた。

これは私にとって一つの学習体験であった。しかし、思い返してみると私が自分の住む町の祈祷師を探すのに、外国人の人類学者を頼らねばならなかったことは、非常に興味深いことである。このことは私を含めて現代の精神医学者の多くが、現代社会においてもなお存続し利用されていたこうした民俗的治癒儀式の存在を、無視または知らずにいたことを反映している。こうして行った調査によって、ハワイで行われる文化と精神保健会議での講演だけでなく、祈祷師についていくつかの論文を発表する準備が可能となった。そしてこの調査は、私の専門分野における研究テーマ「文化と精神療法」の将来的発展へ向けた播種《はしゅ》でもあった。

占い師からの激励 ― 再び海外へ渡るチャンスをつかめ

ホノルルのイースト・ウェスト・センターで実施されていた文化と精神健康プログラムに参加するためハワイへ出発する少し前まで、それが静と私にとって学術的に素晴らしい機会であることは理解していても、私たちは再び海外へ行くについて相反する感情を抱いていた。すでに一度、私たちはボストン留学のために子どもたちを置いて三年前まで国を離れていた。そして、いままた彼らから六カ月離れなければならなかったのである。

寺院めぐりに疲れた私たちが道路わきの喫茶店で休んでいたある日のこと、一人の男が店へ入ってきた。彼は手に持った箱を見せ、この中にはあなたの運勢を示す漢字が書かれた紙片がいくつか入っている、ひとつ引いて運勢を試してみないかと誘った。静は運勢判断に興味を持っていたので、私に試すよう促した。私は箱の中に手を入れ、無作為に一枚の紙片を引いた。その紙片には「鯉」という字が書かれていた。占い師はそれを見て、鯉は特別元気の良い魚で滝登りをするほど活発である、あなたも鯉のように大海へ飛び出すであろうと告げた。その言葉は私の心を揺さぶり、私は大海へ飛び出す鯉のように海外へ飛躍することを決心した。プログラムのために家を留守にするのはわずか六カ月であって、それが終わればすぐに家に帰ってくると私は考え始めていた。私たちは荷造りを始め、子どもたちの生活への障害を最小限に留めるため台北に住む静の両親に三人の子どもたちを預ける準備を始めた。

言うまでもなく、このときは私たちの海外飛躍が、後に専門職業上のみならず個人生活また家族生活のうえでも劇的な変化をもたらすとはまったく考えていなかった。私たちは運勢判断の箱から引き当てた「鯉」という字に勇気づけられて、鯉のように大海へ飛び出したのである！

過去の出来事の回想とその影響の考察

帰国後の文化的順応

異国の社会へ移住した人にとって、新たな文化への順応に多大な努力が必要なことは言うまでもない。しかしながら、帰国後母文化へ再び順応することについても努力が必要なことが指摘されることはまれである。言い換えれば、一定期間母国を離れた後に、元来の母文化へ再び順応することは容易ではないということである。それは母国を離れていた期間、母文化と異文化との主要な較差、本人が受けた影響の種類、そして異文化への曝露により本人に生じた変化の範囲などに左右されるであろう。私自身、帰国後の文化的順応を完全には自覚せずにいて、少なからず障害に遭遇した。障害の多くは、私自身の意見を表明するにあたってどの程度自己主張するか、そして権威とどのように向き合うかに関連する問題であった。

帰国後、静と私は、子どもたちとの感情的再会に努力しなければならなかった。それだけでなく、子どもたちを甘やかし過ぎず、早くから自主性を育てるための正しい教育方針（アメリカ的あるいは現代的方針）について、二人の両親との議論にも多大な労力を費やさねばならなかった。子育て方針については、中国文化とアメリカ文化とのあいだには大きな差があった。アメリカでは幼少から子どもを一人の人間（または個人）として尊重し、彼らをしかるべく扱う傾向があった。一方の中国では、子どもは子どもであり、親の所有物とみなす傾向が強く、また子どもを甘やかし、親と子どもとのあいだに明確な境界線を設けようとはしなかった。静と私は、自分たちの気持ちと意見を両親に伝える方法を苦労して学ばねばならず、それは彼らの目には親孝行な態度とは映らなかった。

権威への順応の難しさ

私にとって最も困難だったのは、職場において権威にどのように対処するかを学ぶことであった。中国式制度においては、権威に対して選択の余地の少ない非常に従順な態度を求められた。しかし、ボストン留学がわずか三年とはいえ、アメリカ文化が私に与えた影響は非常に大きいものであった。相手が権威者であろうと黙従せず、明示的かつ微妙な方法で自分の考えかたを述べるよう私は教育された。言い換えれば、権威との上下関係ではなく、横の関係を構築する方法を学んだのである。台湾へ戻ってからは、職場における権威のもとで働くことに私は大きな困難を感じた。とくに、権威者が将来の展望や構想を持ち得ない場合、若い教授らの発展を促すのに十分な寛容さを持ち得ず、それどころか部下を脅威と感じて不安になり、抑圧しようとする場合にそれは顕著となった。私は自分が興味を持つ主題を教授しないよう命じられ、学生にとって有益と考えた出版物の発行を禁じられた。私が実行を計画していたことはすべて不許可となり、否定されたのである。

発展の機会を捉える

台湾における元部署への職場復帰は、大きな失望を感じさせるものであった。しかし、私はくじけなかった。自分の興味と専門分野を伸ばす道を探り、学術的視野を広げて新たな知見を求め、そして専門職業の道を発展させるために私に与えられた機会は、逃すまいと努力した。言葉を換えれば、自分の人生を自分なりに生きることが可能な道を選び、最終的には再び大海へ鯉のように飛び出したのだ！　このことは、再び私に「塞翁が馬」の故事にある塞翁と彼の馬のことを思い起こさせる。それは、人生でさまざまな吉事と凶事に遭遇したある老人が、禍転じて福となるように人生では禍福を予測することができず、何事が起きてもそれを活用し対処するという哲学的態度を指している。(6)これは人生で困難に直面しても過度に失望せず、吉事にあっても過度に興奮せず、いずれの状況も受け入れられるよう準備して対処せよという中国的思考を反映するものである。

第5章
成人期：長期にわたるアメリカ文化の経験

イースト・ウェスト・センターのフェローとして ― 研究と執筆活動

台湾での運勢判断で告げられた大海へ飛び出す鯉のイメージに勇気づけられ、静と私は再び海外への出発を決心した。一九七一年の夏、私たちは台北を離れてハワイへと向かった。イースト・ウェスト・センターのフェローとしてアジア太平洋地域精神保健プログラム（Asian and Pacific Mental Health Program）に参加するためである。一九六五年の渡米時よりも台湾政府の渡航制限は緩く、私たちは夫婦揃っての渡航を許可された。政府の規則で三人の子どもらを家に残して出発せざるを得なかったものの、夫婦で出発できることでは私たちの気分を楽にした。そもそも私たちはわずか半年の短い滞在と考えていた。ホノルルへ到着した後、すぐに大学から徒歩圏内にあるスタジオを借りた。このスタジオはベッドと机、台所のカウンターがあるだけの小さなものであったが、賃借料

イースト・ウェスト・センター前にて

が安かったのでフェローシップの奨学金から台北の子どもたちと両親への仕送りができた。台湾大学から公式な教育休暇をとったため、私にはプログラムへの参加中も給与が支給されていたが、子どもと二人の両親を養うには十分ではなかったのである。

ホノルルではプログラム・ディレクターの William Lebra 教授が暖かく出迎えてくれた。プロジェクト・メンバーは日本、韓国、そしてホノルルからそれぞれ一名ずつ参加する同僚らで構成されていた。プログラム参加メンバーには、毎週のミーティングで文化と精神保健に関するさまざまなトピックについて発表し議論する以外は、出版物への論文寄稿のために研究の時間を割くことが許されていた。台湾では臨床業務と教育指導に多忙を極め、研究と論文作成に時間をとることはほとんど不可能であったが、いまはほとんどすべての時間を研究と論文作成に割くことができた。おまけに英文原稿を編集するアシスタントまでが用意されたのである。大学の図書館では洋の東西から収集された数千部の参考図書が利用できた。それは私たちにとってまたとない素晴しい機会であった。台北ですでに収集していた題材を基に静は運勢判断に関する論文を、私は台湾における民俗精神医療に関する論文の執筆をそれぞれ開始した。論文はプログラムの期間中にイースト・ウェスト・センターで開催される年次会議で発表されることになっていた。これは世界各国から参加者が集う国際会議で、このプログラムのハイライトでもあった。

さらに私は、儒学関連の一連の書籍を中国語と英語で研究し、「儒学における人格の概念について」と題した論文にまとめていた。また生涯で初めて中国の伝統医学に関する書物を読み、伝統医学における精神疾患概念の発達に関する論文も作成していた。文学にはつねに興味のあった静は、中国歌劇（京劇）の脚本集を読んでそのなかに描かれる家族関係についての批評を執筆した。この延長として静と私は中国の童話に描かれた親の権威に対する中国人の態度を主題に研究を行った。それ以外にも、ボストンと台北での臨床経験に基づき、異なる文化的背景を持つクライアントへの精神療法における文化的要因の影響を題材に、異文化間精神療法を詳述した記事を二人で執筆した。

私たちはこうした主題に以前から興味を持っていたが、台湾ではそれについての研究を行う時間も機会も持てなかった。時間と便宜が与えられた現在、私たちの興味と創造性が刺激され、考えを発展させて文書にすることが可能となった。残してきた子どもたちのことを思うと寂しくはあったが、私たちは論文を書くことにエネルギーを注いだ。二人で書き上げた合わせて十編の論文は、すべて後日書籍あるいは学術雑誌の寄稿論文として公表された。私たちの経験は将来へ向けたキャリアの基礎づくりでもあった。Lebra 教授は私たちの上げた豊富な成果に満足し、ハワイの滞在期間を六カ月から十カ月へと延長するよう求めた。私たちは喜んでその申し出を受け入れた。

「アジア人は会話と自己表現に努力しなければならない！」

前述したように、このプログラムのハイライトはイースト・ウェスト・センターで行われた文化と精神保健についての年次国際会議であった。文化精神医学、文化心理学、文化人類学などの専門家約二十名が洋の東西から招かれ、この三日間の会議に参加した。プログラムのメンバーには各自発表の機会が与えられていた。静

1972年イースト・ウェスト・センターにて開催されたアジア太平洋地域における文化と精神保健会議に参加（左端は会議主宰者Lebra教授、右から６人目が私，７人目がカナダのMurphy教授、８人目が日本の土居教授）

と私は初めて経験する国際会議にとても興奮した。会議では、以前読んだ文献の著者として名前を知っていたものの面識のなかった数多くの学者たちと実際に会うことができた。そのなかには日本の土居健郎教授、カナダのH. B. M. Murphy教授、オーストラリアのJohn Cawte教授らがいた。そのほかにもアジア諸国やアメリカから多数の参加者があった。彼らに実際に会い、発表を聞き、目の前で会話を交わせることに私たちはわくわくするような興奮を覚えた。それは私たちの学者としての将来に非常に重要な経験であった。

　この会議はイースト・ウェスト・センターの会議室の一つを使って開催され、参加者の顔が互いに見えるようにテーブルと椅子は円形に配置された。会議開始前、Lebra教授は東洋人の参加者と西洋人の参加者が交互に着席するよう席順を決めたことを全員に告げた。彼は、西洋人学者は対話が活発な一方、東洋人学者は控え目であまり対話を求めない傾向にあると言った。彼の願いはその席順により会話が西洋人学者らに集中することを避けることにあった。

私は彼の暗示と意図を理解した。彼はアジア人の参加者が議論に積極的に加わり会議に貢献することを望んでいたのである。一般に、アジア人学者は言語の壁によって不利な立場にあることを私は理解していた。また、自分の意見が発表するに値するものであることを確信しない限り口を開こうとしないのは、彼らの文化に根ざした傾向でもあった。

私は生来積極的に発言する人間ではなかった。子どものころから控え目な性格で、学生時代に級長をまかされ、皆の前でしゃべらざるを得ない状況を経験し、公式なスピーチを行い演説大会に参加するまでになった。

Lebra 教授夫妻の家に夕食に招かれた Murphy 教授と私たち夫婦

この間の経緯は第2章に述べたとおりである。台北における大学病院精神科での研修医時代、精神科主任からは意見を率直に述べ、適切な時期に関連性のある有益なコメントを持って議論に貢献するようたびたび促された。その後のボストンでの研修期間中、一年目と二年目の私の英語による自己表現能力は著しく劣っていた。三年目になると英語の力もつき、グループ討論にも積極的に参加できるようになってセミナーに重要な貢献を果たすことが可能となった。

Lebra 教授の意図を理解した私は、努めて率直に意見を述べ、会議での議論に貢献するよう努力した。文化と精神健康の分野では、静と私は最も経験が浅く若い参加者であった。しかし、私は自分の意見が正しいと思えばいつでも発言をためらわなかった。私はアジア人研究者の参加が妥当であること、そして学術会議における有用な貢献ができることを示したかったのである。当時は気づかなかったが、私の積極的な参加がほかの出席者に好印象を与えていたことが後日わかった。それは私の能力を明らかに示しただけでなく、国際的な研究者としての私のキャリア発展に大きく貢献した。

ハワイに滞在し続けるべきかどうかの賭け

プログラムに参加して十カ月を経過して台湾へ帰る準備を始めたころ、私たちの人生に劇的な変化をもたらす予期せぬ出来事が立て続けに起こった。まず、私たちはその後もハワイにずっと留まることを決意した。この決定に至るまでの理由はいくつかあった。最も重要な要因の一つは中国本土の政府である中華人民共和国が一九七一年ついに国際連合に加盟したことである。そして台湾の中華民国は国連からの脱退を余儀なくされた。この出来事は台湾の状況に大きな影響を与え、台湾は政治的に孤立し不安定化した。このように騒然とした状態では、いかなることも起こり得たのである。私たちの最大の懸念は、共産中国が台湾を占領する可能性、あるいは現地の台湾人が弱体化した国民政府との内戦を引き起こす可能性にあった。台湾が中国へ返還された後の一九四七年に発生した二・二八事件の再来もあり得たのである。台湾では中国復帰前に移住した中国人（本省人）と復帰後移住の中国人（外省人）のあいだで公然と対立が起きていた。前述したように、私の両親は本省人であり、静と彼女の両親は外省人であった。私たち家族は本省人と外省人のあいだに暴動が再発した場合、非常に困難な状況に置かれかねない立場にあった。

台湾への帰国を前にしたある日、デパートでの買い物中私たちは同僚の Kinzie 博士夫妻にばったりと出会った。東南アジアに在住経験のあるハワイ大学医学部精神科教授の David Kinzie 博士は、文化精神医学に深い興味を持ち、イースト・ウェスト・センターで毎週行われていた精神保健プログラムの定例ミーティングに参加していた。彼は私たち夫婦のことについてもよく知っていた。私たちは彼に台湾の状況が気がかりなことを伝えた。それに答えて「台湾に戻らなければならないのは残念ですね」と彼は言った。私は思わず、「そうですね。私たちはここに残りたいのですが」と答えていた。それは単なる社交的会話の一部ではあったものの、台北へ戻ることに対する私の不安を反映していた。

前述したように、台北の精神科主任は私の学術的関心や夢の実現に向けた努力を抑えがちな人物で、私との仲は良くなかった。彼は精神療法についての私の授業や教科書の出版を阻んだばかりか、私の研究資金申請まで阻止しようとした。Lebra 教授がハワイでの文化と精神保健プログラムへの参加に私を招待したとき、主任は当初教育休暇の取得を許可しようとはしなかった。後に私は主任自身がこのプログラムの参加に興味を持っていたことを知った。彼は自分の機会が奪われたと感じ、そのために私の参加に反対したのである。私は Lebra 教授に自分の置かれた困難な状況を手紙で説明した。Lebra 教授は私に代わって主任に手紙を送り、私をその三年前からすでに招待し続けていることを説明し、休暇を許可するよう強く促してくれた。主任は明らかに不満な様子であったが、不承不承ハワイへの渡航許可を出したのである。

ホノルルでの研究に刺激された私は精神科主任に手紙を書き、研究プロジェクトを実施するため政府基金の申請を行いたいと伝えた。申請期限がくる前に手続きを行いたいので申請用紙を送付してほしいと依頼したのである。彼からの返事はなく、申請用紙もこなかった。私は主任の秘書に手紙を書いたが、その返事に主任は申請用紙を私に送るつもりのないことが書かれてあった。主任が私の基金申請を支持していないこと、そして私の学術研究の機会を阻んでいることは明らかとなった。自分の学術的能力を伸ばす試みが阻止されている環境へ、どうして戻ることができよう。

その数日後 Dave から電話で、彼の部門主任が私に学術討論会での発表と症例検討会の参加を希望しているとの連絡があった。私はそれを受け入れ発表を行った。学術討論会が終了するとすぐに主任は、ある中国系アメリカ人の患者に関する症例検討会に参加し診断の参考意見がほしいと私に依頼した。私は彼が中国人の私を相談役に必要なのであろうとだけ考えていて、私を部門の教員として採用することまで考えていたことは知らなかった。どうやら、私の学術発表と臨床診察技術が主任に好印象を与えたようであった。なぜなら、彼はすぐに教員としてのポストを私にオファーしたからである。そのオファーをとてもうれしく思ったが、どのように答えてよいやら迷っていた私は主任に考える時間がほしいと告げた。私と静は数日をかけて考えた。とても魅力的な提案ではあったが、台湾に残してきた三人の子どもをどうすればよいだろう。アメリカ滞在を決めたとしても彼らをハワイに連れてくることができるとは限らないのだ。

私は台北とホノルルの状況を比較した。台北へ戻れば、直面するのは不確かな社会的、政治的状況のみならず精神科主任との困難な仕事環境である。私の職業人生が限定されてしまうのは目にみえていた。対照的にホノルルでは、人びとは私を必要とし高く評価していた。ハーバード大学での研修経験、文化への興味、イースト・ウェスト・センターの会議における優れた成績、そして十編以上の論文を一年足らずに書き上げた実力などを踏まえて、こちらの主任は台北での講師ポストよりも一段上の副教授のポストを私にオファーしてくれた。最後に私は、台北出発前に出会った占い師の告げた鯉の意味を考え、静の助言も入れて、私的生活の面でも職業生活の面でも賭けとなる新たな生活に鯉のように飛び込むことに決めた。アメリカに永住する提案を私は受け入れたのである。

主任は人事が最終的に決まる前に、医学部の学部長に会っておく必要があると言った。それが学部長の採用許可を得るための面談であることを理解していなかった私は、すぐに面会のアポイントメントを取り付けた。それは私にとって人生最初の就職面接となった。部門主任の庇護なしに面接に出かけた私はかなり勇敢であったといえるだろう。「幼獣は獅子との対決を恐れず」という中国の諺どおり、私は若く自信に満ちていた。学部長と面談したときの様子は私の記憶にいまだ鮮やかである。おそらく副教授候補ということでもう少し年長者を想像していたのか、彼が私を見て最初に発した言葉は、私がとても若く見える、というものであった。とっさに私は、西洋の人は若いうち実際よりも年かさに見られ得をするが、年をとると実際よりも老人に見られるので損をしますね、と答えた。学部長は私の機知に富んだ返答が気に入ったらしく、西洋人と東洋人の違いについてもう少し話を聞かせてほしい、と言った。彼が土居健郎教授の著名な英文書『甘えの構造』を読んだ経験について述べたので、私は最近イースト・ウェスト・センターでの国際会議で彼と知り合ったことを伝えた。面接はとてもうまくいき、学部長はただちに私の採用を許可した。

その後私が教員となってからも、学部長は私にとても親切にしてくれた。静と私を自分のアパートに招待してくれ夕食をご馳走してくれたり、私の才能を買って当時沖縄の病院で医学部が開発していた教育プログラムのコンサルタントに私を派遣してくれたりした。その後彼は、私たちの部門に日本から土居教授を客員教授として招いてはどうかと提案した。土居教授は招請に同意してくれ講義が実現し、学部長も聴講してとても喜んだ。学部長の夫人は日系アメリカ人の大学医学部教授であり、そのため学部長は東洋人の心理学に強い興味を持っていたことを私は後に知った。

子どもたちとの再会を熱望

ハワイ大学医学部における私の教員採用が正式決定となり、私はハワイに残り、静が三人の子どもを移住させる段取りのために台湾へ戻ることになった。アメリカでの永住権を得るためには、数多くの細かい事務処理をしなければならなかった。医学部は移民手続き専門の弁護士を探すのを手伝ってくれた。弁護士は私に、イースト・ウェスト・センターの所長から私たち家族のアメリカ滞在に異存のない旨の書簡が必要だと言った。私はそれが容易ではないことを知っていたので、おそらく不可能だろうとは思ったが、中国の諺のとおり「用厚頭皮去闖（頭皮を厚くしてぶつかる）」しかないと考えつつ所長と面談のアポイントメントをとった。面談で私は所長がアジア各国を訪れた経験を持ち、最近国連を脱退せざるを得なくなった台湾の状況にも通じていることを知った。彼は私たちが台湾へ戻った場合に直面するであろう潜在的危険と、本省人と外省人のあいだに生じた衝突についても理解していた。そして、台湾大学医学部からの許可と台湾政府を代表する在ホノルル中華民国総領事館からの許可がある限り、私たちのアメリカ滞在に反対はしないと言った。

私はただちに台湾大学医学部の学部長へ手紙を書き送り、ホノルルのハワイ大学医学部で教員として採用される可能性があるのでハワイに留まりたい旨伝えた。学部長は私が医学部の学生当時の薬学の教師であった。彼は、イースト・ウェスト・センターでの教育休暇中に私が受領した医学部からの給与の払い戻しを条件に、この要請を受け入れてくれた。次に私は、総領事と面会しなければならなかった。弁護士によれば、当時の台湾の法律に基づき国家の公的機関で十年以上勤務した人物は、通常国外移住が許可されるはずであった。幸い、研修医としての台北での四年間とボストン研修のため取得した三年間の公的休暇は「国家のための公務」に加算され、ボストンから帰国後の台湾勤務三年間との合算で、必要な十年の条件を満たすことができたのである！　アポイントメントをとり面会した総領事はとても親切に応対してくれ、個人的な会話のために執務室へ招き入れてくれた。私が十年以上国家のために働いたことを認めると、彼は移民申請を許可してくれた。後に私は、総領事自身も台湾の不安定な状況に考慮し、アメリカへ家族揃って移住を計画していたことを知った。幸いなことに、当時の状況を理解していた総領事から私は許可を得ることができたのである。

この困難な段階を経て、私は自分が難関を突破した勇敢かつ捨て身の「英雄」、つまり中国の諺にいう「過關斬將（guo-guan-zhan-jiang）」であるかのように感じた。過關斬將は、中国の古典歌劇に登場する万里の長城の門を突破し敵将を倒して不可能とされた作戦に成功した英雄の物語に由来する。いまだに当時の私がいかにおびえ、死に物狂いになってこれらの人びとと会い障害を一つ一つ乗り越えてきたかをはっきりと覚えている。いかに勇敢、かつ決然と辛抱強く対処したかを私はいまも誇りに思っている。おそらく、私は神風特攻隊員のように絶望的状況下で不可能な任務を完遂すべく、子どものころ学んだ日本の「がんばろう」精神を奮い立たせ、「用厚頭皮去闖（頭皮を厚くしてぶつかる）」を信念にがんばったのである。どのような障害があろうとも最後には目的を達成できるという気概を私は持っていた。また、中国の諺にある「盡人爲、聽天命（人事を尽くして天命を待つ）」を実行していたのかもしれない。私が子どものころ困難に直面しどう対処してよいかわからなくなったときに、母は「船到碼頭自然直（船が桟橋に着くときは、自然と桟橋にまっすぐ着くものだ）」という言葉をよく口にした。あまり物事を心配するな、最善を尽くせば問題はすべて時間とともにおのずと解決する、ということを彼女は私に言っていたのである。

ホノルルでの問題の解決に私が苦しんでいるころ、静は台北で私たちの子ども三人をアメリカへ移住させる許可の取得に奔走していた。静は人との付き合いが良く、他人を説得して必要な協力を得ることに長けた性格を持っていた。そして、ついに政府から子どもたちのハワイへの移住許可を得ることに成功したとの手紙が彼女から届いた。ハワイへ戻った彼女から私はその許可の取得がほとんど奇跡に近かったことのいきさつを聞いた。彼女は、もうすでに航空券を購入していて一週間以内にハワイへ行かねばならないと連絡したのである！

その朗報を聞き、私は興奮して住居の購入を急いだ。私たちには五人で住むことができる住宅が必要であった。予算内の地域の物件を探し、数時間でいくつかの候補を比較したなかで気に入った家を購入した。あまり潤沢ではなかった大学の給与でも、それは購入可能な家であった。家の購入後私は家族を空港で出迎える用意をした。彼らを国際線の到着ターミナルで出迎えたときの様子はありありと記憶に残っている。私の心臓は興奮から強い鼓動を打っていた。静が税関職員に書類を手渡している様子が見え、二歳半になる娘の詩文が一人でドアから歩き出た。彼女は私に気づき、腕をひろげて抱きついてきた。そして、八歳の息子超文と六歳の娘の倩文が重い荷物を運ぶ母親を手助けしながらロビーへ歩き出た。私たち家族はとうとうホノルルで再会できたのである。

「青い眼と茶色い髪の中国人」――私たちの子どもの民族的自覚

ホノルルの新居では私たちの新たな生活が始まった。ホスト社会への適応に要するであろう長いプロセスに私たちは十分に心理的準備ができていた。子どもたちはまだ英語を話すことはできなかった。私たちの新居はある公立学校の近くにあり、この学校では一学年から三学年まで特別な教育プログラムを取り入れていた。そのプログラムは、厳格に学年を分けるものではなく、生徒の能力次第で毎日異なる科目の異なる授業に出席できるというものであった。算数の得意な生徒は、年齢に関係なく生徒の能力レベルに合ったクラスに出席でき、英語の授業でもその生徒の能力に応じた異なるレベルのクラスに出席できる。このユニークな制度は、当時八歳になっていた息子の超文にとくに適していた。彼は小学三年生になっていたが英語はまったくしゃべれなかったので、小学一年生レベルの英語のクラスに出席し、得意とする算数では三年生のクラスに出席することができた。六歳

定住を決めたホノルルの自宅前にて

になる長女の倩文はすべて成績優秀な生徒のクラスに出席していた。子どもたちが簡単な英会話に慣れるには半年を要した。次女の詩文はわずか二歳半であったため、保育園に通える三歳になるまで静が家庭に留まり、彼女を養育することにした。

私はいまだに詩文が初めて保育園へ通った日のことを忘れない。私たちから習ったわずかな英語力しか彼女にはなく、どのようにしてほかの園児らや保育士らに順応していけるのかと私は心配した。保育園初日の帰りに静と私が詩文を迎えに行き、帰りの道すがら「きょうはどんな友達に会ったの？」と彼女に聞いたところ、その答えは「みんな中国人だったよ！」というものであった。ハワイでは異なる民族的、人種的背景の混合集団が普通なので、私は少々その答えを不審に思った。「全部中国人なの？」と問いただすと、彼女は「そう、みんな中国人。だけど眼が青い人や髪の毛が茶色い人もいた」と答えた。民族性と人種に関する三歳児の認知と定義に静と私は驚かされた。子どもは三歳から人種の違いに気づき始めるものの、眼や髪の色がその定義の基礎となることを私たちは学んだ。

このことはボストンでの私の経験を思い起こさせた。おそらく、自動車運転免許証申請に役所へ出向き、用紙を記入していたときのことと記憶しているが、私は深く考えずに自分の髪の毛と眼の色をそれぞれ「ブラック」と所定の項目に書き入れた。申請用紙を受け付けた係の女性は、用紙と私をじっくりと見比べ「あなたの眼の色はブラックではなくダークブラウン」と言いながらそれを訂正したのであった。東洋人は西洋人ほど目や髪の色に頓着しない。それはとくに新生児に関する髪の色や眼の色、体重などの記述において顕著であった。東洋人の子どもはみな黒い髪を持って生まれ、眼の色を気にする者は多くない。

三歳の末娘についてはもう一つの興味深い逸話がある。ある日まだホノルルに彼女らが到着して間もないころ、市場で買い物をしていた私たちは中国人の知り合いに出会った。北京官話を話すこの友人は私たちの娘を見、彼女に「君は中国人、それともアメリカ人？」と難問を投げかけた。詩文は即座に「アメリカ人！」と答えた。友人はさらに彼女に向かい「どうして」と尋ねた。すると彼女は「どうしてって、私はいまアメリカに住んでいるからよ！」と答えたのである。私たちは彼女の答えに驚き、子どもが国籍をどのように定義するかについて理解したのであった。

もう一つここに述べておきたいのは、八歳になる息子の超文についての逸話である。ある日小学校で父母参観日があり、私たちは彼の担任教師に会い、話を聞いた。教師は微笑みながら教室へ行って生徒たちが描いた自画像をぜひ見てほしい、息子の描いた絵はすぐにわかるはず、と言った。教師の言葉の意味を理解しかねた私たちは、教室に入り壁に並んで貼られた生徒たちの自画像を眺めた。はたせるかな、超文の自画像はすぐにわかったのである！　その絵に描かれた顔が超文そっくりであったことはもちろん、最も重要かつ興味深かったのは、中国人であることを示すために、頭の上に黒々と描かれた大量の髪の毛であった。

子どもたちの改名に関する決定

子どもの民族的、人種的自覚と帰属意識の発達という点について、私たちの子どもの名前を西洋風に改名することへの彼らの態度に関する逸話をここで紹介したい。第２章に述べたように、結婚したとき静と私は将来の子どもの名を四つ考えていた。男の子には超文（Chau-Wen）と偉文（Wei-Wen）、そして女の子には倩文（Chien-Wen）と詩文（Shih-Wen）である。私の名前の一文字である「文（Wen）」は、その名を持つ者が同じ家族の出身、すなわち家族の一員であることを示し、ほかの文字はそれぞれの子どもにこう育ってほしいという両親の特別な願望を反映している。私たちには一男二女が授かったことで、偉文という名前は使われることはなかった。

ハワイでの生活が落ち着いたころ、私たちは子どもの名前を西洋風に改めるべきか否かについて迷っていた。第3章に述べたように、私はかつて同僚の研修医から自分の中国名である文星（Wen-Shin：知恵の星の意）を西洋風の名前に変えないよう忠告されたことがある。静も私も中国名は変えずに、中国語の発音を英語に綴って使っていた。アメリカ人のなかには Wen-Shin という発音が難しく、Wen とだけ呼ぶ者があったが、私はそのつど自分の名が Wen-Shin であることを相手に指摘した。静もまた、彼女の名は英語の Jean に発音が似ているものの Jing と綴り、中国語で女性にとって重要な意味を持つ「静けさ」を意味する名であることをアメリカの友人に説明していた。しかし私たちは大人であり、自らの名前に関する対処法を知っていた。子どもの場合はどうであろう。聞き慣れない名前であることから友人たちにからかわれたりしないだろうか？　名前が覚えられにくいということはないか？　両親としてこれらの問題の対処法を考慮しなければならなかった。

息子の超文が小学校を卒業し中学校へ進学するとき、私はこれを機会に新しい級友のため西洋風に名を変えることを望んでいるかどうかを聞いてみた。彼の答えは、自分の名前は変えたくない、というものであった。

彼はそれが中国語で秀でた知恵を意味することを知っており、その優れた意味を持つ名を維持したかったのである。彼の改名についての問題はこれで解決された。

その数年後、第二子である長女の倩文が中学校へ入学した。そして仏語の授業を受けるようになると、自分の名を西洋風に変えてもよいかと私に尋ねた。彼女の名前の一部である Chien が仏語の「犬」に似た発音で、友達からからかわれるからというのが訴えの理由であった。私はその名が可愛いさ、魅力、穏やさ、知性などの意味を含む淑女にはとてもふさわしい名前であることを説明し、変えるべきではないと諭した。彼女の兄のようにその名を維持し、友人たちには Chien だけでなく Chien-Wen と呼ぶよう求めるよう提案し励ました。特別な意味のある中国語名を持つことが、私は最終的に彼女にとって良い結果をもたらすと考えたのである。彼女はその提案に従った。彼らが中国的伝統を維持していくことは大切なことを私は心の奥で知っていた。

その四年後に今度は第三子の詩文が中学校に入学し、ある日自分の名を西洋風に変えたいと言ってきた。彼女は兄や姉がこの問題にどう対処したかを知っていたが、すでに図書館へ行き「詩文（Shih-Wen）」と似た音を持つ西洋名を調べ「ステファニー（Stephanie）」という名に決めたと言った。彼女の決意の固さに私は驚かされた。そのころになると私も中国的伝統の継承にもはや強い思いを持っていなかった。西洋名を持つことで仲間との交際が容易になり、中国人というよりも中国系アメリカ人として扱われることが子どもの視点からはいかに重要であるかを私は理解した。私の考え方や思慮は、アメリカに移住してからの六年間で明らかに変化していたのである。私は彼女に、詩文という名前は中国語で文字どおり詩的、穏やか、知性などを意味する女性にとてもふさわしい名前であることを説明した。ステファニーというファーストネームを使うことは許したものの、私は中国名の詩文（Shih-Wen）をミドルネームに使うよう伝えた。私は公の場では彼女をステファニーと呼んだが、家のなかなどでは依然として詩文と呼んでいた。

こうした名前や髪そして眼の色に関する逸話は、異なる年齢でアメリカに移住することになった子どもたちが、異なる心理的発達段階で、それぞれどのように民族的自覚に伴う問題に対処したかの洞察の助けとなるかもしれない。また、それは親である私たちがどのようにして民族的自覚への自らの懸念に対処し、伝統を維持しながら新たな文化に順応するという妥協へと徐々に向かっていったかを示すものでもある。

私たち一家のアメリカ社会への適応

改名すべきか否かの問題のほかにも、ホスト社会の異文化に対する私たち家族の適応努力に関する逸話を紹介したい。最初は食事の問題である。つまり、私たちの食事が中国式からアメリカ式へと徐々に変化していった過程について述べる。まず私自身の経験から始めたい。一九六〇年代のボストン滞在当時、初めてのアメリカ生活を経験するなかで、やむを得ず私は病院の食堂でほとんど毎日アメリカ料理を食べていたものの、中国料理を切に恋しく思っていた。時間に余裕のあるとき、とくに週末などはアパートで中国料理を自炊したこともあった。しかし、台湾で本格的な料理を習ってこなかったせいもあって、私のつくる料理はとても満足のいくものではなかった。ときどき中国人街へ行っては、中国料理への渇望を満たしていた。ときには、子ども時代に食べていたおいしい中国料理を食べる夢をみながら寝たこともあった。しかし、やがて二年も経つとその中国料理への切実な願望は治まり、三年目以降はあまり恋しいとも思わなくなってアメリカ料理をおいしいと思いつつ食べるようになった。

食習慣についていえば、中国南部において摂取されるおもなでんぷん質は米であるのに対し、中国北部では小麦が主体である。中国は、大陸を西から東へ流れ、上海で東シナ海に注ぐ揚子江によって分断されている。揚子江の北側は乾燥し比較的寒冷な気候のため、農夫はおもに小麦を作づけ収穫し、麺類やパン類を日常的に食べる。一方、南側では稲を植え、米やビーフンが主食となる。南方系中国人で台湾生まれの私にとっての主食は米であり、パンや小麦粉の麺類、餃子などは食べ慣れていない。満州生まれの静には、小麦粉でつくったパン、麺、餃子などのたぐいが日常食であった。私たちが結婚したとき、炊いたご飯か麺類のいずれを主食とするかが問題となった。たまにであれば麺類や餃子も構わないが、私にとって白米の飯は欠かせない食事であった。静はいつも餃子や麺を好んで食べた。食事に対する好みの差は二人のあいだで問題となったことはなく、長いあいだの結婚生活で私はパンや餃子のたぐいを好むようになり、私の好みは気づかないうちに徐々に変化していった。しかし病気のときは、子どものころによく食べたお粥を依然として私は好んで食べる。

ハワイへ移住してからも、三人の子どもたちは依然として中国料理を好むことに私は気づいていたが、同時に彼らはアメリカ料理も好むようになっていた。これは学校での給食がアメリカ料理であったことに多分に影響を受けていた。週末の外食には、小さな子のいるほかの家族同様私たちも近所のマクドナルドなどファストフード・レストランで食事をした。そこでハンバーガーやフライドポテトをよく食べたものだが、その当時こうしたファストフードが健康には良くないことに私たちは気づいていなかった。子どもたちはこうしたファストフードをおいしいと感じ、とても気に入っていた。ある日私は、マクドナルドで頻繁に食事をし過ぎたので、どこか別なレストランへ行ってみようと提案した。すると末っ子で当時五歳の詩文は両手を挙げ、「わーい、じゃあ別のマクドナルドへ行こう！」と大声で叫んだ。

三人の子どもたちは、成長すると私よりもアメリカ料理を好むように見受けられた。自分でもアメリカ料理を調理する方法を習得していたが、家族が集まり外食の機会があれば、中国人街があるときはいつも中国料理レストランで夕食を取ったり、中国料理を供するフードマーケットなどで食事をしたりした。その後、彼らが成長し、アメリカ本土の大学から夏期休暇でホノルルに戻り、私たちを訪れたりするときは、すぐ近所の日本料理店、韓国料理店、中国料理店、ハワイ料理店など、子どものころの嗜好そのままにそれぞれの店へ行きたがった。

私の生まれた台南市では、漁村の安平に近いせいもあり、ほとんど毎日新鮮な魚を食べることができた。魚、とくに鮮魚は私の好きな食材であり、そのせいで魚類をよく使う日本料理を私は気に入っていた。刺身は大好物である。対照的に静は肉類を使った料理が好きで、めったに魚には手をつけなかった。しかし、魚が健康に良いことを知ったいまは、より多く魚を食べるよう心がけている。そして、刺身すら食べるようになったのだが、一回の食事で一切れがせいぜいである。

私が指摘したいのは、味蕾《みらい》や胃は個人が若いころに経験する味によって生理的に条件づけされるという点である。（1）成人し、あるいは長い年月を経た後に、ほかの食物への好みが発達するかもしれない。しかし病気になったとき、通常私たちは幼児期に覚えた味覚へと生理的に逆行する。

食べ物のほかに、アルコールの嗜好についても述べたい。私の父はワインが大好きで、食事時はつねに飲んでいた。一度など職場での不満から彼はひどく酔っ払い、コップを扉めがけて投げつけ、割ってしまったことがあった。それ以後、彼は飲みすぎに注意していた。私はアルコールに手をつけたことは過去一度もない。それは十代のころに見た泥酔した父の姿のせいではない。それはおもに健康上の理由によるものだ。私が若いころにわずらった肝炎のせいである。以来私は、当時の医師の指示を守りアルコールを一切、口にしていない。静は時おりワインをグラスに一杯程度嗜む。それはとくに女性の場合健康に良いとされているからである。

ワインに関しては子どもたちとのある楽しい出来事を覚えている。家族との休暇に、私はカリフォルニア州のブドウ栽培地域を訪れることにした。見学者がワインを試飲できる場所へ行き、私は深く考えず三人の子どもたちに試飲用ワインの入ったカップを渡した。彼らは当時四歳～十歳であった。するとかたわらで見ていたあるアメリカ人女性が、真剣な表情と怒った声で「あなたは未成年にワインを飲ませることを禁ずる法律を犯しているのよ」と忠告した。アメリカの法律を知らない私は、中国では子どもが小さいころにワインを飲ませ、そのひどい味を覚えさせて大人になってから飲まないようにさせるのだ、と説明した。その婦人は私の説明が理解できず、「アメリカでは違法なのよ！」と言った。

食べ物とアルコールのほかに、より精神的問題に関連する、心理および行動に関する事柄について議論したい。まず言語である。私は人生において四つの言語を習得した。時間を追って挙げると、幼児期の日本語、次いで十代になってからの台湾語および中国語、そして成人期の英語である。私は日本語の発音には自信があり、日本語教育を受けたのは小学校四年生までにもかかわらず、高校生並みの語彙を持っている。日本語の本を数多く読んだせいで読み書きは容易にでき、日本語ワードプロセッサーの使い方にも習熟し、研究計画を書き上げることもできた。もちろん、その日本語による作文は、同僚の助けを借りた編集をかなり必要とした。長年使っていないため、私の日本語は簡単な会話は可能なものの、公式の講演などは不可能なまでにかなり衰えてしまった。戦争が終わり十歳になってからの私は父母方の方言である台湾語を学んだ。しかし、台湾語は得意になれず、聞いて理解ができる程度で話すことはできなかった。中国語はかなり得意で、会話や読み書きができ、本を書くまでになったが、まだ助けを借りなければならない。それに、私には台湾語のアクセントが残っている。中学からは英語を学び始め、アメリカへ旅するようになって以降は私にとって主言語となった。英語を読むことにはかなり習熟したが、話すことでは依然としてアクセントが残っている。また、英語での文章作成には五十年を経過したいまも他人の編集に助けを借りなければならない。

私は四つの言語を話すことができるが、完全ではない。そして書くことについては、つねに他人の助けを借りた編集が必要である。興味深いことに、ハワイへ移住してすぐのころは感情を表出したい場合、とくに動揺したり怒ったりしたときには日本語を使っていた。しかし、後にはそれが中国語になり、現在では感情の表出に英語を用いている(2)。以前は物事を考える際には中国語で考えていたが、最近は英語がこれにとって代わりつつある。このことは、特定の言語を使う頻度によって脳が徐々にシフトすることを示している。

私たちの子ども三人のあいだで英語を使う能力については、アメリカへ移住したときの年齢によって、それぞれの子どもの言語習得能力にかなりの差があることを指摘しておくべきであろう。彼らの高校時代の成績表を見てみると、三人とも数学、歴史、化学などほとんどの科目でＡ＋がついている（すでに述べたように彼らは揃って優秀な生徒とみなされていた）。しかし英語に関しては事情が異なっていた。アメリカへ移住したときに八歳であった長男の超文の成績はＡ－である。六歳で移住した長女の倩文はＡ、そして次女の詩文は二歳半で移住し、英語の成績はＡ＋となっている。このことは、新たな言語の学習開始年齢が、その言語使用能力になんらかの差異を生じさせることを示唆している。

ハワイ移住後数年経過したころ、ある予期しない興味深い出来事が起こった。私は台湾政府から海外中国人学者の一人として選ばれ、コンサルタントとしての台湾訪問に招待されたのである。政府は海外在住の中国人と台湾の人びとを団結させることを希望していた。そこで政府は、夏期休暇を利用して在外中国人学者の台湾訪問を許可し、台湾における研究の改善について政府に助言するプログラムを初めて開発した。理由は不明だが、私はその一員として招待されたのである。私は奇異な感じを持った。ほんの数年前に台湾を離れハワイに移住したばかりの私の地位が突然変わり（あるいは昇格し）、政府に助言を与えるための専門家の一人として招待されることになったからである。私はこの機会を捉え、公務員のみならず農民や労働者のすべてを健康保険に加入させるべきであると、医師として政府に強く要請した。この「海外研究者プログラム」の一員として、私は家族全員を連れて台北を訪問することができた。静と三人の子どもたちにとって、私たちの両親を訪れるよい機会と

1976年台湾の国民政府の招きで台北を訪れ，総統主宰のパーティにて蒋経国行政院長の歓迎を受ける

子どもたちとリンカン・メモリアル（上），リバティ・ベル（下），ディズニー・ランド（左）を訪れ，アメリカの歴史，文化，生活を学ぶ

なった。当時の大統領厳家淦(Yan Jia-gan)が主催する公式歓迎晩餐会で、私たち一家は厳大統領の後に大統領となった蒋介石の息子である当時の行政院院長、蒋経国(Jian Jing-guo)の歓迎を受けた。

　台湾訪問から帰ってからも、私たちはハワイに住み続けた。三人の子どもたちは彼らの学校教育を通してアメリカの生活に必要な数多くの事柄を学んだ。また、私たちは彼らにアメリカの歴史と文化を学ばせるよう努力した。両親とは対照的に、彼らはアメリカの法律や公的規則の遵守により真剣であった。例えば、十代の若者であったにもかかわらず、歩行者用信号が赤のあいだは道路を横断してはいけないと彼らは私たちに注意した。そして、列に並び順番を待つことは重要であり、通りではやたらにごみを捨ててはならず、ごみはごみ箱に捨てなければならない、などと注意したのである。アメリカ人として彼らは、社会に寄与し環境に配慮する意識の高い市民となることを学んだ。こうした特性や態度は、中国人とは異なり、アメリカ人に特徴的なものであった。

子どもたちの課外活動 ── 新聞配達

私たちは、新聞配達などの実作業経験を含む課外活動に子どもたちが参加することを奨励した。静は中国本土で、私は台湾で、それぞれ戦争による困難な経験を強いられたが、しかし私たちが遭遇した困難は、成人してからの私たちを鍛え、難題に直面したときには強さを与え、良い結果をもたらしてくれたと思っている。このことから私たちは、子どもが若いうちに実際的で困難な人生に直面することは良いことと考えていた。私たちはそれが、実生活の経験を糧に成長することを重視するアメリカ精神に合致するものと確信していた。第3章で述べたように、ハーバード大学医学部精神科の主任は、ウェイターのアルバイトをして大学の授業料を賄ったことを誇りにしていた。将来の大学進学に際しては、学力審査だけでなく、全体的人格形成へ寄与したであろう課外活動についても、どのような実生活体験を積んだかという点で評価されることを、私たちは子どもらの高校の担任教師から知らされた。それは私たちが台湾で経験した、高得点で入学試験に合格するためにいかに勉強に集中するかというだけの教育体系とは、かなり異なるものであった。

当時八年生（中学二年生）十四歳であった長女の倩文は、ある日興奮した様子で帰宅し、近所に住む彼女のクラスメートがアルバイトで担当していた新聞配達をやめるらしい、と私たちに告げた。倩文はそのルートの新聞配達を彼女に代わりアルバイトしたいというのである。近所の家々に毎朝新聞配達する若者は、朝早く起床しなければならないことを私は知っていた。とくに雨の日などは、親に自動車を運転してもらって配達するなど、彼らに親からの協力は欠かせなかった。倩文の決意はかたく、つらい仕事でも構わないからそのアルバイトを引き継ぎたいと言うので、私たちは同意し、いつでも必要なときは協力することを約束した。彼女はまだわずかに十四歳であった。そんな彼女にとって、暗い早朝の町を歩き回ることははたして安全だろうか、私たちには自信がなかった。最初のうち私は娘と一緒に起き、彼女を車に乗せて配達を手伝った。そして、重い新聞の束を抱えて彼女のうしろをついて歩き、配達先の家々で彼女がどのような扱いを受けるかを確かめ、安全を確認した。そして、雨の日は必ず彼女と新聞を車に載せて配達を手伝った。新聞配達は彼女だけの仕事ではなく、親の仕事でもあった。しかし、その仕事が彼女にとって良い経験となることを私たちは確信していた。彼女がまだ少女であることから、新聞代の集金時には多くの家庭から寛大な心づけをもらった。倩文は自分の貯金ができたことをとても喜んでいた。

始めてから一年後、倩文は新聞配達をやめることにした。そして、長男の超文がそれを引き継ぐこととなった。彼もそのアルバイトを一年続けたが、すでに高校生であり男の子でもあるので、安全に関する私たちの不安は多少薄らいだ。しかし、男の子であったせいか、彼が配達先からもらう心づけは倩文のときよりも少なかった。一方の倩文は夜の六時から九時までケーキ屋でアルバイトを始めることにした。ケーキ屋はわが家から多少離れた場所にあったので、バスで通わなければならなかった。十代の娘がアルバイトからの帰り道、乗り合いバスを使うには時間が遅すぎたので、いつも私が車で迎えに行った。私は夜間たった一人で彼女がケーキ屋で働くことに不安を感じ、六カ月後には仕事をやめるよう忠告した。彼女が働くのをやめてからまもなく、そのケーキ屋に夜強盗が入ったことが新聞に報じられていた。

新聞配達のアルバイトの後、息子の超文は近所のマクドナルドでアルバイトを見つけ、夜間と週末そこで働き始めた。遅かれ早かれ兄から新聞配達のアルバイトが順番に回ってくることを予想していた末娘の詩文は、近所のおもちゃ屋で新聞配達よりもずっと簡単で、しかも実入りの多いレジ係りのアルバイトを自分で見つけ、働き始めていた。その後彼女は、高校へ入学してからデパートでアルバイトを始め、顧客や雇い主からとても気に入られた。

私たちはまた、子どもたちが幼い時分から労働を経験することは、後に彼らが送るアメリカ式生活への順応に役立つと考えていた。彼ら三人はともにとても賢く、学校での成績は優秀であり、親にとって学業面での心配はなかった。学校の勉強を私たちが手伝ったことは一度もない。高校卒業時、彼らは揃って全国学術優秀奨学金制度（National Merit Scholarship Program）のリストに入る成績を残した。このリストは、成績が全米で五％以内に入る生徒が対象となっていた。息子の超文は高校卒業時に大統領奨学金制度（Presidential Scholarship Program）の受給者となり、この栄誉は台湾の新聞でも報道された。私たちの両親は皆このニュースを喜んだ。しかし、彼らは自分たちの三人の孫が中学、高校に在学中に新聞配達や店屋でアルバイトをしていたことは知らなかったし、私もそのことを彼らには知らせなかった。なぜなら、おそらく彼らには私たちの真意が理解できなかったであろうし、アメリカで孫が両親から虐待されていると誤解しかねないと心配したからである！

ここで、アメリカと台湾の教育制度の違いについて述べてみたい。台湾における児童の教育は妥協のない強制的なもので、いわゆる「鴨に詰め物をする」教育である。このたとえは、市場へ出荷する鴨を早く成長させるため、飼育農家が鴨の口を開け、ジョウロを突っ込んで強制的に胃に餌を送ることに由来する。これと同じように学校でも教師は生徒の理解や好みに構わず、知識を彼らの頭のなかへ詰め込む。生徒たちが勉強への興味を培うことは奨励されず、独自の思考の発達を促す刺激を受けることは決してない。生徒らが教育を受ける目標はただ一つ、試験で良い成績を獲得し、良い学校へ入ることなのだ。

しかし、アメリカの教育制度は非常に異なっていた。このことに関して、ある出来事をここに述べたい。当時まだ八歳で小学校三年生であった娘の詩文が、ある日彼女のために警察署まで行ってくれないかと言った。私はとても驚き、いったいどのような問題に巻き込まれたのだろうと心配した。話を聞いてみると、彼女は「ホノルル市の少年非行」という題を社会科の授業に選んだというのである。すでに彼女自身で警察署に電話をかけ、警察官に情報や資料の提供を依頼していた様子であった。警察署の場所がわからず、私に助けを求めたのであった。安心した私は、翌日その警察官に会うため警察署へと向かった。電話で娘と応対した警察官を探し出し、必要なデータを彼から受け取ることができた。警察官は、「高校生の娘さんが、こういった社会科の課題に興味を持つことはすばらしいことですね」と言った。私は、自分の娘はまだ小学生のしかも三年生であると答えた。それを聞いた警察官はおそらく冗談であろうと考えたのか、いぶかしげな表情で私を見つめていた。

私がこの出来事について述べた目的は、学生が興味の対象を自ら発見し、自発的に勉強するよう奨励されるアメリカの制度の説明にある。これは、日本人教師への注目を怠ったため手ひどい体罰を受け、頭皮に「台湾山脈」をつくっていた私の小学三年生当時の台湾における状況とは大きく異なり、大学入試の狭き門を突破するためにあらゆる本を読み暗記しなければならなかった高校生時代、そして簡単な英会話もできないのに英語の授業でアメリカ大統領 Abraham Lincoln の有名な随筆を丸暗記させられた大学生時代の状況ともかけ離れたものであった。

小学六年生になった詩文は、今度は冗談に対する反応の人種差を社会科授業の課題に取り上げた。種々の冗談を集め、異なる民族的背景を持つ人びとがその冗談にどのように反応するかを彼女は調べた。大人たちの反応を必要としたため、近所にその対象を探したが数が十分ではなかった。そのため彼女は、病院の看護スタッフに質問票を渡して答をもらえないだろうかと、私たちに助けを求めてきた。それは文化にかかわるとても興味深い研究で、私自身がおそらく取り上げたかもしれないテーマであった。それが小学六年生にすぎない少女の発案による課題なのである。私たちが在籍していた台湾大学の学生ですら、こうした創造的な課題を自分で考え発展させることはなかったであろう。

機会を捉える ― 研修担当部長になるための挑戦

子どもたちに関する記述の次に、静と私がどのようにして私たちの学部の研究環境に順応したかについて記述したい。私たちにとって、新たな国における職業的順応は困難なことであった。副教授として授業を行うことに私は何の問題もなかったが、臨床医として活動するには必要な医師免許を取得しなければならなかった。さもなければ私は患者の診察も治療もできず、学生たちへの臨床の研修医教育もできなかった。言い換えれば、医学部の教職員として機能は果たせなかったのである。幸い、ボストンでの三年間の研修歴によって臨床教育を行う資格はあったが、医師免許を申請する前に、通常の国家認定の医学部試験を受けなければならなかった。これは学部での勤務前には予想しなかった要件であった。

台湾在住当時、私はＥＣＦＭＧ（外国医学部卒業者のための試験および証明）と呼ばれる特別な試験を受けなかった。その理由は、当時海外へ渡航する意図がまったくなかったというだけのことであった。しかし、アメリカで医師としての業務を行う免許を申請するには、解剖学、生理学、病理学、薬理学、そして内科学、外科学、産科学、婦人科学、小児科学などの臨床医学を含むすべての医学を対象とするＥＣＦＭＧの合格が必要であった。医学部卒業直後にこの試験を受けるほうがずっと容易であった。私のクラスメートの九〇％は、卒業時にＥＣＦＭＧを受験し合格していた。しかし、その十年後それは当時よりもずっと難しい試験になっていた。私は当時学習したことの詳細をすべては記憶していなかったし、学科のなかには医学部在学当時から変わってしまったものもあった。すでに評価の確立した同僚の中国人医師数名が、アメリカに移住後ＥＣＦＭＧを受験し、何度か失敗しているのを私は知っていた。受験は最大三度まで許可される。私は怖くて受験できなかった。しかし、医師免許なしにはいかなる臨床業務にも参加できないことも理解していた。無免許のままでは外国人医師として無価値であろう。私は自分の置かれた状況をとてもつらく感じていた。私には試験を受ける以外選択肢はなかった。私は必要な医学参考書をすべて買い、一年間夜も昼も週末も試験勉強に明け暮れた。ひとたび試験に合格し、医師免許を取得すれば不要になり忘れてしまう事柄を記憶するために、これだけ多くの時間を使うことに私は腹を立てていた。むしろ、仕事に関連する興味深い事柄や精神医学の勉強に貴重な時間を使いたいと考えていたのである。最初の受験では不合格であった。私は静の助力も得て一生懸命勉強し、六カ月後に再受験、そして合格した。その後、精神医学と神経学の教育委員会による試験を受けなければならなかったが、精神科医として必要な臨床精神医学の知識に関する試験なので、私にとっては容易なものであった。新たな国で実際に働ける臨床医そして教師となるために、私には合わせて数年が必要であった。

静の場合、ボストンでの研修期間は二年間のみであり、条件を満たすためにはもう一年の臨床教育期間が必要であった。すでに、台湾で精神科の部長を務め資格のある精神科医であったにもかかわらず、彼女はハワイ大学の私たちの学部で、さらに一年の児童精神医学の追加研修を受けなければならなかった。静はＥＣＦＭＧ試験を一度で合格した。彼女の試験の成績はいつも抜群であった。彼女は家族療法（family therapy）と夫婦療法（couples therapy）、私は個人精神療法と文化精神医学をそれぞれ専門にしていた。私たちは、それぞれが異なる精神医学の関心領域に従事するほうがよいと考えたのである。教育に十年間携わり、教授ともなって、その後静は個人診療に従事するほうが有意義と考えた。彼女は私のいた学部を離れ、個人クリニックを開業して現在に至っている。台湾とは異なる医学制度と学術的要件の異なる国での職業的順応のためには、多くの困難に直面せねばならなかった。静と私は互いに助け合い、すべての障害を乗り越えて、三人の子どもを育てながら専門職業の経歴を積み重ねてきたのである。

静と私が当時所属していた精神医学部は、比較的小規模な学部であった。大学の医学部は独自の大学病院を持っていなかったため、研修はいくつかの総合病院を利用して行われた。私たちの学部では、通常毎年六名の研修医を三年間のプログラムで教育していたので、どの年度をとっても研修医は計十八名在籍していた。しかし、私が医師免許を取得後、完全な教職員として教育に参加できるようになった年、学部にある危機的な事態が発生した。研修プログラムの担当部長の方針に不満を持った研修医が、二名を除き全員プログラムを離脱したのである。私たちの主任はこの事態をとても憂慮し、当惑した。臨床部門における研修医の教育は教育機能の中核を成していた。適切な研修プログラムなしに学部は機能しない。私たちの主任はこの危機を乗り越えるため、教職員会議の席上、研修担当部長職の希望者を募ったが、あまりにも困難な役職のため名乗りをあげる者は誰もいなかった。それを見ていた私は手を挙げ、自分に挑戦する意思があることを示した。私がそれを希望した理由は非常に簡単であった。適切な研修プログラムなしには、学部は存続し得ないことを知っていたからである。学部が存続しなければ、私も生き残ることはできない。すでにこの学部に個人生活と職業生活を賭けていた私は、その問題の解決方法を見つけなければならなかった。ホスト社会における外国人医師の一人として、自分の能力を示すために私は懸命に努力しなければならなかった。そんな私にとってそれはチャンスであった。アメリカ人の同僚の目には、あたかも学部の危機を救おうとする神風特攻隊員のように映ったかもしれない。振り返ってみると、私の行動は、困難な状況にあって柔軟であること、そして生き残るためにはあらゆる方法を試みる中国文化の影響を受けていたに違いないと考えている。それと同時に、「一か八かやってみる（go for it !）」を奨励するアメリカ文化の影響も受けていたのであろう。

幸いなことに私の努力と猛勉強は報われた。計画をまとめあげることに長けている私は、研修プログラムの教育手順を明確に設計した。マス・メンタルで教わったとおりに学部の症例検討会の司会を務め、教説的セミナーを実施した。そして、研修医との付き合いもうまくいき、彼らの多くは私を気に入り、尊敬してくれた。その後二年を待たずに研修プログラムの再活性化は成功し、プログラムに参加する研修医の数が増加して再びそれは機能し始めた。私の努力を大変評価した医学部は、私が著した数多くの学術的出版物や国際的活動と併せ評価して、学部での勤務開始後四年経過した一九七六年、四十一歳の私を正教授へと昇格させた。その五年後には、一九八一年から一九八二年までの学年を対象に私の優れた成績が認められ、医学部および大学から同時に二つのメリット・アウォードを受け、表彰された。

自らの長所と専門分野の発展 ― 文化精神科医になる

研修医教育プログラムを再活性化させているあいだ、私は自分の長所を特定し、将来へ向けてこれと決めた学問分野に集中して取り組むことを決めた。第3章に述べたように、マス・メンタルでの研修医時代、私はGeorge Vaillantという有能な上級研修医に出会った。当時私のスーパーバイザーであった彼に、なぜHarvard Projectを継承し、担当することに決めたのかその理由を尋ねた。Harvard Projectとは、ハーバード大学の卒業生が示す変化を調査する研究で、ほかの教授が以前に考案し確立したプロジェクトであった。このプロジェクト遂行には、数十年をかけた定期的追跡調査が必要であった。彼は、自分に与えられた特別な機会を逃さないこと、そして独自の学問的貢献を可能にする特別な研究に従事することが重要と答えた。彼のその言葉は、独自の研究に従事して結果を論文発表し、それによってほかの学者に自らの存在を知らしめることで、特定の分野の専門家として地歩を固めることが重要と強く主張していた台湾大学の前主任林宗義教授の言葉を思い起こさせた。こうしたコメントは、自分の長所を決め集中すべき特定の分野を決定する際の参考となった。

私は、イースト・ウェスト・センターにおいて文化と精神保健に関する教育を受け経験を積み、ハワイで生活し働いていた。この環境は多重的な民族性と文化によって特徴づけられていた。そして、私はアメリカへ移住した中国人であり、文化的問題を集中的に研究していた。当時は、依然として未発達で比較的あいまいな下位分野の文化精神医学という領域で、私は自分自身の異なる文化的背景を活用できる立場にあった。文化精神医学者になることが私の専門職業上の目標となった。私はとくに精神療法に興味を持ち、マス・メンタルではそのための専門教育を受けてきた。こうした強みを結集すれば、自分が文化と精神医学の分野で特別な貢献を果たし得ることが私にはわかっていた！

もう一つの機会を捉える ― 世界精神医学会の比較文化精神医学分科会事務局長への就任

文化精神医学者としての道を進む決心を固めたころ、予期せぬ重大な転機が訪れようとしていた。一九七七年、世界精神医学会（ＷＣＰ）がホノルルで開催され、世界各国から精神科医が参集した。ＷＣＰでは比較文化精神医学分科会の事務会議が予定されており、それがどのようなものでどのような組織なのかに興味を抱いた私は、詳細も知らぬまま出席した。世界精神医学会は、世界各国で六年ごとに世界会議を開催する国際組織であった。その六年前には第五回世界会議がメキシコで開かれ、モントリオールの McGill University の H. B. M. Murphy 教授が、学会に比較文化精神医学の分科会を設けることを初めて提案したのであった。Murphy 教授はこの分科会の創始者とみなされ、会長に指名された。

ホノルルで開かれた第六回世界会議では Murphy 教授がこの分科会の座長を務め、文化精神医学に関心のある約二十名の同僚が各国から参加した。この会議で Murphy 教授は、会長職を誰かに引き継いでほしいとの意向を示した。しかし、会議参加者は彼に会長を継続してほしいと強く要望した。分科会が設立されてからまだ間もないこと、堅固な基礎がまだ完成されていないことなどがその理由であった。Murphy 教授は、南太平洋のさまざまな地域を一年にわたり訪ねるコンサルタント業務を依頼されているため、若手の同僚がこの分科会の事務局長として彼についてくれるのなら、会長を務めてもよいと言った。会議で私はオーストラリアから出席した John Cawte 教授の隣に座っていた。Murphy 教授そして Cawte 教授は、ともに五年前の一九七二年に開かれたイースト・ウェスト・センターの文化および精神保健会議に出席していて、私と面識があった。Cawte 教授は私には何も告げずに、曽教授ならば若く有能であり分科会の事務局長候補にふさわしいと提案したのである。Murphy 教授は、事務局長職を引き受けてくれるかと私に尋ねた。私は深く考えることなく、それが重要な転機をもたらすであろうとの直感を頼りに承諾した。まったく未経験の私が、四十三歳で事務局長に就任した。中国の諺どおり、私は自分の前に空から落ちてきたこの機会を、何のためらいもなく拾い上げたのである。

Murphy 教授と私は分科会の事務会議直後、打ち合わせを持った。そのときの光景を私はいまだに鮮明に覚えている。私たちは会議場建物のそばにある庭の樹の下に腰かけ、教授は私に南太平洋の島々を訪れ、精神保健医療の必要性を調査する特別なコンサルタントに指名されたことを説明してくれた。彼は郵便の住所も定まらないまま、夫人同伴でそれらの島々を一つずつめぐるのである。彼は、調査に携わっている一年間、私を支援することは一切できないので、自分の考えでこの分科会を取り仕切ってもらわねばならない、と続けた。私は彼から世界各国の文化精神医学者のリストを受け取った。そのリストにあがっている人物に連絡して、分科会への加入を勧めるよう彼は提案した。また、世界各地の現状に関する情報共有のために、分科会が各国の会員に季刊のニュースレターを配布してはどうかと提案した。多くの会員にとって、海外出張は非常に費用がかかるものであり、頻繁に各地で会合を開催することは不可能だからである。その当時電子メールはなく、唯一の通信手段は郵便であった。私は提案どおりニュースレターを発刊し、結果としてそれは十六年間配布され続けた。その間私は六年を事務局長として、十年を会長として務めた。その後私は職務を後進に委ねたが、この職務を通じて世界各国における多数の文化精神医学者との緊密なネットワークを確立した。

WHOコンサルタントとして中国本土を訪問 ― 専門職の経歴と文化的経験の転機

その四年後、もう一つの非常に重要な転機が訪れた。四十六歳になった一九八一年のある日、私はフィリピンの世界保健機関（ＷＨＯ）マニラ事務所から書簡を受け取った。それは中国本土とシンガポールへの一カ月の出張を伴うＷＨＯコンサルタント業務委託の打診であった。ＷＨＯからコンサルタントの依頼がきたことは私にとって大きな驚きであったが、さらに不思議なことは中国本土でのコンサルタント業務に私が選ばれたことであった。当時、私のハワイ滞在年月は九年を数えていたが、出身が台湾であることに変わりはなかった。受けた教育の影響で、私の心のなかで共産中国は依然として「敵国」であった。私はマニラのＷＨＯ事務員へ手紙を書き、自分の経歴を彼らが知っているのかどうか、共産中国が台湾出身者である私を気にかけることはないのか、などを問いただした。ＷＨＯからの返事には、経歴はよく承知しており、それでもなお中国本土への訪問を希望すると記されてあった。文化大革命はその数年前に終わり、中国本土は外部にその「竹のカーテン」を開放しつつあった。中国本土訪問と母国が共産党政権のもとでどのような姿になっているのかを知る機会の到来に私は喜んだ。しかし心のなかでは、わずかな潜在的危険性も感じていた。そのうえ、私にはＷＨＯのコンサルタント経験がまったくなかった。しかし、今回の業務は私一人ではなく、Leonard Levy 教授というスウェーデン人の研究者が同行することを知り、私は安心した。彼はＷＨＯの上級コンサルタントで、心療内科の分野では有名な人物であった。

1981 年、中国からWHOの顧問として招聘を受けたスウェーデンのLeonard Levy 教授夫妻と私は中国保健省のつき添いで紫禁城を訪問

1984 年北京医科大学精神衛生研究所を訪問し，当時の所長沈漁邨教授から歓迎される私と静

ＷＨＯの規定に従い、マニラ事務所で説明を受けるために私はホノルルからマニラへ飛んだ。そして、マニラから中国南部の広州を経由して北部の北京へと向かった。広州の空港へ降り立ったときの記憶は、いまだに鮮明である。そこには簡体字で四文字「广州机场」（廣州機場）が書かれてあったが、伝統的漢字をあまりにも簡易化していたために、私には完全に理解することはできなかった。最も衝撃的であったのは、中華人民共和国の国旗である五星紅旗を眼にした瞬間であった。その旗は、いまだに台湾では「敵国旗」と呼ばれていたのである。私は固唾を飲み、自分が「敵国」に入国しつつあることを理解した。赤地に黄色い星をあしらった帽子と軍服姿の兵士を見たときには恐ろしさのあまり、あたかも敵兵と遭遇したかのように感じた。私は、この国の招待客なのだからそのような反応は無用と自分に言い聞かせつつも、感情を抑えることは容易ではなかった。

中国は数十年間「竹のカーテン」を閉じていた。そして、文化大革命が進んでいるあいだに国内で何が起きていたのかを知るものは少なかった。台湾政府が中国の近代史を不明瞭なままにしてきたために、そうしたことを読み学ぶ機会は私には皆無であった。中国本土に内戦が起き、国民政府が台湾に撤退した一九四九年以降の知識を私はほとんど持たなかったのである。歴史に関する知識では三十年間の空白のある、まったく知らない国に私は足を踏み入れたのであった。

幸い私の懸念は、北京へ着くなり直ちに消え去った。北京大学医学部の精神衛生研究所の沈漁邨所長（Shen Yucun 教授）は私たちを暖かく歓迎してくれた。後に、私を指名し招待してくれたのは、沈教授であることを知った。それ以前の面識はまったくなかったにもかかわらず、初日以来私たちは旧知の間柄のように気持が通じ合い、仲良くなった。私は彼女が洞察力のある有能な指導者であることをすぐに理解した。私の北京官話には台湾訛りのおかしなアクセントがあると笑いながら言う彼女の様子は、いまだ私の記憶に新しい。しかし、意思の疎通には何の障害もなかった。私たちは旧友のようにすぐに親しくなった。その後、静も私とともに北京を訪れ彼女に会って意気投合し、以来沈教授とは親友としてまた仲の良い同僚として約三十年間付き合いを続けている。

中国本土でのサブカルチャーの違いの経験

沈漁邨教授に強く感じた親近感は、ほかの中国人の同僚たちとも同じように感じることができた。それは通りですれ違う普通の人びととも同様で、私たちは互いに「自己人（zijiren）」なのだという感覚であった。この言葉は、外部の見知らぬ人間ではなく、自分たちと同じ内部の人間といった意味を持つ中国語である。私たちは同じ言語だけでなく、文化的根源も共有しているからである。しかし、そこには重大なサブカルチャーの違いがあったことも否定できない。それは地理学的要因ではなく、それぞれの育った社会政治学的環境の違いに起因するものであった。

例えば、私は北京官話を自由にあやつり、通りの人びととも意思疎通が可能であったにもかかわらず、一人ではホテルから外出することを許されなかった。私には中央政府直属の保健省から指名された人物のつき添いが必要であった。ＷＨＯのコンサルタントとして私は保健省の公式な賓客であり、その身に何かあってはいけないということで「警護」が必要というのがその理由であった。当時中国本土を訪れる外国人はまだ少なく、政府は不測の事態を避けたかったのである。それはまた、あらゆる中国人との接触から私を遠ざけ、そして会うことになる人びとへの機密にかかわる微妙な質問を阻止するための措置でもあった。そのころはまだ外国人の宿泊するホテルに、地元の中国人が立ち入ることは許可されておらず、私が中国人同僚と会う必要がある場合は、同僚らが彼らの上司を通して共産党からの許可を得なければならなかった。そして、彼らがホテルに入るには、氏名や来訪目的を記録し、上司からの許可状を提示しなければならなかった。同僚が私をホテルに訪問する際には、同行の人物をつけねばならず（後にそれが共産党に所属する人物であることを知った）、私との会話が機密にかかわらないことを保証するため部屋の扉を開け放しにしておかねばならなかった。明らかにそれは外国人とかかわるにあたり、資本主義の同調者として怪しまれないようにするための以前から行われてきた慣わしの一つであった。中国人訪問者に迷惑がかからないよう、私は話題の選択に注意しなければならなかった。しかし、医学専門領域の議論では何の心配もいらず、あたかも旧知の間柄のように話し合うことができた。

覚えておいていただきたいことは、私が最初に中国を訪れた時期は文化大革命が終わってわずか数年後の一九八一年であったことである。多くの人が依然として青、緑、そして茶色の三色しか選べない人民服を着ていた。そして、冬の綿入りの人民服を着ていたせいで身体の線は隠れ、誰もがモコモコした外見を呈していた。また、女性はすべて短髪のストレートヘアであったため、後姿を見ただけでは男女の別はつけ難かった。レストランはすべて廃止されたため存在せず、数年前まで人びとは生活共同体（コミューン）制度によって食料を共有していた。北京の後に私たちは上海そして西安を訪れたが、ホテルの食事のメニューはどこへ行っても同じもので、唯一の違いはホテルによって提供されない料理があることぐらいであった。そのため、いつもどの料理があるのかを尋ねなくてはならなかった。すべての人民が互いを平等な同志として接し、金銭のためだけに他者への業務提供を求めてはならないとのイデオロギーに基づく共産党政権下では、チップ制度は許可されていなかった。言うまでもなく食堂のウェイターは給仕にあまり熱心ではなく、私たちは彼らに給仕してもらうことをほとんど懇願するような状態であった。

明らかにこうした現象は、人びとが共産主義のイデオロギーに厳格に従って生きてきた時代から引き継がれてきたものであった。人びとは厳しく統制され、結果としてホテル内の治安は極端に良好で夜間に部屋の施錠は不要であった。しかし、その後年に数回中国を訪れるにつれて、社会制度の緩やかな変化に私は気づいた。街中にレストランが出現し、ウェイターは給仕に以前より熱心になり、客からのチップを期待するようになったのである。

中国文化と精神保健会議 ― 歴史的出来事

やがて私は中国人の同僚の多くが社会的・歴史的事情から海外渡航の経験がなく、海外についての知識もまったくないことに気がついた。彼らからの提案もあり、ホノルルでの会議に彼らを招待してはどうかと私は考えた。そこで、当時イースト・ウェスト・センターに勤務していた中国系アメリカ人の同僚呉燕和（David Yan-he Wu）教授にこの考えをどう思うか相談した。彼はもともと台湾出身の文化人類学者で、私と同じく夫人は中国本土出身の女性であった。彼は直ちにこの考えに賛成し、私たちは一九八二年中国文化と精神保健と題した会議を主催して、中国本土、台湾、香港、シンガポールからおよそ二十名の中国人同僚を招待した。この会議は、台湾海峡の両側からの同僚が同じ会議室に参集したという点で画期的であった。

この会議については、数多くの興味深い挿話が残されている。中国人同僚が北京の保健省から会議参加の許可を得るためには、半年という期間を要した。おもに北京、上海、南京などから招かれた同僚の指名は私たちによるものが大半だが、なかには政府が指名した同僚もあった。台湾から参加した同僚はホノルルへ到着するなり、当時台北の国民政府を代表するホノルル在地の総領事館へ報告するため出頭した。なぜなら、彼らは「敵」側の人間と接触するからである。台湾からの同僚は、会議に参加する中国本土の同僚らとどのように挨拶を交わすべきか真剣な表情で私に尋ねてきた。私は、政治的タブーはないこと、新たな友人との出会い同様の挨拶をすればよいことなどを告げた。台湾と中国本土からの出席者は互いに挨拶と名刺を交わし、すぐに親

1982年，ホノルルのイースト・ウェスト・センターにて中国文化と精神保健会議を開催，中国本土および台湾から多数の中国人研究者を招待した

しい友人同士のように打ち解けていた。最終的に私たちの会議は友好的な雰囲気に包まれ成功裡に終わった。私と呉教授はそれぞれ会議の座長と副座長を務め、会議後も共同して作業を行い、一九八五年、会議の議題と同じ『中国文化と精神保健（Chinese Culture and Mental Health）』と題した本を出版した。

1995年，恩師林宗義教授と葉英堃教授とともに『Chinese Society and Mental Health』を出版

それは、私たちの中国人同僚による中国文化と精神保健を主題に英語で書かれた最初の書籍であった。呉教授と私はその後も引き続き共同で会議を数回主催し、日本や中国からの同僚を招き、アジアにおける文化と精神保健の発展に貢献した。

それからかなり経った一九九四年台北の葉英堃（Eng-Kung Yeh）教授は自身の退職を控え数多くの中国人同僚を招待して台北で会議を開いた。この会議結果に基づき、林宗義（Tsung-yi Lin）教授、葉英堃（Eng-Kung Yeh）教授、そして私が、共著で『中国社会と精神保健（Chinese Society and Mental Health）』と題した本を一九九五年に出版した。この本はその十年前に出版された『中国文化と精神保健（Chinese Culture and Mental Health）』記載の所見を更新したものとなった。

北京大学客員教授への任命 ― 新たな展開

中国の主要な教育研究機関であった北京大学医学部精神衛生研究所から、一九八一年の最初の中国本土訪問以降、毎年私は客員講師として招かれていた。当初は文化と精神保健に関する講演を行っていたが、やがて中国では精神療法を誰も施行していないことに気づき、基本的には精神分析に基づく精神療法の講演を行いたいと私は提案した。そして連日、同じ感情障害に悩む患者を対象に精神療法を施して手法を説明し、どのような便益が得られるかを実演して見せた。講演の評判はよく、約百名の同僚が一連の講義と実演に参加した。

しかし、ある興味深いことが起こった。三日連続の講義の後、中国人同僚らを含む聴衆の熱心な反応に刺激された私は、ある年長の同僚に彼らの図書室を訪れることはできないかと申し入れた。それまでの数度の訪問でも、彼らから図書室を案内されたことは一度もなかったからである。もうそろそろ彼らも私に十分親近感を覚え、図書室を見せてもよいと考えているかもしれないと私は思った。どのような種類の書籍や学会誌が所蔵

1985 年から私は頻繁に北京における精神療法ワークショップでの指導を要請された
（上）多数が参加したワークショップで（私の右側の）沈漁邨所長が歓迎の話をする様子，（下）ワークショップで指導した精神療法を受けた患者夫妻から感謝され記念品を贈呈される

精神療法の追加研修のためホノルルに招待された中国人同僚の呂秋雲教授と崔景華教授。自宅前にて

されているかを私は知りたかった。文化大革命開始前に最後に発行された精神医学会誌を手に取り、興味津々でページをめくってみると、最初の記事は「毛思想を利用した精神障害の治療方法」と題されていた。二番目の記事の題名は「われわれは精神療法の施行に反対する！」であった。精神療法が中国で禁止される理由はいったい何なのかと考えながら、私はすばやくこの記事に目を通した。その記事には、個人精神療法は資本主義の産物であり、一般大衆ではなく裕福な人びとのみを対象に提供されるものであること、精神分析は人びとの汚れた欲望を満たす方法を強調する基本的に誤った概念であることなどが書かれていた。私は隣に立っていた年長の同僚を見やり、緊張した声で「あなた方の政府が反対する精神療法について講義などしてもよかったのでしょうか」と尋ねた。彼は微笑みながらこう言った。「安心してください。先生が講義した精神療法は、過去に私たちが理解していた精神療法とは違うものです。どうぞ講義を続けてください。私たちは先生からもっと精神療法について学びたいのです」。私はそれを聞いておおいに安心し、中国の同僚たちへの講義継続を決心した。私の見たところ、中国本土の一般大衆はこうした種類の心理的医療を渇望していた。ある意味で、私は中国の門戸開放後、中国人同僚に対して精

神療法の講義をした最初の学者であった。それ以降、ほとんど毎年沈教授は彼女の研究所での講演に私を招待した。また、彼女の励ましもあって、私は北京大学の医学関連出版社から三十に余る精神療法に関する中国語の書籍を出版した。そして私からも選抜された中国人同僚数名をホノルルへ招待し、精神療法の短期研修を行った。

1987 年，北京大学医学部精神衛生研究所の客員教授に指名される
（上）指名就任式典の様子，（下）医学部長による証書授与

　一九八七年になると、ある興味深い出来事が起こった。この年、私はいつものように北京の研究所訪問に招待されていた。飛行機から降り立った私は、沈教授の出迎えを受けた。研究所へ向かう車中、沈教授は私が北京大学医学部の客員教授に任命されることになったと伝えた。そして、任命のセレモニーはすでに段取りがついており、医学部の

学部長を含む来賓は全員、私の到着を待っているというのである。この任命は喜ばしいことではあるものの、なぜ一度も事前に受け入れの意向の打診なく決定がなされたのか、私は不審に思った。北京大学からの公式な任命が、ときどき行っている台湾訪問へ影響が及ぶことを私は心配した。しかし選択の余地はなかった。医学部長とおよそ百名の同僚が研究所で私を待ち構え、ホールに入るなり彼らは拍手をもって歓迎してくれたのである。

私がこの出来事を記述する意図は、中国における物事の決めかたが異なっていたことを示す点にある。通常アメリカでは、個人の意思が尊重され、名誉称号を授ける場合といえども受け手の合意を求めるであろう。一方の中国では、おそらくそれが名誉であることを理由に、私に合意を求めることをしなかったのかもしれない。名誉はただ与えられたのである。言うまでもなく私は、当時台湾と中国との関係が冷え込んでいたせいで、中国が台湾出身の研究者との親密な関係を保持することにより、中国本土と台湾との暖かい関係を醸成したいことが理由であろうと推測していた。しかし、私はこの客員教授の任命をしばらく台湾側には黙っていた。北京からの任命に対する台湾側の反応を懸念したからである。時とともに、私はこの任命をとても大切なものと考えるようになり、またそれは将来の仕事にとってもとても貴重なものとなった。

アジアにおける数多くの重要な共同研究の実施

北京大学からの任命は、北京における中国人同僚の訪問と研究の継続を私に保障するものであった。後に、私は南京児童精神衛生研究所の顧問にも任命された。こうした学術的任命は、私が学術的にとても重要視していた中国におけるさまざまな研究プロジェクトへの関与の励みとなった。

例えば、南京児童精神衛生研究所の所長陶国泰（Tao Guotai）教授と私は共同で、中国における一人っ子政策の縦断研究を一九三〇年の初頭開始した。潜在的な人口の爆発的増加を防ぐために中国政府が実施したこの厳格な家族計画により、ほとんどの夫婦が持てる子どもの数は一人だけになった。中国において、一人っ子として育つことの心理的影響は、学者のみならず一般大衆にとっても大きな懸念となっていた。中国の児童心理学では第一人者の陶教授と私が知り合ったのは、ホノルルでの文化と精神保健会議であった。私たちは、南京地域を対象に、一人っ子として育った児童と兄弟姉妹を持つ児童との心理学的プロフィールを研究する調査計画を立てた。私たちは、平均年齢が五歳の幼稚園児約七百人を対象にアンケート調査を行った。児童の人格形成を知るには縦断的な追跡研究が必要なことから、同じ児童集団を対象に二年、四年、六年、そして八年後の追跡調査を実施した。そして、最終的には十年後および十五年後の追跡調査も行った。このプロジェクトが開始されたのは一九八三年、そして終了したのは一九九八年であった。南京における調査スタッフらの努力が実り、私たちは平均年齢五歳の児童を、平均して二十歳に至るまで調査を行うことができた。全体的結果の示唆するところは、一

南京児童精神衛生研究所名誉顧問に指名される就任式

南京児童精神衛生研究所と共同で一人っ子の心理的発達を 15 年にわたり追跡調査
（上）調査は 5 歳児から開始，（下）およそ 15 歳になった対象児童

人っ子らと兄弟姉妹を持つ子らとの行動パターンには、年少時にはある程度違いはあったものの、成長するにしたがいその違いは消失するというものであった。消失せずに残った違いは、一人っ子の女子がより控えめで、恥ずかしがりやの傾向を有していたことのみであった。このような固有で有意義な研究を完了できたことを私たちは非常に誇らしく思った。

一九八七年広州市立精神科病院の主任莫淦明（Mo Gan-min）教授と私は、海南島および広州半島に発生したコロ（koro）の流行に興味深い調査を実施した。コロとはマレー語で、ペニスの体内収縮が病気や死をもたらすことへの過剰な不安を特徴とする病的状態を意味している。中国語では文字通りペニスの収縮を意味する縮陽（shuo-yang）症と呼んでいる。この病的状態は迷信に基づくものではあるが、短時間に特定の地域で数百から数千人が心理的伝染によってこれに罹患する可能性がある。この心理的伝染病は南アジア地方の国々で一般に見られるが、特に広州半島や海南島などの中国南東部沿岸で頻発する可能性が高い。

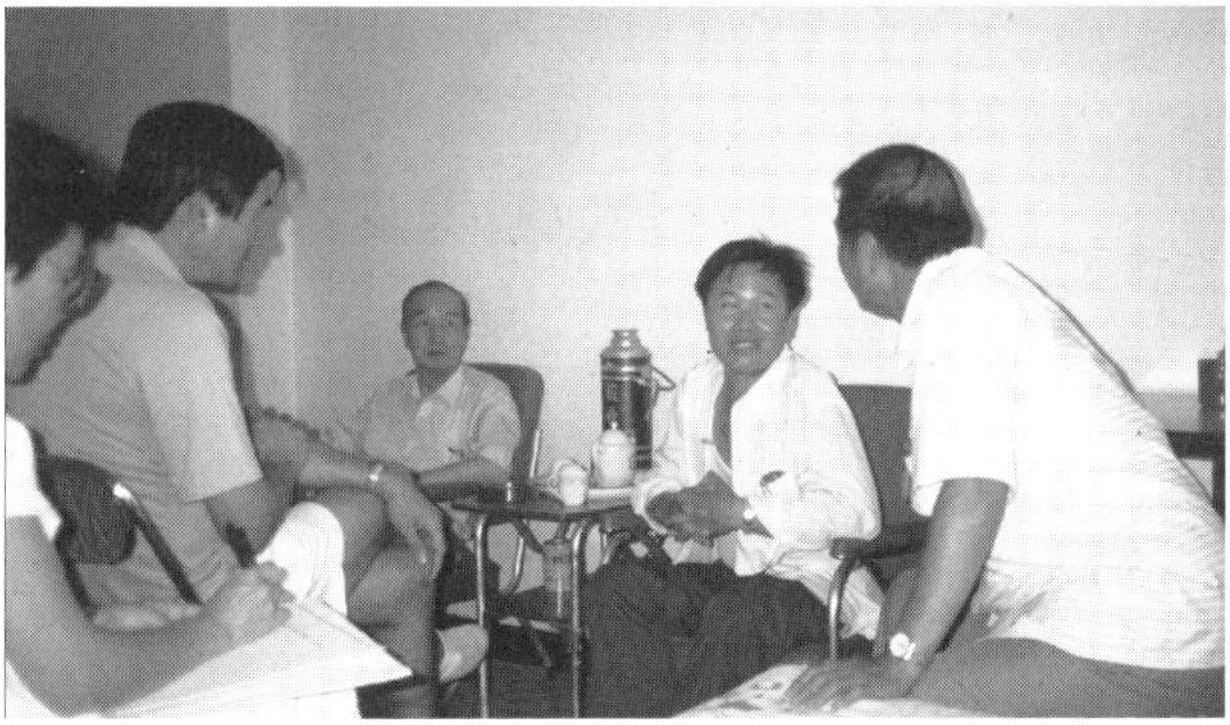

広州市立精神科病院の同僚らと共同でコロ（koro）の現地調査を実施。現地での患者インタビューの様子

この特異な心理的伝染病の特性を理解するために、静と私は莫教授と彼の同僚らとともにこの縮陽症の流行が発生した広州半島を訪れた。目的地までの道のりはとても遠く、到着するには車で二日を要した。ホテルなどはなく私たちは学校で夜を過ごした。夏なので気温はとても高く、昼間は摂氏約四十二度、夜間でも三十八度に達した。夜はなかなか寝つくことができなかったが、私たちはなんとか縮陽の蔓延する地域で患者数名と面接することができた。この病的状態に脆弱な人の特性を把握した後、私は患者への調査を実施するための質問票を作成した。その調査結果は、精神科クリニックにおける通常の不安症例および疾患流行地域での健常人の結果と比較された。明らかになったのは、患者が人生経験のまだ浅い十代の若者あるいは若年成人に多いことであった。コロ患者の症状は不安症患者のそれとは異なっ

ていた。彼らは陰陽説をかたく信じ、自慰などの不適切な性行為に耽ることによって陽の要素を過剰に失うと、命にかかわるとの考えを信じる通常の人びとであった。縮陽の蔓延は、地域社会に大規模なストレスがかかったときに発生する傾向にあることが判明し、発生の予防には健康教育が効果的であることが示唆された。この調査は、文化に根ざす固有で特異的な精神医学的症候群（Culture-related specific psychiatric syndrome あるいはCulture-bound syndrome）の理解に大きく役立ったのである。

その翌年の一九八八年には、日本の同僚江畑敬介博士の提案により、東京都精神医学総合研究所を一カ月間訪れた。計画では私と江畑博士とで、当時中国から帰国した戦争孤児とその中国人家族の日本における移住に伴う適応の追跡研究を、三年にわたり行うことになっていた。江畑博士はホノルルで私たちの研修プログラムで教育を受け、私が日本語と中国語を話すこと、そして文化と精神保健に興味があることを知り、彼の研究チームで私の経験が有効に生かせると考えたのである。江畑博士は後に、日本では有名な精神科病院の松沢病院そして東京都精神医学総合研究所と密接な関係にあるリハビリ・センターの所長に就任した。これらの三施設は同じ地域に位置していた。江畑博士は日本政府から日本人の戦争孤児に関する研究プロジェクトを委託されていた。

ここで日本の戦争孤児について記述しておきたい。まず中国の東北部に位置する満州の歴史について簡単に述べておく。満州は鉱物資源が豊富で重工業の発達した地域でもあった。清朝末期に中国が革命闘争に巻き込まれていたころ、日本の軍事政権は、騒乱に乗じ満州に兵を送った。「ラスト・エンペラー」という映画を観れば当時の満州がどのような状態であったかを誰でも知ることができる。日本はまた開発の名のもとに多くの一般市民も満州に送り込んだ。太平洋戦争の末期、日本の連合国側への降伏が近いことを察知したソ連は突如満州へ軍隊を侵入させた。そして、日本軍は自国の市民を守ることなく撤退した。季節は厳しい寒さに向かうころであり、日本人にとって児童を伴う逃避行は不可能に近かった。生存の希望をかけて多くの児童が取り残

東京都精神医学総合研究所の招請による戦争孤児およびその中国人家族の日本移住後適応状況に関する三年の追跡調査を実施
（上）1985 年中国訪問時，調査団長の江畑敬介博士と，（下）戦争孤児とその家族の東京における住居を訪問

され、あるいは中国人農民の手に委ねられた。避難した日本人の親たちも多くがソ連兵に殺されたり、困難な逃避の疲れから病死したりした。満州に取り残され中国人に育てられた日本人の戦災児童は約三千名にのぼると考えられている。

共産党政権が急速に台頭したことにより、中国と日本との関係は一九八〇年代まで約四十年間、中断されていた。その間日本政府のみならず満州に幼な子を残してきた家族も再会を切望していた。彼らはそうした日本人戦争孤児すなわち中国残留孤児の帰国促進を図るための計画を策定した。しかし、すでに五十歳にもなろうという孤児らは、中国人の里親に育てられ中国語の教育を受けて育ったのである。彼らは中国語しかしゃべれないため、また地元の学校で「日本小鬼」と中国人の子らからいじめられないよう、里親たちは彼らが日本人であることを隠していた。日本帝国陸軍が満州を占領下においていたあいだ、日本人は現地の中国人を適切に取り扱うことはなかったために中国人から大変嫌われていた。残留孤児らは、中年になるまでに中国人配偶者と結婚し、十代あるいは若年成人の子どもをもうけていた。自分が元来日本人であること、そして日本政府による帰還が促進されていることを知らされたとき、彼らは重大な人生のジレンマに直面した。彼らの約半数は祖国への帰還を決めた。しかし文化的には、その配偶者や子どもはもとより、彼らは中国人であった。こうした要素が彼らの日本への移住を極めて困難なものとし、適応するうえで数多くの問題を引き起こした。私たちは三年の追跡期間を設けた質問票による調査を計画、個人そして家族の視点から異なる文化的環境にどのように適応したかを調べることとした。

東京都精神医学総合研究所の客員コンサルタントとして私は研究所に約一カ月留まり、研究計画草案を練るために日本語のワードプロセッサーの使用法を習得した。江畑博士と協同で、私は体系的研究に必要な三年の追跡計画を立案した。その調査結果は、日本人残留孤児が彼らの中国人配偶者あるいは子どもたちよりも祖国への適応に困難を感じていることを示唆していた。おそらく、幼児期の分離経験が原因となり、加えて日本人同胞に同国人として受け入れられたいとの心理的願望が強過ぎて、不安を抱いてしまったのであろう。中国人配偶者はこうした心理的重圧も複雑な問題もなく、ただ移民として適応すればよかった。子どもたちは、あらゆる国の子どもがそうであるように、いまだ柔軟な人格を最大限に生かし、言葉を速やかに習得して新たな文化的環境に良好に適応した。しかし、調査票の評価では、移住後三年を経過しても家族全体としての精神保健は回復を示さなかった。日本への帰化の選択は、家族全員にとって解決されない問題として残った。残留孤児らは日本国籍に戻ることを希望していたが、彼らの配偶者と子どもらは日本への帰化をそれほど望んではおらず、そのことが家族内で問題を引き起こしていた。

文化的視点から、ここであることを述べておきたい。この調査の副産物として、幼児期の経験がどのようにして後の成人期まで記憶に残ることがあるのかを私たちは学んだ。追跡調査の準備のために、日本人の同僚と私は約十名の日本人残留孤児とその中国人配偶者を面接した。面接するにあたり、それぞれの夫婦のいずれが日本人孤児であるかを故意に伏せて行い、同僚と私はともに面接開始一分後にどちらが日本人孤児かを推定することにした。これは理由なく興味本位から行ったことであるが、個別に推定した結果は二人とも十組の夫婦のいずれが日本人孤児であるかを正確に言い当てていた。しかし、私と同僚の推定の根拠はそれぞれに異なっていた。同僚の根拠は被面接者の相貌そしてからだつきであった。私はといえば、彼らの身振りと礼儀作法だけを推定の根拠としたのである。残留孤児はより礼儀正しく私たちへの挨拶には深々と頭を下げた。また、中国人の配偶者の多くは、夫あるいは妻が日本人の残留孤児であることをごく最近になるまで知らなかったこともわかった。そのため、私たちは中国人の配偶者に彼らの連れ合い（日本人孤児）について気づいた特徴を述べてもらった。その答えは、日本人孤児が平均的な中国人に比べ甘いものを好むこと、（多くの日本人のように）ほとんど毎日からだを洗うこと、礼儀正しいこと、他人との挨拶でより深く頭を下げる傾向があること、きれい好きであることなどであった。配偶者たちのこうした描写は、日本人の人格特性と重なっていた。彼らはこうした態度を幼児期に学び、中国人の里親に引き取られ、中国人として育てられた後も保持し続けたのである。これは、私たちの人格、とくに基本的に必要なものや習慣が、幼児期からどのように形成されるかに関する注目すべき発見であった。中国人と日本人がともに蒙古人種に属し、基本的に同じアジア文化を共有していながら、いかに異なるかをそれは反映していた。

もう一つ、私が一九九二年に台湾で実施したとても興味深い研究は、四十年という月日を隔てた家族の再会による精神医学的問題に関するものであった。この研究は台湾の同僚らと共同で実施された。前述したように、政治的状況および戦時下ということから、台湾と中国本土との連絡は一九四九年以来完全に禁じられ途絶していた。しかし、一九九三年に状況は変化した。台中間の感情はやや和らいで、四十年間の分離の後多くの台湾の退役軍人が中国本土の家族訪問を許可された。内戦勃発と同時に数多くの若者が国民政府によって徴兵され、避難民とともに台湾へ渡った。多くの兵士が両親、兄弟姉妹、配偶者、子どもなどの家族と別れの言葉を交わす機会すらないまま離ればなれになっていた。台湾海峡をはさんだ緊張関係が続くあいだ、中国本土に残した家族との連絡は完全に禁止されていたからである。香港やほかの地域を経由して家族との文通を図った者は、何人といえども政府から反逆罪の疑いをかけられて、しかるべく処置を受けた。人びとは厳罰に処され、台湾においては共産党シンパとして、中国本土においては国民党シンパとして投獄された。何十万という兵士が愛する家族との連絡を絶たれたまま、年をとるにつれ台湾人と結婚したり、中国本土に妻子を残したまま再婚したりしていたのである。

そして突然両国の政府は、その多くが六十〜七十歳になる陸軍退役軍人らの中国本土に残した家族への訪問を許可したのである。多数の軍人がこの機会を利用した。長く離れていた配偶者や子どもたち、生き残った兄弟姉妹との再会は楽しかるべきはずであった。しかし、そうではないことがすぐに明らかとなった。多くの退役軍人が、中国本土での家族との再会後に台湾へ戻り、うつ状態に陥ったり自殺したりしたのである。本土で彼らが知ったのは、子どもが台湾の国民党のもとで奉仕していることを理由に、共産党政府によって迫害された親たち、そして強制的に再婚させられていた多くの配偶者たちのその後であった。こうした家族の戦中戦後を通じて経験したみじめな状況を知り、彼らはひどいうつ状態に陥った。中国本土を訪問した退役軍人の三分の二以上が、訪問後三カ月以内に重症のうつ状態となったことを私たちの調査は示していた。長期間の別離後の家族の再会は、心に負った傷を癒すものではなく、むしろ刺激されて悪化することがわかったのである。

こうして、数多くの研究プロジェクトを私は各国の同僚らと協力して実施した。さまざまなテーマで研究を行ったことによって学術分野の発展に大きく貢献でき、私はその成果をとても誇りに思った。研究結果は最終的に報告書にまとめられ、国際的学術専門誌に発表された。論文審査のある専門誌に発表された数は合計で約五十編に達した。国際共同研究を実施するにあたって、研究開始当初から中国でも日本でも研究論文著者の扱いについて、私は同僚らと以下のように合意しておいた。すなわち、研究論文が同僚らの国で発表される場合、論文の主著者は彼らで副著者は私となる（私が論文作成に大きく貢献したとしても）こと、しかし国際的学術誌への英語での論文発表では、すべての主著者は私で副著者は同僚となることである。私たちはこの取り決めを公正と考え、問題なく守り続けた。基本的に私が誰を主著者に立てるかという点よりも、研究の完成を学術的目的として優先させたいことを彼らは知っていた。そのうえ、研究者としての私を彼らは尊敬し信頼していた。アジアでは良好で長期的な仕事上の関係を維持していくことが非常に重要なのである。

相互の尊敬と信頼は、アメリカにおいて同僚と仕事をするうえでも非常に大切である。とても幸運なことに、私にはともに研究し親友と呼べる何名かのアメリカ人同僚がある。そのうちのひとりが、私と同じ部署に属するJon Streltzer教授である。私たちは約二十年にわたり一緒に研究し、十年間で四冊の本を共著で出版した。私たちは、友人としてまた同僚として、必要があればいつでも助け合い共同研究できる仲である。

権威への適応 ― 苦痛を伴う経験の昇華

国際的レベルでの研究活動に熱意をもって従事する一方で、静と私はホノルルにおいて家族行動の比較文化研究も行った。これは、家族関係に強い彼女と文化に強い私の長所を十分に生かした研究となった。このプロジェクトは、ハワイの多人種集団を対象とした数年にわたる研究であり、成功裡に行われた。この研究は、文化が及ぼす家族行動への影響について興味深い成果をもたらした。しかしこの研究は、ハワイ大学における精神科主任であった権威者と私のあいだに予期せぬ問題を生じた。この間の経緯は簡単な説明にとどめたいが、私たちの家族行動の比較文化研究に興味を持ち、共同研究者として参加した白人の主任が、研究グループで互いに決めた事前の約束を無視し、抜け駆けで研究結果を論文発表したのである。実際に起きたことの詳細や、どれほど私が研究面での否定的権威者との関係で苦労したかを述べることはこの場では控えたい。アメリカは、上下関係においてもつねに公平さが重んじられ、長期的な人間関係と相互信頼が尊重される文化の社会と私が仮定して、その権威者と付き合ったことにより犯した間違いである。

おそらく私の仮定は、部下は一生懸命働き権威者に対して誠実であるべきであり、その見返りに権威者は部下の面倒をよくみて、公平さを持って接するというアジア的（日本的および中国的）文化信念に基づいていたのであろう。私は、先見の明をもって私を信頼し面倒をみてくれた、好意的で情の深い権威者に数多く恵まれてきた。年代順にいえば、まず台北の国立台湾大学医学部精神科の前主任林宗義教授である。彼は後進に高い期待を寄せ、その指導にはとても厳格であった。それと同時に、先見の明を持ち部下をどのように育てるかについてつねに考えていた。私は彼の求める基準を満たし期待に応えるべく一生懸命努力し、その結果彼の無条件な支持を獲得したのである。彼は私に海外への渡航、そして世界最高峰の学術機関の一つでの精神科教育訓練を受ける機会を提供した。私はまた、幸運にもボストンのマス・メンタルでハーバード大学医学部の精神医学部主任であり、私のスーパーバイザーの一人でもあったJack Ewalt教授に親炙《しんしゃ》した。彼は優れて洞察力のあるスーパービジョンを行ってくれただけでなく、当時アメリカの名門大学医学部における優秀な白人卒業生

オフィスにて執務中の私

私が指導した医学生らと

を優先的に受け入れていた教育機関で、静と私がともに働けるよう取り計らってくれた。最も重要なことは、彼が私の長所を理解してくれ、能力を伸ばすよう促してくれたことであった。また、ホノルルのイースト・ウェスト・センターにおいて、文化と精神保健プログラムの責任者であったWilliam Lebra教授から静と私が特別な支援を受けたことも幸運であった。彼は私たちの長所を理解し、夫婦としてプログラムに参加させるよう取り計らってくれたばかりでなく、文化と精神保健における私たちの将来的地位を高めるよう勇気づけてくれた。中国の諺にあるように、私たちが人生においてこのような素晴しい権威者と先見の明のある慈悲深い恩師に恵まれたことは天からの祝福であった。

しかし、権威者との付き合いは必ずしもうまくいくものばかりではなかった。東洋であれ西洋であれ、ひどい権威者との出会いは私にとっては問題となった。私の長所を理解してくれず、成長を抑圧し、あるいは私を

共同編纂の本が出版されたのを祝して Dr. Jon Streltzer や研修医と

2001 年中国北京市にて開催された精神療法ワークショップの参加者との集合写真

不公平に扱い利用しようとする権威者との付き合いに耐えることは困難なことであった。私の権威者との付き合いかたを決定づけたのは、自らの文化的継承と個人的態度の組み合わせであったかもしれない。

　私が権威者からひどい扱いを受け、困難な状況を受け入れざるを得なくなると、私はつねに自分の怒りや欲求不満を肯定的行動に変化させた。私は活力を

ワークショップ開催に際して
（上）静が北京大学精神医学研究所の名誉顧問に就任，（下）名誉顧問委嘱状を授与される静

外部へ向けて導き、自分なりに進歩する方法を見つけた。私は苦痛を伴う経験を昇華させ、肯定的結果をもたらすことができたのである。

ハワイ大学の精神科主任としての権威者とうまく付き合うことができなかったという不運にもかかわらず、私は熱意を持って部門の学術研究を継続した。医学部の学生を教え、研修医を訓練し、彼らからとても高い評価を得た。私は非常に意欲的に執筆活動を行い、これまでに英語の本を二十冊、中国語の本を約四十冊出版した。仕事上のほとんどの同僚とは良好な関係を維持し、教授仲間の学術出版の手伝いをした。とくに、同じ学部で長く親しい付き合いの同僚 Jon Streltzer 博士は、私が仕事で困難に直面するときにはいつも支えてくれた。私と彼は四冊の本を共著で出版した。文化精神医学の分野で貢献した多数の国際的組織での活動は言うに及ばず、私はほとんど毎年中国から招待され精神療法のワークショップを開催している。こうした業績は私の学究生活において大きな達成感と満足感を与えてくれた。

二〇〇一年、北京大学精神医学研究所において精神療法のワークショップ指導のため静とともに北京を訪問した際、静は研究所から名誉顧問の称号を授与された。彼女にとってそれは大きな栄誉であり、彼女が受けた重要な学術的表彰に私はとても幸せを感じた。

私の人生と人格への文化的衝撃の検証

私は、ハワイ定住以降の個人生活、そして専門職業における出来事を多々述べてきた。この期間は私の人生のなかで最も重要な段階であった。私は異国の社会にあってどのように生き仕事をすればよいのか、そしてどのようにしてアメリカ文化に適応すべきかを学んだ。顧みれば、そこには記述に値する数多くの問題がある。

能力を発展させるため成人期の長所を活用する

成人期の段階の私が精力的で成熟した一人の人間として、人生で遭遇するあらゆる困難に対処する能力を発達させたことは明らかであった。私は自分自身のために、そして家族のために何が適切かを判断する力とより多くの知識を備えた。そして、学術的興味そして専門職業の経歴を発展させるうえで、どの道を進むべきかの優れた方向感覚を持つに至った。一方で、私は柔軟な態度のとり方を学習し始め人生の課題に備え、また一方では、忍耐力を持って断固として前へ進む方法も学び始めた。この特徴の組み合わせは、若年期に日本と中国の文化から得たものであった。

自由、自主性、向上の機会などに価値を置く新たな社会に暮らすことを決断した私は、自分の長所を発展させること、そして能力を最大限に活かすことにおいてより能動的になった。言い換えれば、アメリカの社会的および文化的環境に応えて、自分の能力をより良く発展させることができた。自分が制限され保守的で従順であらねばならない社会に住み続けていたとすれば、私の人生はかなり異なったものとなっていたであろう。

人生の転換点において好機をつかむ

数多くの予期せぬ好機が私の人生に用意されていたこともまた明らかである。そして、私はそれをためらうことなく捉え、上手に利用する方法を学んだ。運命を賭けアメリカへの移住を決断したとき、危機に瀕した研修医プログラムの担当部長への就任を受け入れたとき、世界精神医学会の比較精神医学分会の事務局長を引き受けたとき、そしてＷＨＯのコンサルタントの指名を受け入れ中国を訪れたとき、こうした機会を私は勇気を持って躊躇なくつかみとり、個人的な生活や自分の専門職業上の経歴に生かし利用した。私は、そうした機会が与えられたときに躊躇せずに決意を持って行動できたこと、人生の大きな変化に適応できたことに感謝している。

これは学術研究においても同様であった。私は興味深い社交行事が開催されるたびに、同僚らとともに社会文化的に興味深い主題の研究プロジェクトを実施する好機としてそれを捉えた。中国残留孤児の日本への帰国に伴う適応の調査、中国における一人っ子政策の縦断的追跡調査、中国の僻地における縮陽（koro）罹患者の質問票による調査などがこの例に挙げられる。

成功への途上における困難への対処

好機をうまく生かすために、私はいくつかの問題に対処しなければならなかった。日本の「がんばる」精神と中国の塞翁之馬の哲学、そしてアメリカの問題解決に臨む態度を駆使して私は困難な問題のすべてと直面し、数多くの不可能と思われる課題を解決する方法を学んだ。アメリカにおける滞在許可の取得、医学部卒業十年後の医師免許試験合格、研修医プログラムの復活、中国遠隔地での縮陽（koro）研究の実施、有意義な研究プロジェクトの原稿作成に日本語ワープロの使用法を一週間かけずに習得したこと、中国における一人っ子の心理的発達を十五年にわたり縦断的に研究したことなどのすべてが、勤勉さ、我慢強さ、そして賢明さを必要とした。こうした課題との取り組みにおいて、私は自分の人生の基礎を成す重要な信条の一つである「人事を尽くして天命を待つ」という基本的な人生哲学を頼りとしてきた。

長所を伸ばすための文化への適応

私が強調しておきたいことの一つは、私たちがアメリカ文化に適応し社会文化的環境を利用して、能力と長所を発展させた方法の重要性である。それはただ単に言語への適応ではなく、新たな生活様式、行動パターン、哲学的信念と態度などへの適応でもあった。適応は私だけではなく妻と子どもを含む家族全員で行った。私は三人の子どもたちがそれぞれの年齢で新たな社会へ適応する姿を、喜びを持って観察した。彼らがどのように学校で学び、社会的活動に従事し、仲間と付き合い、両親と接したかは、すべて新たな社会へ彼らが参加した年齢によって異なっていた。

とくに、妻との関係を適応させる方法を私は学ばねばならなかった。互いの尊敬をより強く表し、結婚生活の感情的側面により多くの注意を払うことが必要であった。中国では、結婚は生涯にわたる関与と献身と考えられていた。アメリカでは、それは必ずしもそのとおりではなかった。夫と妻のあいだの関係は愛情の観点から育み、維持される必要のあるものと考えられていた。

人生における良き伴侶の重要性

妻の静と私による三人の子どもの育てかた、そして彼らの育ちかたは満足のいくものであった。しかし、重要なのは、良き伴侶である静の存在に私が大変感謝している点である。私が静と知り合ったのは、互いに医学部の同級生として学んでいたころであった。私たちは友人になり、結婚し、子どもをもうけ彼らを育てた。私たちの緊密な関係は五十年以上にわたり維持されてきた。数多くの点で私たちは互いの人生の良き伴侶であった。静と私は専門職業のうえでも多くの類似点を共有していた。私たちはともに医学を学び精神科医となり、ボストンにおいて高度な研修を受け、イースト・ウェスト・センターにおける特別研究員であり、そして彼女が独立し個人クリニックを開くまでは、ともにハワイ大学医学部の精神医学科の教職員であった。私たちは性格特性でも共通する部分が多かった。二人とも簡素な生活を好み、社会的行事にはあまり関心がなかった。私たちには性格の違いもあった。例えば、静は本能的判断に長けており、作文や他人との付き合いが得意であった。私は論理的判断が得意で、ものごとの整理に強かった。私たちは互いにうまく補完し合い、彼女は私の不得意な分野、とくに人との付き合い、社会的判断などで私を支えてくれた。

最も大切なことは、人生で困難に直面したときはいつも彼女が冷静を保ち、問題解決のために私を支え励ましてくれたことである。このような伴侶を人生で持ちえたことは、私にとって非常な幸運であった。より成熟した性格を育て、人生の重要な変化にうまく適応するため、私たちは互いに助け合ってきた。

第6章　中年初期：日本文化への再曝露

ハワイ移住後は、研究プロジェクトの関係や会議の参加、あるいは中国への渡航途次の数日滞在などで日本を訪れる機会が数多くあった。こうした訪問は、私にとって日本人の生活についてさらに学ぶ良い機会となった。日本は特別な意味で私を感化し続け、心理的に強い影響を与えてきた。本章では日本人の行動と文化について、私の経験と所見のいくつかを読者と共有したい。しかし、その多くは戦争に関連するもので、太平洋戦争終結以前の出来事に関するものであることを事前にお断りしておく。それが日本の全体像を反映するものでも、また日本の戦後の状況を説明するものでもないことは明らかである。戦後の日本は、数多くの重要な変化を経験している。

サイパンおよび沖縄の戦争記念の地訪問 ― 文化と戦争の重い衝撃

私は西部ミクロネシアのグァム島に近いサイパン島と、日本本土と台湾の中間地点に位置する沖縄を仕事で訪れた。サイパンとグァムはともに太平洋戦争末期の主要な戦場であったため、島内には数多くの戦没者記念碑が存在した。一九八〇年、コンサルティングの仕事でサイパンに滞在していた私は、サイパンをめぐる戦闘の末期に追い詰められた何千人もの日本人民間人が身を投じた断崖として知られる、スーサイドクリフを訪れた。サイパンは日本の本土からそう遠くない場所に位置する。ミッドウェイ海戦で日本軍を破ったアメリカ軍の艦艇は、東京空爆を目的とした航空隊基地を建設するためサイパンへと向かっていた。軍事的にみてサイパンは戦略上重要な島であった。当時サイパンを委任統治していた日本政府は、アメリカ軍の侵攻から島を死守すべく日本陸軍に最後の一兵まで戦うことを命じていた。そのスローガンは「瓦のように壊れないでいるよりも翡翠のように美しく砕けよ」であった。そして彼らは激しく戦い玉砕した。

サイパン島のバンザイクリフ

サイパン島での戦闘が行われている間、日本人の民間人は切り立った崖を片面に持つ山の頂に身を隠すよう命じられていた。戦闘が進むにつれ、日本軍が島を守りきることは不可能なことが明らかとなり、ほとんど女性と老人、子どもから成る民間人は崖を飛び降り自決するよう日本兵から命じられた。彼らは、残された水や食料は民間人ではなく兵士のためのものであり、加えて彼らが捕虜となればアメリカ兵らによる虐待と強姦が待っていると告げられ、名誉を守るための自殺を強制されたのである。崖の上には人びとが飛び降りるための木製の飛び台がつくられた。すべての民間人が軍の命令に従い、列をなして一人ずつ万歳を叫びながら崖を飛び降りた。「万歳」とは、文字どおり万年に及ぶ天皇の栄光を願う言葉である。そのためスーサイドクリフは、アメリカ人にバンザイクリフと呼ばれていた。人びとが崖から飛び降りるのを目撃したアメリカ兵は、拡声器を使い日本語で飛び降りをやめるように忠告した。戦闘は終結し、降伏した人びとはすべて公正に取り扱われ虐待されることはない、とのアメリカ兵の呼びかけにもかかわらず、それを無視して飛び降りる人は後を絶たなかった。やがて崖下は死体で一杯になっていった。

集団自殺に用いられた木製の飛び台

この話を聞いて、私はその現場を訪れることにした。現場には、人びとが山崖から飛び降りるためにつくられた木製の飛び台がまだ残っていた。この地で命を失った人びとの霊が安らかなることを祈るため慰霊地として残っていた。周囲には線香の燃えかすが散り、遺族が慰霊に訪れた跡を残していた。私は民間人が飛び降りるために日本兵がつくった、木製の飛び台を前にして深い感慨にひたった。その飛び台は三十五年の歳月を経て朽ち果てかかっていたが、依然としてそこに残っていた。私は目を閉じて、銃を持つ兵士に命じられ、万歳を叫んで飛び降りるために人びとが列をつくって順番を待つ様を思い浮かべた。ちょうど夕暮れどきであたりは暗くなりかかっていた。急に薄気味が悪くなった私はその場所を離れた。当時の日本軍が普通の人びとにあのような死にかたを強制した背景には、いったいどのような思考があったのか（私が訪れた数年後に記念施設が建てられたとのことである）。

これと似た経験は、その数年後に沖縄の戦争記念の地を訪れた際にもあった。ハワイ大学の学部長からの要請で、私は沖縄を数週間訪問し大学付属病院でコンサルティングと授業を行った。沖縄は太平洋戦争最後の戦闘地域であった。日本の軍用機がアメリカ軍艦艇に体当たり神風攻撃を行うあいだ、アメリカ海兵隊は沖縄に上陸し全島で戦闘を展開した。日本軍兵士はここでも「玉砕」を命じられ戦った。戦争記念の地は数多く島に存在した。ある週末に私はそれら記念の地を訪ねるバスツアーに参加した。

バスに乗り込むとなぜか乗客は私一人であった。大型なバスの座席はガラガラで、私のほかに乗車したのは運転手とツアーガイドのみであった。私は最前列に席をとった。ツアーのあいだ、若い女性ガイドは、戦争中の出来事や記念の地それぞれの由来をツアー会社が用意した公式説明どおりに繰り返し、説明の合間にときおり歌をうたった。私はほかにツアー客が一人もいないので、型どおりの公式説明や歌は不要なこと、代わりに非公式な話があれば聞かせてほしいこと、そして私に質問があった場合のみ答えてくれればよいこと、などを提案した。しかし彼女は運転手のほうを見てから、たとえ客が一人でも公式な説明と歌を欠かさないのが会社の方針なので、そうさせてほしいと言った。私には会社の方針にそむくよう彼女を説得することはできず、しかたなくその一日ツアーのあいだ中、戦争に関する彼女が記憶したとおりの説明と歌を聴くほかなかった。

私たちは地元民が戦闘を避けるために避難した海岸沿いの洞窟など数多くの場所を訪れた。ガイドの説明によると、ある洞窟では看護補助に志願した女子中学生十数名が傷病兵とともに避難していたところへ、日本兵が手榴弾を投げ込んだとのことであった。若い女性はアメリカ兵に強姦される可能性があるので、敵兵に辱めを受けるよりは死んだほうが本人のためと日本軍の兵士らは考えたからであった。これは、敵に降伏して辱めや虐待を受けるよりも死を選んだほうがよいという、サイパン島で民間人が受けた仕打ちと同じ理屈によるものであった。

私が東京で臨床業務を行っているとき、数人の日本人患者を面接する機会があった。そのうちの一人は、戦後満州から戻った引き揚げ者であった。彼によれば、戦争末期のソ連軍侵攻を前にして彼が暮らしていた村では、村民全員が青酸カリで集団自決するよう命令されたという。青酸カリが古すぎたのか、あるいは村民全体に行き渡るには量が少なすぎたのか、村民の多くは幸か不幸か彼を含め生き延びてしまった。この物語を実際に経験した生存者から聞き、捕虜となるよりは自決することが戦時下の日本の政策の一つであったことが、私にはよく理解できた。

沖縄における戦争記念の地ツアーのハイライトは、最後に訪れた日本軍の総司令部跡の洞窟であった。洞窟は兵士らが掘削したもので、幅は一メートルほどの狭いものだが奥行きは深く、山の中心へ向かって約三十メートル伸びていた。トンネルの突き当たりには、当時の総司令官が使用した小さな部屋があった。部屋の壁には「玉砕報国」と読める褐色の血文字が残されていた。その洞窟についてのガイドの説明は以下のようなものであった。そこにはアメリカ軍の砲撃を避けて数十名の兵士らが食料も水もなく、用便もままならないすし詰め状態で数日間閉じこもっていた。追い詰められた彼らは最後の玉砕攻撃を行うことを決め、深夜できるだけ多くの敵兵を殺害すべく全員洞窟から外へ出て突撃して行った。司令官はその翌朝日の出とともに洞窟の入り口で切腹し、北へ向かって天皇を遥拝しつつ自決した。

ガイドの語った物語と戦争記念の地の見学、とくに洞窟の壁に書かれた血文字は私に衝撃を与えた。奇妙なことだが、当時の民間人や兵士らがなぜそのような行動をとったのか、私には理解することができた。私は戦時中台湾で過ごした小学生当時日本人教師に教えられたことを思い出していた。それが一つの文化的信念であることに疑いの余地はなかった。私たちは、権威に対する敬意と絶対的な服従を示すべく訓練されていたのだ。

興味深いことは、戦争が終結して三十〜四十年経過し天皇は現人神ではないことを日本人が知った後も、そして民主主義が日本社会に定着し数多くの変化がそれによって生じた後も、沖縄のツアーガイドの例が示すように、権威の定めた規則や命令への服従が日本人には深くしみこんでいる点である。権威には盲目的かつ厳格に従うのではなく賢明な判断を持って従う必要がある、と私は自らに言い聞かせていた。

日本の戦争残留孤児における帰国後の適応に関する研究

第5章に述べたように、私は一九八八年、江畑敬介博士とともに東京都精神医学総合研究所で、中国から日本に帰国した日本人戦争孤児と、その中国人家族の移住に伴う適応の追跡研究を行った。この研究によって得られた多くの知見は、『移住と適応―中国帰国者の適応過程と援助体制に関する研究』と題され単行本として日本で出版された。

この研究中に私が行った文化的観察のいくつかを読者と共有したい。すでに述べたように、残留孤児とその

(a)　(b)　(c)　(d)

戦争孤児の帰国後日本の習慣になじむための漫画による指導。(a) 食べ物を他人にまわさない。(b) ご飯に箸を突き立てない。(c) 八百屋では野菜を手にとって品定めしない。(d) たばこを他人に勧めない。(漫画 a ～ d は中国帰国者定着促進センターでの臨床心理士の作成による)

中国人家族が日本の生活への適応上困難に直面することを予想した日本政府は、中国帰国者定着促進センターを設立した。すべての残留孤児とその家族は、地域社会へ移住が許可されるまでの三カ月間をこのセンターで過ごすことになった。このプログラムはおもに語学研修に重点を置いたものであったが、日常的な行動の研修を行うことも目的としていた。日本人は、彼らが日常生活でどう振る舞うべきかについて非常に厳格であった。

　言い換えれば、日本に帰化するには言語の習得だけでなく、「日本人」としての資格を得るために日常生活における礼儀作法を訓練しなければならないということであった。センターでは、臨床心理士のグループが日本ではどのように行動すべきかを漫画で示す資料を作成した。例えば、中国人男性は人と会うときに友情のあかしや礼儀としていまだにタバコを勧めるが、日本では健康に害のある喫煙を他人に勧めることは許容されない行動とみなされる。移住者はタバコを勧めるというこの「礼儀正しい」行為を努力してやめなければならなかった。また八百屋では、売り手を不快にさせぬよう陳列された野菜類に触ってはならないということも学ばねばならなかった。野菜類は高価なため、客が触ることで野菜が傷むのを売り手は嫌うからである。中国では通常野菜は安価であり、買い手は手で触って品定めをする。残留孤児らは、これが日本では許容されない行動であると注意された。中国ではトラック運転手は特別な身分とされ、「運転師傅」とさえ呼ばれていた。これは当時の中国には乗用車やトラックの数が多くなかったこと、そして自動車の運転技能は熟練を要する作業とみなされ、稼ぎもよく尊敬される職業であったことによる。運転手は荷物の積み降ろしには手を貸さない。それはほかの労働者の仕事だからである。しかし日本ではトラック運転手といえども助け合いの精神をもってほかの労働者とともに荷物の積み降ろしを一緒に行うのである。

ここに挙げた例は、日本人として帰化するには言語を越えた数多くの生活上の礼儀作法を学び守る必要があることを示している。さらに残留孤児とその家族は、氏名を日本名に変更することを求められていた。日本では氏名に漢字を用いているものの、それは中国名と大きく異なっている。移民は日本風の名前を持つ必要があった。これはアメリカの習慣と好対照を成していた。アメリカでは、帰化によって元の名前をアメリカ風に変えることは要求されない。ただ、元の名のアルファベット表記を求められるだけであり、市民としての義務は税を納めること、そして市民として守るべき基本的規則を知っておくことだけである。帰化試験では、受けた教育の程度によっては時の大統領の名前を言うよう求められる場合もあるが、その他の点でほかのアメリカ人のように振る舞うことを要求されはしない。このことは帰化に対する日本人の要求水準が高く、すべての点でほかの日本人のように行動することを求める特性を表している。

日本人の行動と家庭生活の観察

日本人の行動に関して、私が経験したいくつかの出来事をここで読者と共有したい。前述したように私は、東京都精神医学総合研究所において一カ月客員顧問として滞在するかたわら、研究プロジェクトの原稿作成のために日本語ワープロの使いかたを練習していた。私は江畑博士と系統的な調査のための三年間の追跡計画を立案するために週末も休まず一生懸命働いた。日本語での提案書原稿を完成させてホノルルへ帰る日も近いある日、私は研究所の事務員から今回の研究所での活動に関する詳細な報告書を書いてほしい、さもないと研究所からの顧問料の支払いはできないと言われた。私は滞在期間の終わり近くになってからのこの要求に多少の驚きを禁じ得なかった。そこで、五十ページ近い提案書の原稿提出で報告書に代えられないかと尋ねたが、それでは十分ではないと告げられた。毎日の私の業務を詳細に記した報告書がどうしても必要だというのである。私は、翌日には帰国するのだからホノルルへ帰ってから報告書を提出させてほしいと事務員に頼んだ。しかしそれも拒否された。もし私が報告書を提出せずに帰国したらその月の顧問料は支払われない、それは誰にも変えることのできない「規則」だと事務員は言った。私はこの硬直した規則の適用に不満であった。しかし選択の余地がないことを悟り、とうとう一晩かけて滞在中の日常業務を詳細に記した報告書を書き上げた。翌朝報告書を提出するとすぐに私の顧問料は支払われた。こうして私は、日本の制度が課す融通の利かない規則に従うことの絶対的重要性を学んだのである。

同じ主題に関するもう一つの経験をここで紹介したい。日本ではタクシー運転手やレストランのウェイターにチップをあげる必要がないことを私は知っていた。チップはすでに請求金額に含まれると理解されているからである。ホテルでも荷物を部屋まで運ぶベルボーイにチップを払う必要はない。チップを払おうとしても、規則なので客から心づけはもらえない、と彼らは答えて受け取らないであろう。これは簡単な規則であり、それに従うことは難しくない。ある日私は滞在するホテルをいったん離れ、その数日後にまた戻ってきて宿泊するための予約を済ませ、チェックアウトしようとしていた。ポケットにたまっていた小銭が重く感じられたので、メイドへのチップとしてそれを部屋の棚机の上に置き出発した。数日後、そのホテルに戻って再びチェックインした私は、新たな部屋の棚机の上に封筒があるのを発見した。そこには数日前滞在した部屋でチップのつもりで残しておいた小銭がそっくりそのまま入っていたのである。そして封筒の中には「お忘れになった小銭です」とのメモがあった。私は唖然とした。小さな金額とはいえ、この出来事は日本の労働者がいかに日常業務の規則を注意深く守っているかを反映している。

私は日本人の行動、とくに家庭内のそれに興味を持っていた。ある日私はハワイで知り合った日本の浅井昌弘教授を鎌倉に訪問する機会を利用して、日本の家庭を訪問したいが可能ならば段取りをしてもらえないかと依頼した。浅井教授の好意により、紹介された彼の同僚仲村禎夫博士が私の願いを聞いてくれ、彼と夫人はある日の夕方彼らの自宅へ十人近い友人とともに私を招待し、形式ばらない会談を開いてくれた。招待された友人の多くは大手企業の主要な会社員で、その夫人たちはほとんどが専業主婦であった[1]。少し酒が入り互いに打ち解けてくると会話は彼らの家庭生活に及んだ。私がその集団について最も興味のあった点は、夫が日々妻やとくに子どものために割く時間の少なさであった。夫たちは仕事に忙しく、しばしば残業で帰りが遅かった。そして仕事が終わるとたびたび仲間と夜遅くまで飲んだり会食したりして、時には帰りが深夜になることもあった。翌日彼らが起きるころには子どもたちはすでに学校へ行ってしまい、その結果、子どもたちが父とともに朝食あるいは夕食をともにすることはめったになかった。また、週末には上司や顧客と気晴らしあるいは仕事のためにゴルフへ行く。言い換えれば、子どもたちはめったに父と顔を合わせることがないのである。妻たちにとってもそれは同じであった。これが大企業の上役会社員の典型的な家庭生活であった。

このことから私は、日本の同僚から聞いた「対人恐怖症」で心理カウンセリングを受ける若者のことを思い起こした。比較文化精神医学者は、特有の精神医学的障害のいくつかは文化的要素に強く関連するものと考え、文化関連の特異的精神医学的症候群（culture-related specific psychiatric syndromes）と呼んでいる[2]。日本の精神医学者は、対人恐怖症を日本で観察される固有の社会恐怖の一つとみなしており、日本の文化に強く関連し、家庭内の子どもの育てかたに影響された障害と考えている。私はこうした臨床的症候群に興味を持ち、これら障害の治療を専門に行う東京慈恵会医科大学の森田療法センターをたびたび訪れた。北西憲二医師は当時そのセンターの所長を務めていた。彼の説明によれば、対人恐怖症を発症するのは、自分がどのように見えるか、どのように振る舞っているか、他人からどのように見られているかなどを過度に気にかけ、友人との付き合いに不安を持つ若者が多いとのことであった。こうした人びとは通常似たような家族背景を持ち、父親の関与が少なく、母親と密接な関係を持っていた。夫から十分な愛情を得られない妻は、子どもらに感情を注ぎ込んだ。そうして児童期にとても甘やかされて育った子どもたちが、十代になり家庭以外での社交上の付き合いにはおびえてしまうようになったとされる。

私は、日本の家庭生活がつねにこのようなものとの印象や、あるいは日本の若者が皆こうした心理的問題を抱えるとの印象を読者に与えたくはない。これらは数少ない極端な例である。しかし、固有の臨床的現象の極端な形態である少数例のなかに、日本の家庭生活の共通した特徴や子どもたちの養育方法が氷山の一角のように反映されることもある。土居健郎教授は、子どもを甘やかすこと、そして子どもの両親への依存は日本人の性格の中核を成すとしている。相互依存の傾向は成人期も維持され、日本の社会における対人関係の基礎となっている。(3)

善良な日本の同僚や友人たち

戦時中の日本人の振る舞いを強調することが私の本意ではない。私の知る多くの日本人は、平時には秩序を守り平和を愛し、親切で心が温かい人びとであることも指摘しておきたい。彼らの特徴は、組織の利益を優先して熱心によく働くことである。そうした特徴が日本の現代化と工業化の成功の基礎となっている。日本の街路はつねに清潔で秩序はよく保たれている。多くの人が日本を安全で清潔かつ整然とした伝統と近代化の調和がとれた国と評し、訪問を勧める。しかしなかには、厳格な行動規則に従わなくてはならず、生活に柔軟性が

1986 年，東京都精神医学総合研究所と共催で行ったアジアにおける家庭の精神保健会議

なく永住するには快適な国ではないと感じる人もいる。

日本社会全体の性質がどのようなものであれ、私個人は、数多くの日本人同僚と良い友人関係を持つことができて幸運であった。彼らのほとんどは研究プロジェクトを私とともに働いた同僚である。その名前を全員挙げることは不可能だが、何人かの重要な方々について触れたい。すでに述べたように私は『甘えの構造』の著書で有名な東京大学の土居健郎教授と知り合う栄誉を得た。そして教授から日本人の基礎的な心理学を学んだ。対人恐怖症と森田療法[4]の研究では、北西憲二先生そしてその後継者である中村敬先生を知ることができ、会議などを通じて専門的な交流を行っている。太平洋戦争中、中国に暮らし日本兵が中国人をどのように扱ったかを知る東京都精神医学総合研究所石井毅所長と私は、互いによく知り合った仲でお世話になっている。石井所長には、中国人同僚の日本への招待が絡むプロジェクトではいつも助力を得ている。一九八六年、吉松和哉先生と私が、アジアにおける家庭の精神保健を主題に多くの中国人を含むアジアの同僚を招いて国際会議を主催した際も石井所長は支援してくれた。私にとり、江畑敬介博士とのほぼ三十年に及ぶ交友関係はとくに名誉なことである。私と江畑博士の付き合いは、私たちの部門での精神科研修に彼が参加したときから始まった。中国残留孤児の研究で私たちはともに調査を行った。私にとって江畑博士は長いあいだ付き合いのある同僚であるとともに、かけがえのない親しい友人である。

日本人同僚と一緒に研究し付き合う過程で、私にはある一つのことが明らかになった。それは、彼らが皆良き同僚であり良き友ということである。彼らはつねに正直で信頼でき、責任感を持つ人びとである。相互信頼と尊敬を基礎に、私たちは生涯にわたる関係を維持してきた。こうした関係は、私にとって何ものにも代えがたく貴重な栄誉である。

未来へ続く衝撃

権威への対処における客観的判断能力の育成

日本人とその態度、行動、そしてとくに戦時下の状況における権威との関係などに再曝露されたことで、私は、権威者への盲目的服従よりもむしろ権威者に対する賢明な判断力を育てる必要性を学んだ。権威者への盲目的服従は望ましくないばかりか時として危険である。この教訓は、優れた判断力と適切な柔軟性と合わせ、私にとって権威者との付き合い方の基礎となった。児童期において日本人教師から学んだ権威への絶対的服従を元に戻すうえでそれは有用であった。成人の私は、たとえ戦時下であっても権威からの圧力に負けて神風特攻隊員のように死んだり、スーサイドクリフから飛び降りたり、砕けたヒスイのように自らの人生を終わったりするようなことはないであろう。必要とあれば敵とは戦うが、可能な限り自分の人生を大切にするであろう。

民族性と他文化への偏った判断の回避

同様に重要な教訓として学んだことは、決してわずかな知識と経験で他者を判断してはならない、ということである。これは、とくに他者が異なる民族や文化に属している場合に当てはまる。同じ民族性や文化性を持つ集団のなかにも、さまざまな変化や多様性があることの理解が大切である。人びとを過度に一般化してはならない。いかなる集団にも良い人と悪い人がいるので、彼らをよく知り個別に判断することを学ぶ必要がある。前述したように、私には日本そしてハワイに数多くの素晴しい日本人の友人がいる。この地ハワイに三十年以上暮らしたので、多くの日系アメリカ人とも親しく付き合ってきた。彼らは私の隣人、職場の同僚、そして友人などであるが、多くは友情を大切にする責任感ある人びとである。

日本の文化と態度の再認識

ハワイの多民族社会に暮らす私は、人びとの持つ民族性への感覚を研ぎ澄まし、その文化を理解するために、広くさまざまな民族背景のテレビ番組を視聴している。中国語番組のほかには、日本語の放送をおもに視聴している。それは日本語の練習と語学力を維持するためばかりでなく、日本人とその文化について知識を新たにし、学習を継続するためでもある。第1章に述べたように、私は日本人が文化的に縦の関係ならびに忠と孝の二文字が包含する道徳規範を強く志向することを学んだ。どちらも権威との関係性を反映する文字である。対照的に中国人は、八文字で構成された四つの句からなる道徳律を強調する。例えば、忠孝、仁愛、信義、和平などである。アメリカ人は横の関係をより重視し、相互に尊重し合って互いを平等に扱い、相手の自主性を重んじる。

私は、曝露された事柄から得る教訓は人格形成の段階によって異なることを学んだ。この点について最後に述べておきたい。これは年齢と成長を通じて獲得した知能の結果のみならず、成長を通じて得た人生経験にも密接に関連する。私は、日本人の行動と文化がほかの集団やその文化と同様、複雑で力学的なものであることを認識した。彼らの性質を理解し把握するには、注意深い研究が必要である。日本人とその文化には数多くの併存する反対物が含まれる[5]。同じ人物であっても、状況によってその行動は変化するのである。日本人は私的な場では、その行動を公的な場と異なって明示する傾向にある。したがって、外側と内側の両面からその行動を理解する必要がある[6]。

第７章

中年後期から現在まで：多文化への曝露

日本文化、中国文化、アメリカ文化と順を追って各文化における個人的生活体験について経時的に述べてきたが、ハワイへ移住してからの私は、多民族社会を構成するハワイ先住民、サモア人、太平洋信託統治諸島系人（ミクロネシア）、フィリピン人、ベトナム人およびその他の南東アジア人を含む、さまざまな民族の人びとと出会った。島嶼文化との接触によって、それ以前に影響を受けた三つの文化からの知識とは異なる文化的知識を得ることができた。専門分野の研究のために数多くの国々を訪れ、私の文化的知識と経験は大いに深まった。まずハワイでの観察と経験について述べたい。

ハワイの多民族社会における経験

ハワイは太平洋の中心に位置し、地理的にアジアと北米との中間にあり東西の橋渡し役を担っている。人口は多くなく、百万人をわずかに上回る程度であるが、ハワイ固有の特徴は多民族社会にある。人口の三分の一は白色人種（コーカソイド：地元ではよそ者あるいは外国人を意味するハオリー〔haole〕という言葉で呼ばれる）、三分の一は日系アメリカ人、残りの三分の一はハワイ先住民、中国系、フィリピン系そして韓国系のアメリカ人、サモア人、南東アジアからの移民などで構成されている。このうち、日系アメリカ人はその多くが百年以上前に農業労働者として日本から移住した人びとで、現在はその三世や四世が暮らしている。彼らは日本の伝統を色濃く維持しながら、ハワイとアメリカの文化を吸収している。一世や二世を除けばもはや日本語をほとんどしゃべらず、使う言語は英語のみである。ハワイの先住民は、歴史的に他民族間結婚を繰り返してきたため、その子孫は混血民族を意味する part-Hawaiian と地元民から呼ばれている。中国系アメリカ人の数は僅少で、全人口の四％を占めるにすぎない。多くが日系移民同様、百年以上前広東省地域から砂糖農園労働者として移住した人びとの末裔である。ほかには三十～四十年前に台湾や香港から移住した中国人や最近本土から移住してきた中国人などがいる。以上のようにハワイの民族構成は複数の亜集団から成っている。

ハワイは多人種と多民族の混合によって特徴づけられているが、そのことが伝統文化を維持しつつ、アメリカ文化に適応したハワイ固有の文化形成を可能にした。概してこれら多様な亜集団間の関係は友好的で共存的であり、互いの民族性を冗談にしたり、公然と互いをからかったりして、比較的調和のとれた社会を維持している。多数民族と少数民族との区別は公式には存在しない。ある意味では、すべての集団が少数民族に属している。しかし、実際にはいくつかの亜集団間に一定の悪感情が依然として存在する。例えば、一八九三年にアメリカ政府とハオリーの実業家らが王国を崩壊させたことをいまも恨み、ハワイ人による自治政府を望む先住民もいる。ハワイ先住民のなかには白人系アメリカ人のハオリーに対して友好的ではない人びともいるが、公然とした対立はなく、ときおりハオリーに対する抗議や平和的デモが行われる程度である。日系アメリカ人は強い民族的自覚を持ち結束が強く、日系人候補を支持するなどして政治や選挙にそれを反映させている。

しかし、同じ民族集団のなかでも亜集団の違いが常に存在する場合がある。例えば日系アメリカ人は、理論的には同じ日本人でありながら、日本本土からの移民と沖縄からの移民とを差別している。つまり日本本土からの移民は沖縄からの移民を軽視する傾向にある。彼らのあいだで婚姻関係を結ぶことは最近までほとんどなかった。初期の中国系移民のあいだでも「本地人（local）」と「客家人（guest）」が差別され、両者間での婚姻はなかった。ずっと昔中国人は、戦争のため大陸中央から南部の広東省地域へ向け移動してきた歴史的経緯があり、移動してきた人びとは本地人から客家人として扱われ、互いに非友好的で婚姻関係を結ぶことはなかったのである。彼ら「本地人」と「客家人」は皆ともに中国大陸から「移民」としてハワイに移り住んだにもかかわらず、集団のなかでは依然として本地人と客家人の差別を維持し続けた。この差別が取り払われたのは数十年前のことで、以来姻戚関係を持つ人びとも現れるようになった。

過去日系アメリカ人が、他民族あるいは他人種集団とのあいだで婚姻関係を結ぶことはまれであった。彼らの多くは同種の人びとと結婚し、コーカソイドのアメリカ人と結婚することはめったになかった。この傾向は太平洋戦争中とくに顕著であった。敵国であった日本への協力を防ぐためとして、多数の日系アメリカ人がカリフォルニア州の強制収容所に抑留された。戦争が終わり、若者たちを取り巻く状況は変化した。彼らのなかには、白人系アメリカ人などとの他民族間結婚を行うものが増え、現在では日系人と非日系アメリカ人との婚姻は日系人の結婚全体の半数に及んでいる。

砂糖農園の労働者として中国系アメリカ人がハワイへ移住した当時、彼らは一生懸命働いても中国本土から同国人の女性を呼び寄せることはできなかった。そのため彼らの多くはハワイの地元民女性と結婚した。すでに述べたように、ほとんどのハワイ先住民はほかの民族集団と婚姻関係を結び、混合的集団あるいはpart-Hawaiianとなった。このことは、人びとが時間の経過とともに、異民族あるいは異人種集団と相互に関係を築き始め、遅かれ早かれ婚姻関係を持つに至ることを説明している。ハワイでの経験で、一つの社会に属する多様な文化を持つ人びとが、どのようにして人種的、そして文化的に影響し合い最終的に混合するかを私は学んだ。

ミクロネシアでのコンサルタント業務 — まったく新しい文化体験

ハワイにしばらく暮らし、私は日本、韓国、フィリピン、ベトナム、サモアなど各国の文化の多様性を学んだ。しかしミクロネシアを訪れて、初めて私はある文化が人類学的見地からいかに幅広く異なり得るものかを知った。地理学的にミクロネシアという地名は、ハワイとフィリピンとのあいだに存在する約三千近い島嶼を指す。そのほとんどは小さな島で、一島あたりの人口は数百人から最大でも数千人である。しかしこれらの島々の間隔は広く、ほとんど北米大陸に等しい広さの面積に点在している。そのため人びとは同じミクロネシアグループに属するとはいえ、近代的船舶や航空機などによる相互連絡のなかった過去には、接触することも交流することもまれであった。

ミクロネシア訪問のきっかけをつくってくれたのは、私の同僚であり友人のPaul Dale博士であった。彼は当時、ミクロネシア全体で唯一の精神科医として多年にわたり活動していた。ミクロネシアで増加する精神保健問題に対処するため、彼は主要な島々の医療関係者を対象とした精神医学教育の必要性を感じていた。ミクロネシアの主要地域では、一般診療を提供できる医師数は一〜二名程度であった。言い換えれば、その医師が患者次第で内科、外科、小児科、産婦人科などの医療を提供しなければならなかった。彼らが精神保健医療も提供できるよう、ハワイ大学の精神医学部では、主要な島々における医師のための短期精神科研修プログラムを用意した。このプログラムのために私は、ミクロネシアのさまざまな地域を訪れ、人びとの生活と精神保健の必要性を調査したのである

短期精神科研修プログラムを実施したミクロネシアの医師らと

各地を訪問して、私はすぐにミクロネシアの人びとにとって最も価値の高いものは石の貨幣であることを知った。車輪のサイズほどもある石に刻まれた貨幣は人びとの住居の庭に置かれ、彼らの財産の有り高を示していた。彼らにとってそれは米ドルやダイヤ以上の、最高の価値を持つものであった。

また人類学的見地からは、ミクロネシア人は父系ではなく母系社会制度をとっていた。この制度では家族の権利、権力、財産などが日本や中国などのように父系制度によって父から息子、孫息子へと相続されるのではなく、母から娘さらに孫娘へと相続された。そのため社会における女性の持つ権力と地位はかなり重要であった。例

訪問したミクロネシアの集会所前の庭に置かれた石の貨幣

えば、村長の権利は代々祖母から母へと受け継がれてきた。母は夫を実務の長として任命し、さまざまな機能を彼に負わせた。しかし夫が先に死んだ場合、村長の権利は妻に戻るのではなく結婚した娘に移るのである。娘はその自分の夫を長として任命し、機能を負わせる。村長の権利は、父系家族制度のように父から息子へと譲渡されないのである。

母系家族制度の意味を納得するには、私にはしばらく理解の時間が必要であった。この制度で最も重要な軸となるのは兄弟姉妹であり、ほかの家族制度のように夫と妻ではなかった。家族におけるあらゆる重要な決定は、父親ではなく母親の兄弟である叔父・伯父が行う。母親は最終決定の前に叔父・伯父に相談するのである。そのためきょうだい間の結束はとても強い。しかし同時にその間柄が過剰に親しくならぬようにするためのタブーがあった。例えば、ほかの家族員が同じ屋根の下に同時にいない限り、異性の兄または弟と姉または妹のいずれかが二人だけでいることは許されず、ほかの家族員が家に帰ってくるまでのあいだ、どちらかが家屋を出なければならない決まりになっていた。

ミクロネシアの人びとが守っていた興味深い風習に、妊娠に関するタブーがある。このタブーでは、妻が妊娠したときには必ず身の安全を守るため実家へ帰り、彼女は出産までそこに留まらねばならなかった。ほとんどの島は小さいため、妻の実家といっても通常嫁ぎ先とそれほど離れてはいなかった。夫は妻の妊娠中彼女と性交はできない。しかし彼女を訪問して、魚などの栄養豊富な食料を差し入れることはできた。興味深かったのは、出産後子どもが一歳くらいになるまで、妻は実家に子どもと留まっていなければならないことであった。その目的は、その子が海へ入り水に浸かっても呼吸を止めることができること、そしてその後も生存が可能なことを確認するためであった。その確認が終わって初めて母子は夫のもとへ帰ることが許された。しかし、その後も妻は妊娠するたびにこのタブーを守るため実家へ帰らねばならなかった。これはおそらく、わずかな人口の島社会にとって大切な妊婦を守り、乳児の健康の確保を目的としていたためと思われる。子どもの出産時には、島の人びとに母子ともに健全であることを示す儀式を夫婦は行わなければならなかった。このタブーは母子の健康を守る一方、問題も生じた。妻との性交渉の機会を奪われるため、夫がほかの女性に惹かれやすいという点であった。そこで、責任を持って夫の不貞を防ぐ役目を担ったのは妻の兄弟である。幸いこのタブーは徐々にすたれ、現在はもはや出産後一年を待たず、母子は夫のもとへ帰ることができるようになった。両者が離れている期間は、出

乳児と母親の健康を祝うミクロネシアの女性たち

産前の十カ月と出産後一～二カ月に短縮されたのである。

ミクロネシアの人びとの衣装についてここで述べたい。かつて人びとは、暑さのせいで腰から下を隠す布だけを身に着けていた。つまり女性の場合はトップレスである。この風習は離れ島を除いてもはやほとんどの島で守られていない。かつて私と静は、胸を隠さない伝統的衣装をまとう人びとの住む島を訪れたことがある。この風習が残っていると知った私は、同行する妻が困らないようその島の医師に助言を求めた。彼はへそからひざまでは確実に隠すよう助言した。ミクロネシアを訪れる西欧人女性のように、ビキニの水着で浜辺へ出る行為は、地元の人びとにとってへそからひざまでの部分を過剰に露出した不適切な衣装と映ったであろう。女性がトップレスで生活する島を訪れる妻への非常に興味深い助言であった。

ミクロネシア・ヤップ島における上半身裸の先住民

私はミクロネシアの習慣を数多く学んだ。例えば、現地の人びとにとって女性の生理はいまだに「不潔」なものとみなされている。かつては汚染を避けるためとして、月経期間中の女性を他者から隔離したこともあった。専用の小屋が母屋の傍らにあり、母や娘の月経が始まると、その小屋に彼女らは終わるまで留まらなければならなかった。

過去ミクロネシアのヤップ島などの地域では、家庭での男女の日常生活は明確に分けられていた。各家庭には父親用のタロ芋畑とは別に、母親と子ども用のタロ芋畑があった。家の外には台所（実際には簡単なかまどのみ）が二つあり、一つは父親の料理用、もう一つは母親と子ども用であった。父親が食べるタロ芋は、父親専用の畑から収穫され、父親専用の台所で調理されたものでなくてはならず、母親と子どもが食べるタロ芋は、同様に彼らの畑から採れたもので、彼らの台所で調理されなければならなかった。そのうえ、父親と母親（そして子ども）は別々に食事を取らねばならず、最初に父親、次に母親と子どもという順序を守らねばならなかった。私はこの習慣についてある中年女性に話を聞いたが、現在は夫のタロ芋畑と妻の畑の区別はなくなったとのことであった。実際には、経済活動の変化に伴い彼らが食べるタロ芋は市場から購入している。また台所も家族が共同で使うものに統一され、家の中では近代的な電気調理器具が使われている。彼女は、夫が家族揃っての食事を望んでいるとはいえ、それには若干抵抗があって落ち着かないので自分は夫の後に食べると言っていた。そうした家族の姿を見て育ったので、伝統的な食事の形式に感情的に慣れ親しんでいるのだ、と彼女は言った。

私がこのコンサルタント業務に携わっているころの一九八〇年代初頭、ミクロネシアの若者には飲酒問題と自殺が多発した。自殺の発生頻度は世界的にみても高率であった。過去ミクロネシアはまずドイツによって、次に日本によって占領されたが、その間先住民の飲酒は厳しく禁止されていた。「未開人は酒が入ると問題を起こす」と言われてきたためである。しかし太平洋戦争後、ミクロネシアはアメリカの施政下におかれ飲酒の禁制は解かれた。そして、ビールがコカコーラとともに島々に持ち込まれると、たちまち子どもを含む若者のあいだにそれは広まっていった。アルコール飲料の飲みかたをそれまでまったく知らなかった彼らは、ありったけのアルコールを仕事の後、とくに週末に飲むようになった。多くの若者が酔っ払ってはけんかを始めた。週末けんかに巻き込まれ緊急治療室へ運ばれる若者は「週末の戦士」と呼ばれるようになった。信託統治を行っていたアメリカ政府は学校や病院を設立し、ミクロネシア人の教育と保健の向上を図った。その結果、乳幼児の死亡率が劇的に減少し、人口は大きく増加して半数以上が十六歳以下で占められるようになった。算数、歴史、科学などの科目では若者たちの学校教育の程度は高くなったものの、卒業後島で適切な職業を見つけることは難しかった。彼らは過去の若者たちのように漁業や農業には興味を示さず、困難な状況に直面すると「何もすることがないし、行く場所は何処にもない」と不満を口にした。そして、たむろしては酒を飲みけんかを始めた。彼らはまた、両親から飲酒を禁止されるなどの、わずかなストレスを受けただけで自殺する傾向を示した。これは、社会的「改善」が時には新たな問題を生じる一例である。ストレスへの耐性の低さ、両親たちのような勤勉への気持ちや能力の欠落、などの変化が新世代の若者の性格に生じたのである。

ミクロネシアを訪問後、文化が特定の社会にどのようにして問題をもたらすかを私は学んだ。それは私の目を開かせる啓発的な経験であった。過去には意味と機能を持ち得た特定の習慣も、変化を経験した社会においてはもはや不必要となる可能性を私は理解した。自分たちの文化に対して批判的な目を向け、守るべき伝統と不要となった伝統、そして新たに育てるべき伝統の別について、優れた判断力を持つことの大切さを私は自らに言い聞かせた。言い換えれば、私たちは自分および他者の文化に対するダイナミックな理解と批判的判断を持たねばならないということである。また、急速な社会的変化の渦中にあっては、そこに属する人びととくに若者は、文化的不安に直面するため特別な配慮が必要であることも学んだ。私のミクロネシアへの訪問と研究の意欲を刺激し、文化的教訓の習得を励ましてくれたPaul Dale博士に感謝している。

世界のさまざまな国々を訪れて深めた文化的理解

海外の仕事を通じて私は世界の国々を数多く訪れた。こうした旅行から得た多くの文化的経験を読者といくつか共有したい。

私は、新疆ウイグル自治区をかつて訪れたことがあった。中国の北西端に位置する自治区である。地域社会を構成するのはウイグル族の人びとで、中国では少数民族に属し、人口は一千万を超える。彼らはすべてイスラム教徒である。女性の多くは依然として髪の毛、そして顔を隠している。中国本土からは漢民族が多数移住した。そのため市街地の病院には厨房が二つあり、一つはウイグル族用、もう一つは漢民族用で、料理はそれぞれの炊事器具で調理される。ウイグル族には豚を用いた料理はタブーであるが、漢民族はそれを好んで食べる。ある時私は、夫が仏教徒、妻がイスラム教徒の異教徒夫婦の家庭を訪れたことがあった。台所には、夫婦それぞれの信仰に背かない料理を調理するための設備が二組あった。一家族といえども各人の信仰は尊重され、それに即した設備がつくられていた。

イスラム教徒で思い出すのは、一九八〇年に開催されたＷＨＯのワークショップ参加のため、インドネシアのジャカルタを訪れたときのことである。静と私は、午前四時の祈りの時間を告げる拡声器からの大音量の呼びかけに驚いて目を覚ました。それは私たちがイスラム教国を訪れていることを思い起こさせた。祈りの呼び

新疆ウイグル自治区を訪問

かけは日に五回拡声器から流されていた。

インドネシアの東端には、固有の文化的特色を持つバリ島がある。バリ島の人びとはイスラム教徒ではない。彼らはインドネシア人のなかでヒンズー教を信仰する唯一の亜集団であり、その信仰心は篤い。寺院は至る所にあり、人びとは頻繁にそこを訪れて礼拝を行っている。通りでは頭上の籠に果物を載せ、列を成して寄進に向かう女性の集団によく出会う。各家庭には礼拝用の祭壇があり、毎食前には祭壇に食事が供えられる。小さな子どもは、おやつを食べるときですらその一部を祭壇に供えるよう躾けられている。

バリ島で最も興味深いことは、島の北端に位置する活火山の存在である。この火山に神が宿ると信じている人びとのなかには、神に近づくためとして火口の中に村落を築くものもいる。時たま火山が噴火することがあって村落は破壊されるが、避難した村人はまた同じ場所に戻って、村を築き住み続けるのである。バリの人びとは山を好むが海は好まない。彼らは暗く深い大海を危険な場所と考え、漁業よりも山岳地帯の田畑に稲を植えることを好む。実際、海岸沿いに住む人の数は多くない。対照的に、海辺に住んで水泳や釣りは好むが山を好まないミクロネシアの人びとは、未知の深い山岳地帯を恐れる。

バリ島の住居は三つの部分から構成されている。火山に面した北側に向けて祭壇が設けられ、中間部分は居間や寝室に供され（寝台は北を枕にする）、南側には台所と便所がしつらえられている。そのため、片側が北に面している通りを歩いていると、各家の祭壇ばかりが一方の側に見え、反対側（南側）には各家庭の台所と便所ばかりが並ぶ光景を見ることになる。島の北側の聖なる山へ向けての配置について、地元の病院に関する逸話が残っている。この近代的病院がオランダ人によって建設されたとき、病床は方角と無関係に配置されていた。オランダ人にとって重要なものは病院の設備だけであった。後に病院を引き継いだ地元の人びとは、病床の枕をすべて聖なる北の火山に向け並び変えたのである。

1980 年，インドネシア・ジャカルタ市で開催された WHO の国際会議に参加した静と私はバリ島を訪れた。頭上に果物かごを載せ寄進のため列を成して寺院へ向かう現地の女性たち

南アジアに位置するマレーシアもイスラム教国である。文化精神医学的にみると、マレーシアはラター（latah：中国語で驚神症）、そしてアモク（amok：中国語で狂殺症）と言う、文化に関連した二つの特異的精神医学的症候群で有名である。これら特異的精神症状は、文化に強く関連している。ラターは通例女性に多く、驚愕が誘発するトランス状態に突然陥る精神症状を特徴とする。そしてこの人格解離状態で、他人の

訪れた地元住民の住宅

行動を模倣したり、通常の女性にはふさわしくない性的言葉を模倣したりするのが特徴である。ラターを発症しやすい人は、往々にして社会的娯楽の目的で他人から驚かされることが多い。そしてトランス状態から回復した後は、その間の記憶がないことが通例である。もう一つの精神的症候群のアモクは、急に興奮し無目的・無差別に大量殺人を犯す精神障害を指す。

　マレーシアで高い発生率を示すこうした文化関連の特異的精神障害について、それまで数多くの文献を読むことはあったが、実際にこの種の行動を体験した人びとに会う機会はなかった。一九八二年、クアラルンプール大学精神医学部の学外試験官として招請され現地を訪れていた私は、精神医学部長にラターのエピソードを経験した人に会うことはできないものかと申し入れた。最近都会でのラター発症例はまれになったので、北部まで三、四日かけて旅行すれば、その発症傾向を持つ人と会えるかもしれない、と学部長は答えた。私は学部長に、ラターの理解を深めるために地元の事情に詳しい医学部の生徒を紹介してもらえないだろうかと頼んだ。学部長は親切にも依頼を聞き入れ、マレー人医学生らを紹介してくれた。私と医学生たちが話しながらキャンパスを歩いていると、学生食堂のそばで偶然あるマレー人女性と出会った。この女性から何かラターに関する話を聞きたいと思い、私は通訳を医学生に依頼して彼女に話しかけた。意外なことに、彼女自身驚いたときにはラターを発症する傾向があると言った。ちょうどこの女性の話を聞いているとき、別の女性が現れて背後から彼女の背中をいきなり叩いて驚かせた。すると彼女は私の目の前でラターの発作を起こしたのである。こうして私はラター・エピソードをじかに観察した。その女性が言うには、自分は学生食堂で働いているが、ほかにも同じラター発作傾向を持つ女性がいるとのことであった。結局私は両方の女性にインタビューを行い、どのようにして彼女らがラターの発作を起こすに至ったのか、その経緯を学ぶことができた。その後、わずかな時間に私がキャンパス内でラター発症患者を二例も発見したことを知って驚いた学部長は、学部に勤め始めて十年以上経つが、ラター患者が自分のオフィスから歩いて一〇分の距離にいたとは考えもつかなかったと言った。彼は私の積極的探求心に感銘を受け、直ちにその二人の様子をビデオ録画する段取りをつけてくれた。

1982 年，クアラルンプールのマレー大学を顧問として訪れる

大学のキャンパスにてラターの症例２例に出会う

ラターの発作中猿みたいに頭を掻く動作を見せる左側の女性

私はそのテープを授業に使う目的でハワイに持ち帰った。こうして私は、偶然ラターの発作を観察する機会に恵まれたのであった。その他にも、中国南部のコロ（koro：中国語で縮陽症）、台湾の寒冷恐怖症(frigophobia：中国語で懼寒症)、そして日本の対人恐怖症など、文化関連の特異的精神症候群患者との接触も試みた。こうした特異的症候群を実際に観察したことを通じて、ただ文献から学ぶのとは大きく異なる知識と理解が得られたと考えている。

静と私は一九八九年に、ある国際会議出席のためインドを訪れた。その折、インド北部で国境を接する隣国ネパールにも私たちは足を延ばした。ネパールは仏陀生誕の地ではあるものの、国民のほとんどは伝統的宗教であるヒンズー教を信仰している。寺院を訪れた以外にも、私たちはヒンズー教の儀式である動物の生贄を観察したり、農村地域の村々を訪れたりした。その折ネパール人の通訳を介して私たちはある家族と話をした。

家族構成は、中年の母親とその十代後半の娘、それに娘の子どもたちで、一家族三世代の女性たちであった。彼女たちが勧めてくれた新鮮なヨーグルト飲料を飲み、私たちは結婚にまつわる習慣について話を聞いた。母親は、その昔行われていた五、六歳の男子と四、五歳の女子を親たちが婚姻させるという児童結婚について語った。子どもらは正装して結婚式に臨み、式が終わった後、女子は男子の家に留まり義母と寝て、その後数年をほとんど義母の手伝いをして過ごす。そして思春期を迎えて初めて、彼女は十代の夫と寝室をともにするのであった。

1989 年ネパールを訪問。現地の住宅を訪問し，過去の児童婚姻に関する風習についてインタビューを行う

私たちが話を聞いたその母親自身は、児童結婚で夫と結ばれたと語った。しかしまだ十代後半の彼女の娘は、自分は十二歳ごろの思春期に両親の取り決めた相手と結婚したが、将来自分の娘には二十歳になってから、娘自身が決めた相手と結婚させたいと言った。これは結婚という習慣が三世代にわたって変化し、これからも変化していくであろうことを明らかに物語っていた。そして本書の第2章に述べた、私の祖母、母、姉が習慣の変化に伴い異なる方法で結婚した経緯との類似を示していた。

一九九三年、私はブラジルの首都リオデジャネイロで開かれた世界精神医学会議に出席した。それは私の初めての南米訪問であった。ホノルルからブラジルまでは直行便でおよそ二十時間もかかったが、この旅行は、私にとってとても刺激的であった。ブラジルでは驚かされたことがいくつかあった。当時のブラジルの経済事情はひどいもので、人びとは日常の支出に一万〜十万ブラジル・レアルの紙幣を使っていた。ブラジルに着いた最初の日、私は飲み物を買うことすら控えたほどだった。なぜならコーラ一本のために約一万レアルも支払わねばならなかったからである。それはちょうど第2章に述べた一時期の台湾を想起させた。海岸に出れば、高い山が海から突然姿を現したようなリオデジャネイロの風景は美しかった。しかし、警察犬を連れたパトロールの警官が数名歩いていたのを除けば、そこには人影はまばらであった。人づてに聞いた話では、その一カ月ほど前、およそ一万人に達する地元住民が突然海岸に現れ、観光客から盗みを働いたとのことであった。

リオデジャネイロの人びとは、ほとんどが褐色の肌をした黒人系先住民で占められていた。大多数が貧しい生活を送り、山肌に沿って建てられた小屋に住んでいた。ヨーロッパ系の住民は一般に裕福で、泥棒よけの鉄格子の入った窓や、鉄製扉のついた大きな一軒家または共同住宅に住んでいた。この二者間の経済格差は巨大であった。この格差と折からの不景気が重なって、彼らのあいだに強い緊張をもたらしていた。傾向としては、貧しい地元民が裕福な西欧人に路上で盗みを働く例が多かった。私が利用した市内観光のバスツアー・ガイドは、以前建築士であったが、仕事がないのでやむを得ずガイドをしていると言った。彼は、観光客は窃盗事件にあいやすいので、市街地の中心部には行かないほうがいいと言った。彼自身やむを得ず中心部へ行くときには、貧困層の着るような衣服に着替え、義理の母ですら見分けのつかない格好で出かけると言った。この国が多数の貧困者を救済する適切な社会政策や社会計画を持たず、白人系少数派と黒人系多数派が対立していることを知り、ハワイから訪れた私は大きなショックを受けた。実際に私の出席した国際会議場では、つねに警察犬を連れた警官がパトロールを行っていたし、会議場の各トイレには警官二人が配備され、参加者の警備にあたっていた。それは私が出席したなかで最も異常な雰囲気の会議であった。

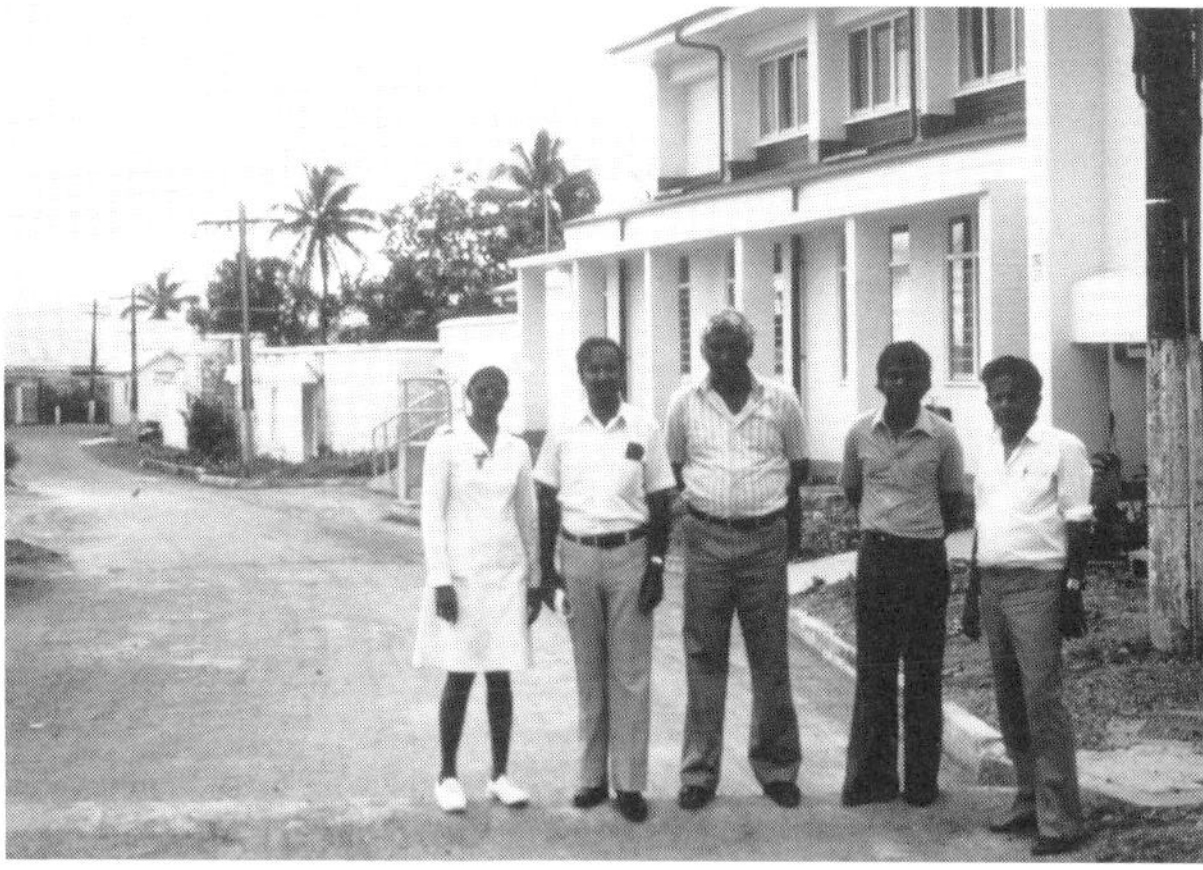

WHOの顧問としてフィジー島を訪れる

私がフィジーを訪れたのは、一九八二年WHOのコンサルタントとして現地医学校での精神医学の授業に招待されたときのことであった。フィジー諸島共和国は、南太平洋の島々によって構成され、国民のおよそ三分の二はポリネシア人に属するフィジー人である。残りの三分の一は、遠い昔にインドから移住した東インド人で占められている。医学生を教える傍ら、私は病院での臨床業務を観察した。私がすぐに気づいたのは、抑うつ状態にある患者の多くがインド人の未亡人で占められていることであった。この点に興味を持った私は、病院の医師にその背景を尋ねてみた。医師が言うには、その原因はインドの伝統文化の一習慣にあるのではないかとのことであった。彼らの習慣では、夫が死んだ後残された寡婦は生涯喪に服すことを期待されていた。彼女は家で催される社交の場以外、そうした場への出席は許されず、義父および義兄弟に仕える以外に一切男性との接触は禁じられていたので

国際会議参加の機会に各地を訪問，カイロ（上），パリ（下）

ある。彼女の生涯は子どもの養育にのみ捧げられ，再婚は許されなかった。どんなに若い夫が死んでも寡婦は生涯服喪を守るというこの習慣が誘発する抑うつは，文化的規範が引き起こす精神疾患の好例であった。

すでに書いたように，私はつねに業務出張の機会を捉えて世界各国の異なる文化について学んできた。私たちの子どもは三人とも大学を出て就職したため、夫婦の家計にもゆとりが生まれ、静と私にも自分たちの楽しみのために旅行する余裕ができた。私たちはスカンジナビア諸国の観光旅行に出かけ、アラスカの船旅にも出かけた。最近は、娘が計画してくれたトルコ旅行でバカンスを存分に楽しんだ。この旅で私たちは洞窟を利用

国際会議参加の機会に各地を訪問，イタリアのピサ（上），モスクワ（下）

した独特なホテルに宿泊し、熱気球の飛行体験に加えて文化関連の観光も行った。私たちが訪れた地下の洞窟は、数百人から最大で千人程度収容できるような巨大なものであった。もともとそれはイスラム教徒の軍隊に侵略されたキリスト教徒の緊急避難用に、数世紀前に掘削され使われたものであった。洞窟はいくつかの階層に分かれ、寝室、台所、食堂、倉庫などが狭いトンネルで互いに結ばれていた。中には教会として使われた部屋まであった。イスラム教徒軍の侵攻にあった地元のキリスト教徒たちは、数週間から必要とあれば数カ月、その洞窟に避難したのである。人種、宗教、信仰などによって引き起こされた争いに、人びとがどのように対処したかを歴史的に示す一例である。

このトルコ旅行のハイライトはイスタンブール観光であった。イスタンブールは北に黒海、南にエーゲ海へとつながるマルマラ海にはさまれ、ヨーロッパとアジアの橋渡し役を務めてきた歴史ある都市である。静と私がボスポラス海峡をまたぐ橋を渡ったとき、私はアジアからヨーロッパまでたったの十分できてしまったよ、と冗談を言った。そしてそれは西洋と東洋の接触がいかに容易に行いうるかを象徴していた。

中国の再体験 ― その成長と変化の観察

世界各国を訪れさまざまな文化にさらされながら、私は一九八〇年代初頭以来、毎年のように中国を訪問し続けていた。第３章に述べたように、一九八一年ＷＨＯのコンサルタントとして私は生まれて初めて中国大陸を訪れた。中国はちょうど文化大革命が終わった直後で、国外へ向けその門戸を開放したばかりであった。文化大革命のあいだ、紅衛兵たちによって寺院にある仏像の多くが破壊された。これはこの革命が、実際には文化破壊運動であったことを象徴していた。この間、大学教育を含む数多くの専門研究活動が数十年中断された。専門研究職は追放され、都会の大学生ら若年層は強制的に農村へと移住させられて、十年間に及ぶ重労働を課せられた。その結果、若年層と年長者層とのあいだには大きなギャップが生まれた。やがて中国経済の改善とともに都市化や工業化が進み、遅れを取り戻すための急速な社会的変化が進みつつあることが私には理解できた。毎年中国を訪れるたびに、私はその急速な改善ぶりに強い印象を受けた。通りを走る自転車の数は減り、道路は行き交う自動車であふれていた。高速道路網が発達し、スーパーマーケットは露天商にとって代わり、都市には近代建築が増えた。二〇〇八年になると中国はオリンピック大会を成功裡に主催し、近代中国の社会的改善の記念碑としてユニークな競技場「鳥の巣」を後世に遺した。知識層と労働者層を含む大規模な数の国民が、厳格な中央集権的行政機関のもとで具体的目標と計画を立て、既存の現代的技術工学を活用してこのような改善を実現したのである。しかし、依然として数多くの変化が中国には必要である。環境への配慮、公衆道徳と法の遵守などは、近代文化に追いつくために中国が学ばねばならない課題である。健康と衛生の観点からも、通りでつばを吐くことや喫煙をやめなければならない。政府はこうした改善を目標に数多くの標語を作成しているが、標語だけでは不十分である。実際に人びとの日常生活における習慣を変えていかねばならない。

　私は中国系アメリカ人であり、ハワイに四十年近く暮らしてきた。人生でどこよりも長い生活の地となったホノルルは、私にとっていまや故郷である。そして生涯この地を離れるつもりはない。しかし、同時に心のな

2004 年，中国精神療法およびカウンセリング委員会に招かれ，私と静ともに顧問委嘱状を授与される。 呂秋雲理事会長と

かでは依然として中国人の精神保健が気がかりである。今後も中国語と専門知識を活用しながら私は中国を継続的に訪問し、人びとが切望している精神療法を教授したい。世界の人びとを対象に英語で出版された約二十冊の著書に加え、中国語で出版した精神医学と精神療法に関する私の著書は、四十冊以上にのぼる。私は静とともに、精神療法のワークショップをほぼ毎年中国で開いている。古くからの同僚たちと再会し、同時に若い同僚らとの専門分野での関係を確立している。長期にわたる交友関係の維持と、精神保健の改善を目的とした協力は私にとって大きな喜びである。また、中国人の精神保健への積極的貢献は、元来その目的のためにＷＨＯの特別奨学金を受け、海外留学を行った私の大きな満足感の源泉である。

2008 年，精神療法のワークショップ指導に招かれた際の参加者との集合写真

ワークショップ終了後に長年の同僚である北京大学精神
衛生研究所名誉所長沈漁邨教授と

若い中国人同僚との集合写真

世界精神医学会の比較文化精神医学分科会長となる ― 国際的関与

ここからは、私の専門分野における研究の国際的な展開を中心に語りたい。すでに第5章で述べたように、一九七七年、ホノルルで開かれた第六回世界精神医学会議（World Congress of Psychiatry：ＷＣＰ）において私は世界精神医学会（World Psychiatric Association：ＷＰＡ）の比較文化精神医学分科会（Transcultural Psychiatry Section：ＴＰＳ）の事務局長に任命された。分科会長であるH. B. M. Murphy教授は、若年の同僚が積極的に秘書役として手伝ってくれない限り、会長職再任は辞退したいと言った。たまたま私の隣に座ったオーストリアからの参加者Dr. Jon Cawteは、過去に同席した会議を通じて私をよく知る年上の同僚であった。彼は私をその場で事務局長に推薦した。私は勇気を出してその天恵ともいうべき機会を捉え、指名を受諾した。当時私はわずか四十二歳で、内心このような国際的組織の事務局長には若すぎる、と考えていた。しかし、事務局長に就任してからの私は懸命に働いた。当時われわれの分科会の財務状況はとても苦しかった。まだコンピュータを使った電子メールはなく、郵便のみが唯一の連絡手段の時代である。それも航空郵便ですら中国まで届くには一週間、インドまでは三週間を要していた。私は世界各地の文化精神医学者のために、分科会のニュースレターを作成し配布することを決めた。当時の厳しい財務状況では、頻繁な国際会議の開催はほとんど不可能であった。とくに発展途上国に働く同僚にとっては、なおのこと会議への参加は困難であった。そのため各国の同僚らを密接につなぐ唯一の手段として、ニュースレターが必要であった。ＷＣＰはＷＰＡによって六年に一度開催されていたので、次の会議が開かれるまでの六年という間隔はかなり長い。私は継続的に十五年以上分科会のニュースレターを配布し、発展途上国の同僚へは無償配布とした。

事務局長就任六年目に、ＷＰＡは一九八三年の第七回ＷＣＰ開催地をオーストリアのウィーンと決め準備に入った。内規によって、この会合では分科会の会長を選任しなければならなかった。Murphy 教授に再任の意

1983 年，ウィーンでの国際会議に出席した際，私を強く支持してくれた文化精神医学界の長老カナダの Wolfgang Jilek 教授（右）およびドイツの Wolfgang Pfeiffer 教授（右から 3 人目）と

1983 年，世界精神医学会の比較文化精神医学分科会にて会長に選任された私。事務局長の Wolfgang Jilek 教授と

1985年に中国北京市にて開催された世界精神医学会の比較文化精神医学分科会シンポジウム

1989年，アテネで開催された世界精神医学会の比較文化精神医学分科会長に再選された私。ビジネスミーティングでの司会を務める

思はなく、分科会は新会長の指導のもとに活動を開始すべき、との意向を彼は周囲に伝えていた。彼は私に、過去六年の事務局長としての働きぶりは優秀で、当然会長職に立候補すべきであると言った。しかし、率直なところ同僚のなかにはまだ若すぎるとの意見があるかもしれないとつけ加えた。彼の心配は、私よりも年長で会長職に就くことを希望しているかもしれない同僚が数名いることであった。私は分科会の年長委員であるドイツの Wolfgang Pfeiffer 教授とカナダの Wolfgang Jilek 教授に手紙をしたため相談し

1991年，比較文化精神医学分科会の文化精神医学会をブダペストにて開催。会を支えてくれたドイツのWolfgang Pfeiffer教授（中）およびカナダのRaymond Prince教授（右）と

た。意外にも彼らは揃って事務局長としての私の仕事ぶりを称賛し、会長就任への支持を約束してくれたのである。

ウィーン会議当日の分科会で、Pfeiffer教授は会長選出投票を前に、文化を主題とする分科会でもあり、西欧諸国とは異なる文化的背景を持つ同僚が会長を務めることが望ましい、との意見を表明した。彼は、私が有能なだけでなくアジア文化を背景に持つこと、会長職に適任であることなどを指摘した。その発言の後私は指名を受け、全会一致で新会長に選出された。いまでもPfeiffer教授の温かく力強い支持に私は感謝している。会議開催中に私はWolfgang Jilek教授を次期事務局長として指名し、彼は喜んでそれを受諾した。私たちはよきパートナーとして、その後の十年（私にとっては二期の会長就任期間）をともに働いた。

会長就任後最初の決断は、WPA総会が開かれる合間に各国の同僚が意見交換を行う場として、TPS独自の会合を開くことであった。東洋と西洋の研究者が顔を合わせるのには、北京は最適な場所と考えられた。準備に長い年月と労力

1993年，ブラジル・リオデジャネイロで開催された第６回世界精神医学会議における世界精神医学会の比較文化精神医学分科会のビジネスミーティングの司会を務める私と Wolfgang Jilek 教授

をかけ、一九八五年、私たちはＷＰＡのＴＰＳとして初の地域会合を北京と南京で開催した。中国が門戸を開放したのはそのわずか数年前のことで、中国国内に旅行代理店はまだ存在していなかった。そのため宿泊、移動、ガイドなどの手配はすべてを中国公衆衛生省に頼らねばならなかった。会議参加者が紫禁城を見学したときには、公衆衛生省に勤める若者の集団が案内したのだが、彼ら自身も紫禁城を見たのは生まれて初めてであった。中国では初めての国際会議開催とあって、共産党のある幹部は、各国の学者から発表される主題に神経をとがらせていた。会議で発表される主題は、すべてこの幹部によって検閲されなければならず、そのうちいくつかは討議禁止とされた。当時は苦痛を伴った文化大革命直後であり、「文化」が非常に慎重に扱われるべき微妙な用語であったことを、読者には理解していただきたい。幹部は、中国人民に「有害な思想」を広めることのないよう万全の対策をわれわれに求めた。こうした背景にもかかわらず、会議参加者は記念すべき歴史的な文化精神医学会議を楽しんだのである。

一九八九年には第八回ＷＣＰがギリシャのアテネで開催された。委員らの支持を得て私は会長に再任され、二期目を務めることとなった。一九九一年にはＷＣＰの活動の一環として、文化精神医学に関する地域シンポジウムがハンガリーのブダペストで開催された。その二年後の一九九三年には、第九回ＷＣＰがブラジルのリオデジャネイロで開催された。会長職の任期は最大二期とする分科会の内規に従い、私は会長職を退いた。後任にはそれまで事務局長として私を補佐してくれていた、カナダの Wolfgang Jilek 教授が選出され、私はそれ以降分科会の名誉顧問を務めることとなった。

文化精神医学大全書の出版 ― 各国から高い学問的評価を受ける

分科会の会長職から解放され、私は長いあいだ暖めてきた重要な計画に着手した。すなわち、文化精神医学に関する英文参考書の出版である。文化精神医学分野の教科書としては、独語のものを Pfeiffer 教授が一九七一年にドイツで出版していた。それ以外には、英語で書かれた教科書も存在しない状況であった。一九八一年、私は『Culture, Mind and Therapy：An Introduction to Cultural Psychiatry（邦題：文化と心の臨床）』を出版した。この本は研修中の精神医学者向けに書かれたもので、日本では江畑敬介、箕口雅博両博士によって翻訳され星和書店から同年出版された。しかし私は、研究者が参考図書として用いることもできる包括的な本の必要性を感じていたため、この本には満足していなかった。

ハワイに移住し、イースト・ウェスト・センターのプログラムに参加して以来収集していた文化、精神保健、文化精神医学などに関する文献の充実を図るため、一九九五年の初めから、私はより真剣かつ体系的な文献収集を開始した。文献を読み始める前に、私は出版計画についての簡単な提案書を作成し、出版社十社に送付した。ほとんどがアメリカで残りはヨーロッパの出版社であったが、戻ってきた返事はすべて否定的なものであった。どの社も出版計画に興味を示さなかったことに、私はとても意気消沈した。出版計画を諦めようと考えたが、静はその本が私にとっても文化精神医学分野にとってもそれほど重要なのであれば、結果の如何にかかわらず書き上げてみてはどうかと勇気づけた。そうすれば、少なくともそれをコピーして親しい同僚に配ることができるからである。

彼女の激励のおかげで、私は再びこのプロジェクトにとりかかった。二千を超える論文や本の抜粋の収集と読解に約三年間を費やし、私は執筆を進めた。収集された文献をすべてキャビネットに体系的に分類し収めた結果、私の事務所には文献資料を集めた小さな図書館ができあがった。私は『文化精神医学大全書（Handbook of Cultural Psychiatry）』と題したこの本を、五十章で構成することにした。平均して二週ごとに一章を書き上げ、一カ月に二章を完成させるペースで原稿は二年後に完成した。この間私は休暇を一切とらず、かつて幼少期に覚えた日本の標語のとおり、「月月火水木金金」で執筆に専念した。

すべての章を書き上げ原稿が完成に近づいたころ、私は再び出版社に提案書を送った。今回は前回の送付先十社から五社を選別し送付した。意外にもそのうちの三社から出版に興味ありとの回答があった。面白いことに、今回は私が彼らを選ぶ番にまわったのである。三社の編集者と連絡し、どの社が出版に最も適しているかを考慮した後、Academic Press 社の編集者 George Zimmer 氏と会うことにした。面談場所には、多くの出版社がブースを構え自らの出版物を展示したり、編集者が著者候補と出会う機会を求めたりする、アメリカ精神医学会（ＡＰＡ）の年次総会会場を選んだ。Zimmer 氏との出会いを私はとてもよく覚えている。挨拶する私に彼は微笑みを返し、編集者と著者が打ち合わせ用に使う椅子に座るよう手招きをした。『文化精神医学大全書』出版に Academic Press 社はとても興味があると彼は言い、私が送った本の目次を見てその構成が気に入った、とほめてくれた。また数多くの写真による説明が含まれている点も気に入っていて、執筆にあたって多数の国際的専門家に意見を求めたことにも強い印象を受けた、と言った。彼がとくに気に入った点は、八百頁に及ぶ本が単一の著者の手になることで、それにより全体に凝縮されたまとまりのある文体の本が期待できることであった。Zimmer 氏との会話を通じて私は彼が経験豊富な編集者であり、精神保健医療における文化的視点への関心が将来は増す、との見通しを持っていることが理解できた。彼は原稿をまったく読まずに私の提案を受け入れ、出版契約に署名することを決定したのであった。私はこの信じがたい結果に大喜びをした。

私の『文化精神医学大全書』は、二〇〇一年に Academic Press 社から発行された。書評は約十誌に掲載され、おおむね非常に好評であった。この本は文化精神医学分野の画期的な業績と評された。内容は論理明快、系統的で読みやすいとの意見であった。同僚からこうした評価が得られたことは、私にとって大きな喜びであった。その翌年、私はアメリカの文化精神医学研究学会（Society for the Study of Psychiatry and Culture）から独創的学問賞（Creative Scholarship Award）を受賞した。私はそれまでの五年間に及ぶ苦労が報われたと感じるとともに、文化精神医学の分野で重要な学術的貢献をなし得たことに満足した。後に Goffredo Bartocci 教授の提案により、彼の監修によってイタリア語版がイタリアでも出版された。

世界文化精神医学協会の会長に就任 ― 研究者人生のハイライト

二〇〇五年にはもう一つの大きな出来事が起こった。文化精神医学研究学会の年次総会に出席した私に、当時WPAのTPS会長であったBartocci教授が、私に世界文化精神医学協会（World Association of Cultural Psychiatry：WACP）の設立と初代会長への就任を提案したのである。私はそれまでずっとWPAのTPS以外にも、より広範な世界的組織を持つ文化精神医学の団体設立を考えていた。一九八〇年代に分科会長を務めていた当時、WPAの会則のもとでは、分科会の機能が制限されてしまうことを私はつねに感じていた。一例を挙げれば、WPA世界大会において分科会が組織できるシンポジウムは、わずか二つに制限されていたことがある。これでは発展を続ける文化精神医学のニーズに応えられるはずはなかった。Bartocci教授も同意見で、WACPの設立を考慮すべきであると促した。彼は私の執筆した文化精神医学大全書、過去の優れた実績、各国の文化精神医学者との強い結びつきなどに感銘を受け、周囲からの尊敬を集めている私がこのプロジェクト推進には最も適していると言った。熱意のこもった彼の勇気づけと静の支持を得て、私は新たな組織の設立を決意した。過去に研究をともにした各国からの同僚を主体に、私はこの分野でのキーパーソンを集めて理事会を組織した。

私たちは科学技術の進歩を利用して、WACPのウェブサイトをネット上につくり、各国の同僚らと連絡をとって協会に参加するよう呼びかけた。その翌年の二〇〇六年、私たちは第一回文化精神医学世界大会（World

第１回文化精神医学世界大会の開会式。演壇上に並ぶ主宰者，委員と顧問ら

Congress of Cultural Psychiatry：ＷＣＣＰ）を、東洋と西洋が一堂に会するには最もふさわしい場所である北京で開催した。この会議は、一九八五年に開かれたＷＰＡのＴＰＳ会議よりもずっと大きな規模を持っていた。困難な連絡調整に一年間をかけ、私たちは二〇〇六年九月に会議開催にこぎつけた。会議の議長は私が務めた。

　私はいまだにＷＣＣＰの開会式の模様を鮮やかに記憶している。三十六カ国から約三百名の参加者が大会場に参集した。壇上から開会の辞を述べる私には、それが人生で最も輝かしいときに思えた。私はそのとき突然に過去の出来事を思い起こしていた。子どものころ演説大会で裸足のまま登壇したこと、ＷＨＯから突然海外研修を命じる電報を受け取り、アメリカ行きのために大きなサイズの革靴を買いに走ったときのこと、ＷＰＡのＴＰＳ事務局長に指名され、国際的キャリヤが始まったときのこと、中国からＷＨＯ顧問の要請を受けその後三十年に及ぶ中国での研究を始めたときのこと、などである。さまざまな人生の転機、そして自分を支えてくれた数多くの恩師、教師、同僚などの思い出が私の脳裏を駆けめぐり、このような機会を得たこと、また貴重な恩師、同僚、友人らを得たことに感謝したのであった。

私の人生への影響

さまざまな文化の経験を豊富に積む

ハワイの多民族社会に暮らし、世界各国を訪れ多様な文化への曝露を経験したことは、より多角的な文化的視点から人間行動を理解するうえで非常に役立った。そしてこの経験は、自分をより深く理解し人生を管理する方法を学ぶうえでも有用であった。また、多様な文化を認識し対処するうえで私に公平さ、さまざまな社会への適応における柔軟な態度、伝統と現代化の区別に偏見を持たない心構えなどをもたらした。それにより、多様な人びとの生活様式に彼らの意見や信念を尊重しながら、より均衡のとれた態度で対処することができるようになった。私は、自らの思考と行動に重要な影響を及ぼす文化の恒常的変化には、誰もが適応しなければならないことを理解した。

より自信を持ち成熟した自分になる

専門職業において一歩一歩前進して行くことが、私の自信を大きく向上させた。個人生活でもまた専門職業の面でも、これは結果となって現れた。海外の同僚と接触し、彼らとの関係を築くことが私を精神的に円熟させ、安定した健全な自己同一性そして民族的同一性の維持に役立った。とくに少数民族の一員としてアメリカ社会に身を置く私にとり、このことは重要であった。ひとたび中国系アメリカ人としての堅固な民族的同一性が確立されると、より大きな世界における一人の人間としての同一性はさらに高次なものとなった。言い換えれば、もはや自己同一性が、それ以前のように特定の民族集団に限定されることはなくなったのである。

潜在能力を伸ばす機会を活用する

私は自分の潜在能力を伸ばす可能性のある機会は逃さず利用した。文化精神医学の地域会議・国際会議の運営や参加の機会はつねに利用し、そうした経験をもとにさまざまな国の人びととの連絡を積極的にとり、彼らの生活様式、考えかた、信仰などを学んだ。そして、さまざまな社会には多様な生活様式があることを理解した。また、過去には意味と機能が存在した特定の伝統がある一方で、社会の存続を確保するために多くの伝統がつくり出されてきたことも理解した。時間の経過とともに特定の信念や習慣は意味を失う。それらを盲目的に信奉することは無意味である。多様な文化とのめぐり合いが、文化への対処方法に関する洞察力を私に与えてくれた。

人生哲学の変化

年を取るに従って私自身の性格に微妙な変化が生じた。性格の短気な部分が消え、他人との付き合いかたやものごとへの対処方法が穏やかになってきた。そしてかつては一切興味を持たなかった老子の道徳経、仏教関連の本、コーランなどを読み始めた。人生の意味についてより深く考え、自分が存在する意味は何か、どのようにすれば社会に貢献し続けることができるか、などの問いについて私は考えるようになった。いま私は自分にどのくらいの時間が残っていようと、それを受け入れて残りの人生を精一杯生きたいと考えている。「人事を尽くして天命を待つ」——私は孔子の遺したこの言葉をよりよく理解できるようになったと考えている。

第2部

分析と統合

第8章　人格形成に及ぼした三つの文化の影響の分析

日本、中国、アメリカの三つの文化を経験した人生について記述した後は、際立って異なるこれらの文化が人格形成と心理的発達に与えた影響を分析したい。検討の目的は、文化がどのように人格の発達・形成にかかわるのか、その過程を明らかにすることにある。まず、「人格（personality）」を定義する必要があろう。人格とは、それをもって他者とは異なる特性をその人にもたらす考えかた、感じかた、信じかた、そして行動のしかたを指す。そこには個人が事実を知覚して認識する方法、感情を表出する方法、対人関係を維持する方法、そして自己および集団の同一性、さらには現実との対処方法、価値体系および信念体系などが含まれている。したがって、人格には多層に及ぶ分析と検討が可能であり、また必要である。文化が私の人格に及ぼしてきた影響の多様な次元について以下に説明したい。

自己（self）の概念と自信

自己の概念と自我境界

自己意識 ― 私たちの心理的発達にともない、自己意識とその機能は、変化しつつ加齢とともに段階を経て発達する。例えば、一歳未満の乳児は「私（I）」という強い感覚を持たず、母親などの主介護者とは曖昧な関係性境界を持つ。[1]「私」の自覚と認識が明確になってくるのは一〜二歳になってからであり、同時に「他者（others）」あるいは「あなた（you）」という存在の意識性も明確となる。反抗期の第一段階が現れるのはこの年齢で、幼児は自分の欲するものと欲しないものを示すために「私」の力を行使する。ときおり、幼児は他者とくに幼児の態度を制御しようとする両親への反抗的態度や関係性を示す。[2]幼児が三〜四歳になると「私」と「あなた」に加え、「彼」または「彼女」の区別が始まり、「私、あなた、そして彼または彼女」のあいだでの関係性を維持する方法を学ぶ。[3]青年期に達すると「私」の認識は強いものとなり、同時に「私は誰？」という哲学的疑問を持つようになる。さらには認知機能の成長とともに、青年は成人の考えを批判し、しばしば権威者へ反抗的態度を示す第二反抗期が現れる。

文化は、自我（ego）の意識が重視されたり無視されたりする度合いをかたちづくることによって、自己の心理的発達に影響を及ぼす。例えば、個人志向の社会では、文化は強い「私」の意識を発達させ、日常生活における自己表現を促す。対照的に集団志向の社会では、「私」の意識は全体性の文化的価値に従属して存在する。

日本の教育制度と戦争に強く影響された私の子ども時代には、国家は個人の存在よりも重要と考えるよう教育された。誰もが、必要とあれば命を国と天皇のために捧げることを期待されていた。こうした文化的背景のもとでは、自己の重要性は全体のために極小化された。

戦争が終わり、台湾は中国へ返還され、個人対全体性の比較を含め文化体系は多くの点で劇的な変化を遂げた。国家と権威の重要性は中国文化においても同様であったとはいえ、戦時下の日本文化におけるほどに絶対的なものではなかった。「私」の意識は許容されていた。この変化とともに青年期を過ごした私は、「自分（me）」の存在について強い自覚と哲学的好奇心を発達させた。十代の私は、なぜ自分がこの世に存在するのか、この宇宙における自分の存在はどのような役割と意味を持つのか、そしてこの命が尽きた後何が待っているのか、などの哲学的な疑問を自らに投げかけていた。こうした問いは、青年期の私にとって重大な関心事であった。

成人期に達しボストンへ留学すると、個人志向の社会であるアメリカに暮らす私のなかで、自己の意識は相対的に強くなっていった。多数派が占めるホスト社会のなかに外国人として暮らす私は、民族的にも人種的にも少数派に属していた。このことが、彼ら（アメリカ人あるいは白人）に対する「私」（異邦人または中国人）の感覚を刺激した。私は常に自己意識を持ち、行動や態度を正しく保つべく注意し、どのような人間と見られているのかを意識し、強い自己の感覚とともに生きていた。

自己意識は、私が台湾へ戻りアメリカへ移住してから安定化した。「他者とは違う」という私の感覚は、新たなホスト社会に暮らすことに心地好さを感じ始めるとともに徐々に減少した。この変化は成人期に達したこと、さらには後期成人期に達したこととも関係していた。知らず知らずのうちに私は、個人として、中国人として、そして中国系アメリカ人としての自信を深めていった。次第に少数派の一人であることを感じなくなっていたのである。専門知識と経験に基づく意見を持ち貢献できる何かが自分にはあり、アメリカ人の友人や同僚たちと共有できるものがあることを私は感じ始めていた。この変化と、中国が急速に改善した数十年とは時期が重なっていた。中国が強国になったことは、民族的起源をそこに持つ私に自己の肯定的感覚をもたらした。中国の古い歴史そして悠久の文明と特有の文化、さらには近代における巨大な人口（全世界の人口の約五分の一）などが、私の心のなかで文化的起源への信頼をもたらし、結果として自分への信頼も培ったのである。言うまでもなく私の自己の認識は、中国系アメリカ人であること、そしてアメリカ社会とその文化が包含する自由の精神と民主主義のイデオロギーなどから、多大な恩恵を被っていた。

老年期に近づくとともに、私はいままでと違った自己の認識を発達させていった。すなわち、人生を終える前に、どのようにすれば中国とアメリカという区分を超えて、価値ある人間になれるかという感覚である。この懸念は、青年期に持っていた自分は何者か、なぜこの世に生を受けたのか、自らの存在意義は何かなどの答えを求める好奇心とは異なるものである。いま、私は疑問、好奇心、葛藤などを超えてこの実存的問いの答えを求めている。むしろそれは、残された人生をどのように役立てるかという比較的静穏な懸念である。生涯にわたり自己意識の諸段階を経て、私は興味深い道をたどってきた。

他者との自我境界　―　自己の自覚と密接に関連して、個人が対人関係においてどのようにして他者との自我境界（あるいは心理的壁）をかたちづくるかについて、文化的観点から述べたい(4)。

私が日本文化のなかで育った当時は、両親や学校の教師は問答無用で私の日記を読むことができた。個人の秘密を尊重することへの関心はほとんどなかった。両親には、自分たちの従属物としての子どもに何が起きているかを知る権利があった。この考えを敷衍し、生徒各人について知る権利は教師にあるとの考えが生まれた。

台湾が中国へ返還された後も、親と子を含めた個人間の適切な境界を維持するという点では、状況は不変、あるいは悪化した。中国人の親や教師らは、子どもの書簡や日記を本人の許可なく開封し読むことができた。両親から個人の秘密を守る心理的壁が存在しないため、子どもらにとっては日記や私信を手許に置かないほうが賢明であった。両親は、好きなように子どもたちの心理的生活に侵入することができ、子どもの同意を得ずに物事を決めることすらできた。これは夫と妻、そしてきょうだいのあいだでも同様であった。私が医学生のころ、両親は家の購入を決めたのだが、その家の一部屋を卒業後の私の診療用にと彼らは考えていた。しかし、卒業後の計画について私には一言の相談もなかった。彼らの旧式な考えでは、すべての医学生は卒業後個人診療所を開くものとされていた。親切な親心から、私のために新居を購入したのである。私が診療所を開く必要のない学究の道へ進むつもりでいたことを、彼らは知らずいた。

アメリカに生活し、私は多くのことを学んだが、なかでも重要なのは他人との境界を尊重すること、そして彼らの私生活に敬意を払い、秘密を守ることである。何びとも通信の秘密を侵すことはできない。隣家の郵便箱を開けることは法律違反ですらある。家の前に設置された郵便箱は、配達人が郵便を置く入れ物であるのみならず、その所帯にとって法的に不可侵な個人的財産でもある。

ホノルルへ移住して数年経過したころ、私は三人の子どもを連れて小児科医を訪れた。そのとき、私は一番年下の娘に付き添って診察室へ入ることはできたが、長男の付き添いは許されなかった。親として息子の診察結果を知りたかったので、この処置に私は戸惑いを感じた。看護師にその点を尋ねたところ、息子はすでに青年期にあるのでおとなとして扱われなければならず、彼の同意なしに医師は診察に関する情報の共有を許可しないと看護師は答えたのである。私はこれに衝撃を受けた。それは、アメリカ社会ではわが息子といえども一人の人間として扱わねばならず、彼とのあいだには個人間の明確な境界があるという教訓であった。私は、その後すぐに十代になった子どもたちの部屋には許可なく入らないこと、そして彼らの手紙はいうに及ばずメモなどの所有物に触れてはならないことを学んだ。

アメリカ流の適切な自我境界の確立、維持、そして保護を学んだ後の私は、他者との適切な境界を維持することへの社会的態度や考えの異なる台湾、中国そして日本を訪れる際は、いつも困惑するようになった。こうした国々ではしばしば断りなしに他人が私に代わって意思決定を行うことがあった。親切心からそうしているのであろう。しかしそれは、個人としての私を尊重していないことの表れであった。第5章に述べたように、北京大学は私への打診なしに客員教授の資格を与える準備をした。また、日本でも同様の経験がある。それは二十年以上前のことである。有名な東京大学での講演招請に応じ、私は英語での講演を準備していた。司会役で私をよく知っていた日本人教授が、登壇前に経歴紹介を行ってくれた。そして驚いたことに、私に断りもなく数百人の聴衆に向かい、私は日本語をよくするので講演は日本語で行うと発表したのである。私はこの言葉にびっくりしてしまった。彼を狼狽させぬよう、最善を尽くして日本語での講演をやり遂げたが、すんでのところでそれは失敗に終わるところであった。専門的な発表を日本語で一時間行うことは私にとって容易なことではなかった。社交の場で簡単な会話を交わすことに問題はなかったものの、専門的講演となれば話は別である。そうするには専門用語のいくつかが不明であるうえに、文化的に適切な方法で正式な語彙と正しい文法を用いた表現が要求された。講演が終わった後は、私の舌のみならず心までがこわばってしまっていた。他人の決断を本人に代わって恣意的に行うことは、正しくないというのがこの逸話の要点である。アメリカ式に個人の尊重に慣れた私は、事前承諾なしに勝手な発表を行い、私を気まずい立場に追いやったこの日本人教授のやりかたに立腹した。適切な境界を維持し、それを超えて侵入したり勝手な決断を行ったりしないアメリカ式習慣に私はなじんでいたのである。

自己の表現

個人の選択の表現　─　自己の持つ数多くの機能のうちの一つに、自己の表現がある。「はい」または「いいえ」の言葉を用いて躊躇なく個人の選択を表現することは、意思の伝達を介した自我機能の一つの表われである。自我機能の成長に伴い年齢によって大きく影響されるこの能力は、文化環境によってもかたちづくられる。第1章でも述べたが、小学校三年生のころ、空襲の被害を避けるために政府は期限つきで校庭に防空壕の掘削を命じた。不運にも雨天が続いたため、壕を掘るには泥がぬかるみ過ぎていた。私たちの担任教師は、衣服を脱ぎ裸になって雨中の掘削を命じた。九歳の学童にはこの命令に従う以外に方法はなく、教師という強力な権威者に対して反対することは不可能であった。私たちはこのような教育を受けていた。ここには、兵士の命令で崖から集団飛び降り自殺を行ったサイパン島市民の精神に通ずる何かがあろう（第6章）。

成長してからの私は中国社会に暮らし、相手が権威者といえども特定の事柄に関しては「はい」や「いいえ」を言うことが可能なことを学んだ。しかし、その際には注意深さが必要であった。中学生の私たちは、学校の規則に従い教師の言うことをきかなければならなかった。さもないと、政府に不服従な反抗的生徒として懲罰を受けたからである。私たちは言われたことに不同意あるいは不服であっても、口を閉ざし何も言わない方法を学んだ。こうした文化的背景に加えて、一般に受け入れられた社会的しきたりに従うことを重視する文化のなかで、成人した私たちは自らの選択を注意深く丁寧に――とくに権威者に対して――表現した。

この文化的背景がアメリカに住み始めた私に問題となって現れた。第3章に述べたように、ボストンで研修を行っていた当時、感謝祭の食事でアメリカ人スーパーバイザーの自宅に招待された私は、初めて食べたパンプキンパイをおいしいとは思わなかった。しかし、パイのおかわりを勧められ、礼儀を重んじたつもりで「はい、いただきます」と答え、その始末に苦労したのである。また、逆の結末となったがこれに似た話に、待ちに待ったアイスクリームを初めて食べられたはずの機会を、「いいえ、けっこうです」と謙虚に答えたために棒に振ってしまった日本人の土居教授の一件がある。アジア人男性の私たちは二人とも思ったとおりに「はい」あるいは「いいえ」を言うことが難しかったのである。自分自身の素直な表現を妨げる原文化が影響して、アメリカ社会のなかで私たちの自我は阻害されていた。私が自分の選択を躊躇なく示せるようになるには数年を要した。

個人の意見の表現　―　個人の選択を示す方法だけでなく、個人の考えや意見を表現する方法を学ぶことも重要であった。日本や中国の状況志向社会では、私は自分の意見を出しすぎずに集団に従うことを学んだ。中国には「出る釘は打たれる（出頭丁挨打）」という諺がある。集団のなかで自分の意見を強く出し過ぎると、傍目には見せびらかしのように映り、集団性の精神を守らない人物とされ懲罰を受ける（頭を釘のように打たれる）ことを意味する。

第２章に述べたように、私が中学生のころ、布教を目的としたキリスト教信者の集団が学校を訪れたことがあった。集団の指導者は、どのように神を愛するかについて説き、その後キリスト教への入信希望者を挙手で募った。手を挙げた者は皆無であった。この指導者が強圧的に私たちに挙手を求めたとき、私は立ち上がり、入信や改宗を強要する態度を批判した。私は、そのときの自分の意見がいまだに正しいと確信しているが、六百人の校友を前に考えを主張した勇気には、われながら驚きを感じている。青年期後期の私は、権威者に対し自分の意見を大胆に表明する第二反抗期にあったに違いない。これは、中国文化においては危険を伴う行為であった。しかし、幸い私がそのことで教師から呼び出されることはなかった。

アメリカに来てからは、自分の意見をより率直に表明するよう促されたが、その目的は「受動的（passive）」に過ぎ、他人と考えを共有しない、集団への貢献が足りないなどと批判されないためであった。第５章に述べたように、私は学術会議において自分の専門意見を述べる方法を習得した。過剰な発言を避け、言葉と発言の時期を選び、価値ある意見と建設的提案のみを発表するよう私は心がけた。私の行動は、アメリカ社会において賞賛をもって報われ、以後専門家としての発展の基礎をかたちづくった。

自己の表と裏

公的および私的状況での自己表現についてもう一点述べておきたい。私は子どものころ、公的状況では礼儀正しく話し振る舞い、家庭内などの私的状況ではくつろいだ発言と行動を取るよう学んだ。異なる一連の行動を伴う自己の、この二つの側面は日本人の特色である。日本人は公的（表）と私的（裏）とで異なる行動を取り、状況の変化に応じて、この二つの形態のあいだを素早くかつ容易に切り替えることを文化的に身につける。この傾向は中国人にも見られる。公的には社会に許容される発言をするよう学ぶ一方、家庭内あるいは親しい友人らとの会話では、他者を批判してもよいのである。公式な発言にあまり意味のないことは常識であり、それは公式なあるいは公務上の発言にすぎない。心のなかで何を考えているかがより重要である。そのため他者がいかに本人の心のなかあるいは腹の底で考えていることを推量するかが問題となる。中国には「千尺の谷底に到達することはできても、一寸の厚さのへその裏側に到達することはできない（千尺山崖可到底、一寸肚皮摸不透）」という諺がある。つまり、個人の本心や感情は公式な発言に偽装されるため、他者がうかがい知ることは困難なのである。

自己の二面性はアメリカ社会では好まれない。この社会では、正直で直接的かつ率直な自己表現が重視される。公的な場での思考、会話、行動と私的な場でのそれが異なる場合、偽者、不正直な人、裏表のある人などと批判される。私は公的な場においても私的な場においても、権威者、同僚、部下らに対して可能な限り一貫性のある態度を取ることを学ぶ必要があった。

自信

自分にどのような感情を持っているか、自らの考え、選択、意見などを不安なく発表できるか否か、他者からどのように見られているかなどの総合が、どれだけ自分に自信が持てるかを決定する。おしなべて、私は子どものころから自信を持っていた。私の自信の源泉は多くの場合、学校、仕事、専門職業での優秀な成績からきていた。しかし、その自信も人生で数回揺らいだ経験がある。原因は、若年成人期の重篤な身体的疾患（第2章）、破けた靴を履いて弁論大会に登壇するより裸足を選ぶ結果をもたらした苦しい家計（第2章）など、個人的な問題によるものであった。しかし、自己そして民族への信頼感は、人生で遭遇する社会的、文化的変化によって最も強く動揺した。太平洋戦争後、他の台湾人とともに日本から中国へと国籍が切り替わり、それに伴う社会的、文化的混乱に直面したとき、心のなかに自らの社会的、文化的判断に強い疑念が生じ、自己への信頼感が動揺した。その後、アメリカ社会を経験するなかで少数派の一人として、また異邦人として扱われた私は、そのことによっても一時的に動揺を感じた。しかし、ホスト社会への順応に成功し、専門職業的にも多大な業績を上げ、家族生活にも満足した私は自信を取り戻した。そして、民族への信頼感も安定した強固なものとなった。この完全な自己への信頼を確立するまで、私は人生の約半分の期間を必要とした。孔子は学者としての完全な自信を五十歳にして得たと伝えられている[5]。完全な自信の確立は、生涯続くプロセスであることを意味するこの孔子の言葉を、私はいま真に理解できるようになった。

感情と知覚の経験と表現

初期の経験からの知覚の刷り込み

私たちが外部刺激をいかに感覚し、感情的にいかにそれに反応するか、それは興味深い現象である。触覚、嗅覚、味覚、聴覚、視覚などの感覚は感覚器を通じて生じる。したがって、感覚の発生は最若年期の言語発達以前である。感覚は最も基本的かつ主要な生理的、心理的反応の一つであり、われわれの人生の初期に始まり、それ以降の思考や行動に強い影響を与える。

感覚認知と刷り込み――私たちの味覚経験は誰もが幼児期から持っている。味覚の認知は記憶に固着され、成人期において特定の食物への嗜好をもたらす。第5章で述べたように、日本の戦争孤児について調査を行った際、中国人の里親に保護され中国食によって育てられた後も、成人した孤児らは甘いものを好む性向を維持している事実に私たちは注目した。幼児期から甘味の物をよく食べるのは日本人の習慣であり、その経験が彼らの味蕾に刷り込まれて成人後も維持されたのである。

日本の占領下にあった子どものころも、私の家庭ではよく中国食を食べていた。そのため、私の味蕾は特定の中国食に慣れてしまっていた。青年期にボストンで暮らしたころ、数年間私は中国食を渇望していた。いまだに、病気になると乳児の離乳食であったお粥が食べたくなる私は、生涯を通じて魚介料理が好きである。これは台湾で暮らしていたころ、近隣の漁港から供給された新鮮な海産物を三食いつも食べていたからであろう。明らかに、私の味蕾は海鮮料理に固着されたのである。

ほとんどのアジア人同様、中国人にとって、飯、麺、麺麹は主食である。調理された野菜、肉、魚介類が少量つけ添えられるが、あくまでもそれは主食であるでんぷんの摂取を補助するものである。農民などの労働従事者のように多くのエネルギーを必要とする人びとは、毎日少なくとも丼に三～四杯の飯とわずかな量の塩または香辛料で味つけされた野菜、肉、あるいは魚を食べる。前述したように、南方の中国人にとっては米が、北方の中国人には小麦がそれぞれ主要なでんぷんである。南方の中国人である私にとっては、子どものころから飯が主要なでんぷんであった。そのため、小麦でつくられた麺、麺麭、餃子などには慣れ親しんでいなかった。

北方の中国人である静との結婚後、年月の経過とともに私は小麦でつくった麺、麺麭、餃子なども好むようになった。私たちの子どもは、小さいころからあらゆるでんぷんを好んで食べる。したがって、おもな嗜好は幼少期から固定されるにしても、食べ物の好みは時間の経過とともに変化あるいは広がりを持つものかもしれない。不思議なことに年を取るにつれて、日本食は私たち夫婦が好んで食べる料理になった。これは、人生の初期に日本文化との接触があったためではない。日本食は油を使う量が少なく健康に比較的良いからである。それに、日本食は肉類ではなく、私の好物である魚介類をよく使うからでもある。

固着された情緒反応 ― 固着された感覚とそれに伴う情緒反応について、日本軍航空機に関する話を述べておきたい。静と結婚した直後、二人のあいだには興味深い現象があることに私たちは注目した。太平洋戦争に関する映画を観ているときに、日本軍の航空機とくに零戦が登場すると、そのエンジン音に子どものころ好きだった零戦を思い出して私は興奮した。一方で、台湾爆撃の主役であったB‐24やB‐29などアメリカ軍爆撃機のエンジン音を聞くと、警戒と恐怖の反応が引き起こされた。静の場合はこの逆の反応を示した。静は日本軍の航空機とくに爆撃機を見ると、日本軍の中国本土爆撃から逃れ山中の洞窟に避難した子どものころの経験を思い出しておびえた。しかし彼女は、戦時下の中国への物資輸送を行ったアメリカ軍機には親近感を持った。このように、異なる土地や状況下の戦争体験によって、日本軍機とアメリカ軍機への異なる情緒反応が固着したのである。

私の零戦に対する情緒的反応は、成人となった私が日本の靖国神社を訪れて以降、かなり減退したことをつけ加えておくべきであろう。私は神社のなかにある小規模な戦争博物館で、零戦などの兵器の陳列を見た。日本人が依然として太平洋戦争中に使用した兵器に誇りを持っていること、零戦を神社に展示していること、加えてサイパン島、沖縄、南京の戦争記念施設を私が訪問したことなどが相まって、日本の軍事力の象徴であった零戦に対し子どもの私が持った愛着心は急速にしぼんでいった。言い換えれば、零戦への固着された情緒反応は、その意味を認知的に理解することで変化したのである。

感情の表出

文化が違えば感情を表出する態度はかなり異なる。多民族社会のハワイでは、言葉がわからなくともテレビをつけて海外の映画を観るだけで、異なる国や文化における人びとの感情表出の違いを直ちにしかも簡単に理解できる。西洋人のなかでは、手のしぐさや豊かな顔の表情を用いた多彩な方法で、気分や感情を相手に伝えるイタリア人が印象的である。対照的に、スコットランド人はめったに感情表出を行わない。東洋人では、日本人、韓国人、中国人それぞれの感情表出の態度の違いは容易に判別可能である。韓国人は、女性も含めて大声で怒りや不満感を表出して相手にわからせようとする。対照的に、日本人はとくに多くの人を前にした場合などの公式な感情表出には注意深いが、私的にははっきりと感情を表出する。日本の警察が被疑者を尋問するとき、過酷かつ攻撃的に取り調べるのに対し、権威者に語るときには丁重で従順な態度を示すことは注目に値する。

一般に、アメリカ人と比較してアジア人は、感情とくに異性に対する親密な感情や攻撃性など否定的感情を公式な場では強く抑制する。また、人生において遭遇する不幸や悲しみなどの感情を、アジア人はより容易に表出する傾向がある。かつて私は、「ハンカチをたくさんご用意ください。この映画は間違いなくあなたをおおいに泣かせます！」という古い映画の宣伝文句を見たことがある。日本人はほかのアジア人同様、哀愁を好み、他者との悲しみの共有を好む。人生を楽しみ、愉快さと幸福感を好むアメリカ人とは対照的である。アメリカ人には、金を払って悲しい映画を鑑賞し、涙を流そうなどという者は皆無であろう。

アメリカへの移住後、私はゆっくりと自分の感情をいかに表出するかを学習した。台湾での私は、日常生活で悲しいことや不幸な出来事があると、家族や友人に「疲れた（tired）」と不平を言った。私たちは、心身の苦痛を身体的に表現することに慣れていたのである。ボストンにいたころ、アメリカ人が「今日は憂鬱だ（I am depressed today)」と頻繁に言うのを、私は意外に思いつつ聞いていた。それが、他人にとって否定的な気分であっても、あたかも自らの気分を率直に口にすることが良いことであるかのような印象を私は受けた。この態度に影響され、病院では、私も仲間の研修医に「今日は〜なので憂鬱だ」と言うようになった。しかし、昼間の仕事を終えて家に戻り、「今日はとても多くのことがあったのでからだが疲れたよ」と静に言うと、彼女はその意図を正確に理解した。

アメリカ生活において他者と感情を共有することは、少なくとも現代では肯定的態度とされている。それがアメリカにおける長いあいだの伝統によるものなのか、人びとに感情を抑制したり隠蔽したりせずに、むしろ表出を促す精神分析運動の影響なのか、私にはわからない。いずれにせよ、感情を家族、友人、同僚らと共有しない場合、「感情を抑えている」「感情を共有するほど親しくないのか」などと批判され、友好的ではないとみなされてしまう。率直な感情表出モードへの切り替えは、私にとって容易なことではなかった。しかし、私は最善を尽くし、感情を過度にならないよう適度に表出し、心理状態の不均衡を避けるよう努力した。私たちの感情表出方法は年少期に条件づけられるので、それを変えることは容易ではない。

私のクリスマスシーズンへの情緒反応についてここで再度述べたい。第3章に述べたとおり、ボストンへ行くまで私はクリスマスを祝ったことはなかった。それは、特定の若い人びとにとって私的なダンスパーティを開くための口実にすぎなかったからである。しかし、ボストンで暮らした最初の年、アメリカの人びとがクリスマスを喜んで祝う様子を見ていて、私にはクリスマスに対する悲哀を伴う否定的感情が生まれた。私は妻や子どもと離れて暮らす単身居住者であった。そして、クリスマスシーズンは私をホームシックにした。クリスマスソング、ショッピング、贈り物の交換などは私にとって悲しみの源泉となった。台湾へ戻り家族と再び暮らすようになっても、そしてアメリカへ移住した後にも、私のこの否定的情緒反応は消退するまでに数十年を要した。成人期に遭遇した情緒的トラウマといえども、癒えるまでにはこのように相当長い時間を必要とするのである。また、文化に関連する特定の出来事や事柄は、心理的トラウマの源泉ともなりうる。

身振り・手振りと行儀

身振り・手振りと行儀（gestures and manners）も幼児期に固着される可能性がある。子どものころの私は、身振り・手振りを日本の軍隊調に躾られた。戦時中日本人教師らは、つねに胸を張り、あごを引いて歯を食いしばり、兵隊が行進するように歩けと命じた。訓練が得意であったためか、私は後々までこの身振り・手振りを維持し続けた。各国からの観光客の多いホノルルのワイキキ近辺を歩いていて店に入ると、興味深いことに店員は私をよく日本人観光客と間違え、日本語で話しかけてくる。私は店員になぜ中国人ではなく日本人と思うのかを尋ねたことがある。すると、店員は私の身振り・手振りや行儀が日本人に見えるからだと答えた。第5章に述べたように、日本の戦争孤児の調査では、中国人夫婦のどちらが戦争孤児かを私は見分けることができた。それは彼ら戦争孤児が、子どものころに深くなじんだ日本人特有の身振り・手振りや行儀を維持する傾向にあったからである。

数多くの国からの訪問客がハワイを訪れる。アジアでは日本、韓国、中国からの旅行者が多い。彼らを遠くから眺めていると、しゃべっている言葉を聴かずとも、身振り・手振りや行儀、もちろん着ているものなどから、どこの国の人びとかを当てることは容易である。私がワイキキや東京の空港で、あるいはまた北京国際空港で日本人と間違えられる理由もそこにある。

最近私は、ヨーロッパにおける長年の同僚であるNorman Satorius教授に会った。彼は国際的に著名な研究者で、日本や中国を含む数多くの国々を訪れている。彼とは、私がまだ台湾で駆け出しの医師であったころからの知り合いである。数年前に彼とばったり出会ったときに、私は新しい名刺を彼に差し出した。彼は微笑みを浮かべ、私が日本人のように礼儀正しく両手で名刺を渡さないことを指摘した。私も微笑みながらそれに答えて、自分は（もう）日本人ではない、中国系アメリカ人だと言い返した。この長い付き合いの知人は、私の身振り・手振りと行儀が、礼儀正しいアジア人のそれから、かたちにはまった付き合いをしないアメリカ人のそれへと変化したことを見てとったのである。

認知と知識の増加

ここまでは、行動の非言語的な部分である感情と身振り・手振りなどについて語ってきた。ここで、認知、記憶、知識などが言語と密接に関連している部分についても述べたい。これらは、どの程度文化によってかたちづくられるであろうか。三つの文化から私が受けてきたさまざまな教育の形態、そしてそれらを通してどのように自分の知識を蓄え、思考方法を発展させてきたかについて、いま一度振り返ってみたい。

さまざまな教育制度における知識と認知の発展

私が若いころに受けた日本と中国の教育は、教育制度、教師の指導方法、生徒による授業内容の記憶方法などの点で類似していた。アジアにおいては、学校の試験に合格点を取ることが重要視されていた。しかし、そのためには数多くの事柄を記憶しなければならなかった。中国ではこれを、鴨を太らせるために餌を詰め込むことにたとえて「填鴨式教育」と呼ぶ。餌を詰め込まれ出荷を急がされる鴨のように、学生たちは試験で高い点を取り、優秀な学業成績を得るために知識を詰め込まれ、本を読んで多くの事柄を暗記させられた。私たちの頭脳は、何よりもまず書を読み授業内容を記憶するためにプログラムされたのである。独創的思考は重視されなかった。

青年期の私は、研修生時代に受けたアメリカ式教育において最も大切なことは、知識を受動的に記憶し蓄積することではなく、開かれた心と独創的方法で知識を獲得することにあると理解した。後の人生において、自分の考えと選択に従って新たな知識を探求するうえで、この理解は大いに役立った。

この考えは、医学生や精神科医を教える際の私の指導スタイルとなった。私は彼らに質問を促し、その質問の答えも自ら見出すよう励ました。これは、複雑な人間の心について学ばねばならない学生や精神科医にとって、とくに有用であった。精神療法の講義で中国を訪れると、私は必ず聴衆にノートをとるのをやめさせて、私の発言について考え質問を発するよう促している。これは、力動的で有能な精神療法家になるために習得しなければならない最も重要な技能である。

知識の領域

学習と知識は私にとって終わりのないものである。そして、私たちが学ぶ知識の範囲も、社会と文化によってかたちづくられる。特定領域の広範で詳細な知識に加え、どのような社会に属するかによってその他領域の限られた知識すら持つことは可能である。例えば、アメリカに移り住んだ当初、私は西洋人が一般にワインに関する深い知識を持つことを知った。彼らは、ワインショップに入るや棚に並んだ数百を数えるワインを見て、値段の違い、味の違い、どのワインがどの食事に適しているかなどを言い当てたのである。味わっただけで製造場所や製造年を言い当てる人がいるのを知って私は驚いた。それは、中国人の私には持ち得ない知識であった。私は酒類の別にはむしろ無知なほうで、知っているのは中国で最もよく飲まれている酒が米からつくった醸造酒と蒸留酒であることぐらいである。しかし、茶に関しては幅広い知識を持ち、自分が飲む茶にとてもうるさい中国人が知り合いにも数名いる。対照的に、西洋人は緑茶と普通の茶との違い程度しか知らない人が一般である。文化的背景によって、アルコール飲料と茶に関する知識の深さと広さに違いが生じる。しかし、ここでも国際化によって若干の変化は生じつつある。

文化が及ぼす影響のもう一つの例は、同族関係の用語にみることができる。英語では、brother と sister は同じ両親から生まれたきょうだいを指すが、中国語では兄（gege：哥哥）と弟（didi：弟弟）を区別し、姉（jiejie：姐姐）と妹（meimei：妹妹）を区別する。中国人は年齢による順位を重要視する。これは伯父・叔父や伯母・叔母についても同様である。英語では、uncle と aunt はいずれも父母のきょうだいを指す一般的用語にすぎないが、中国語ではそう簡単ではない。年齢による順位のほかに、父のきょうだいか母のきょうだいかも区別するからである。これは、父系制あるいは家父長制を重視する社会においては重要なことである。したがって、父方の伯父は伯伯（bobo）、叔父は叔叔（shushu）、母方の伯父・叔父は舅舅（jiujiu）と呼ばれ、父方・母方の別に加え、年齢による順位も区別されるのである。この同族関係の用語は日本語および韓国語でも同じで、少なくとも年齢による順位を表すために同様の体系が用いられている。このため、アメリカの研修では、精神科医が症例を説明する際 brother, sister, uncle, aunt に話が及ぶときには、いつもそれが兄弟なのか姉妹なのか、そして父方、母方いずれの伯父・叔父、伯母・叔母なのかを私は問いただしている。なぜなら、アジアの家族関係ではその区別への考慮が重要だからである。

私が若いころの台湾では、学校の授業に中国の歴史や地理の科目はあったが、アメリカを含む世界全般についてはほとんど学ばなかった。現在、アメリカで働きながら、自分には他国の歴史に関する知識が少ないことを感じている。また、文学についても同様である。四書に述べられた孔子の教えには詳しいが、シェイクスピアの戯曲や詩については、一、二作を高校時代英語の授業で読んだ経験があるのみでほとんど知識はない。そのほかにも宗教についての知識は少ない。キリスト教の聖書には多少のなじみがあったものの、コーランについて何かを知ったのは、「精神保健の概念：東洋と西洋」と題した国際会議の特別講演の準備に一部購入した最近のことである。勉強をすればするほど、習得する知識に際限はないことを実感している。

記憶と認知

知識がどのように習得されるかという主題を離れる前に、知識がどのようにして異なる言語で脳内に蓄えられるかについて述べたい。その例として最も適しているのは暗算のしかたである。子どものころ、私は日本語で九九と呼ばれる暗算の方法を教えられた。例えば、3×3＝9は、日本語で文字通り3と3を掛けた積は9を意味する「さざんがく」と記憶する。5×5＝25は「ごごにじゅうご」であり、8×9＝72は「はっくしちじゅうに」と覚える。1×1に始まり9×9に至る八十一通りの掛け算を、暗算のために歌のようにして覚えるのである。私は、この九九を日本語で完全に記憶していたが、小学校五年生のときに中国文化に復帰したため、今度は九九を中国語で記憶することになった。例えば、「さざんがく」ではなく「san san jiue（三三九）」、「ごごにじゅうご」は「wu wu er–shi–wu（五五二十五）」と覚えなければならなかった。

大学生になってからも、暗算が必要なとき私は小学校二年生まで習っていた日本の九九を使っていた。新たに覚えた「san san jiue（三三九）」よりも「さざんがく」のほうが簡単で速くすんだからである。しかし、成人期に達し、中国語を十五年以上使うようになって日本語よりも中国語のほうが流暢になると、暗算には中国語の九九を用いている自分に気がついた。今度はそのほうが計算は速かった。

そして、ハワイに三十年以上住み、英語での日常会話と作文が流暢になったいまも、私は依然として中国語で暗算をしている。英語ではなく中国語を使う理由は簡単で、「三かける三は九」あるいは「五かける五は二十五」を暗算のために英語で記憶したことがないからである。言い換えれば、私の脳には英語の九九が記憶されていない。私は、いまだに最も訓練した中国語の九九を使い、まれに日本語の九九を使う。これは、（異なる言語による）知識がどのように脳内に蓄えられ用いられるかは、どの（言語による）知識がより頻繁に利用されるかに依存することを具体的に示す例である。

意思伝達の方法

言語と実際の利用

言語について、言葉とその実際の利用とのあいだにある広いギャップについて述べたい。この論点を説明するには、私自身の経験を例に引くのがよいと思う。

一九六〇年代のある日、まだボストンに住んでいた私をアメリカ人の研修医らがニューヨークまで車で連れて行ってくれた。私たちがニューヨークに到着したとき、日はほとんど暮れかかっていた。そのアメリカ人の友人らとともに私は、日本食レストランで食事をすることにした。席についてメニューを眺めていると、アメリカ人らは日本語の達者な私に全員の注文をまかせると言った。私は躊躇なくメニューから何皿かの料理を決めてウェイトレスに伝えた。正式な和服を着て当初丁寧な態度をとっていた彼女は、私の注文内容を聞くと語気を強めて日本語で抗議した。もう夜の八時で閉店が近づいているのに、こんなにたくさんの注文をア・ラ・カルトでするなんて日本人として配慮が足りない、料理長に迷惑をかけないでくれ、というのである。何か間違いを犯したことに気づいた私は、即座に英語で以下のように答えた。私は日本人ではないし、日本語が流暢に話せても日本食レストランで食事をとるのは初めての経験である。日本語のメニューにも不慣れで、定食と単品料理の区別もつかない。私は安価なア・ラ・カルトでより多くの料理を食べたかったのだ、と。この経験から私は、言語を知ることと、それを使っている実社会を知ることとは、別ものであることを労多き方法で学んだ。言語に習熟するには実生活の経験が欠かせないのである。

すでに、本章で、東京大学で行った講演を開始直前日本語でやるよう要求されたみじめな経験については述べた。通常の会話を行うことと専門的講演を行うこととはまったく別である。日本語で知らなければならないことは非常に多い。誰かに話しかける際の言葉遣いは、相手次第で多様に変化する。相手が自分よりも上の地位にある者か、自分と対等か、自分よりも下位かによって言葉を選ばなければならない。序列は日本社会において重要である。また、性別も重要である。相手に話しかける際の言葉遣いは、話し手の性別によって異なる。これは言語にみられる文化の反映である。

私がアメリカ人の同僚とともにミクロネシアを訪れたとき、現地の老人の多くは英語をしゃべらなかった。

しかし、彼らのなかに日本語を理解する人はまだいたのである。太平洋戦争開始前から戦中にかけ、ミクロネシアは日本に占領されていた。こうしたお年寄りとの意思の伝達に、私は日本語を使ってみた。私のインタビューを横で聴いていたアメリカ人同僚は、面接終了後、日本語をしゃべる私はまるで別人のような印象を彼に与えたと興味深い意見を言った。日本語での私は声がより大きくなり、自己主張がより強くなったように思えると彼は言った。彼の眼には、英語をしゃべる私はよりやさし気な話し方をして自己主張が弱く、日本語をしゃべるときとは別人の印象を与えたのである。彼が言語によって私の行儀や態度が変わったことに気づいたのは、興味深いことであった。

現在、アメリカに在住している私は、アメリカ式の講演や発表方法を努力して身につけた。聴衆を参加させるよう促すことは重要であり、彼らに意見を述べさせ質問を喚起することは必要不可欠である。聴衆は参加意識と自らの貢献を感じたいのである。たとえ講演が非常に優れたものであっても、受動的に聴くだけの態度は好まれない。

多言語の使用

一つの言語しかしゃべらない人たちがいる一方で、多数の言語をしゃべる人たちもいる。私はたまたま後者の集団に属している。日本語、二種類の中国語（北京語と台湾語）、それに英語である。多言語を操ることがその人の思考にどのような影響を及ぼすかは、興味深い研究課題である。言語はすべて脳内の同じ領域に記憶されているのであろうか。言語は互いに影響し合うのか。とくにそれが発達の異なる段階で次から次へと学習された場合はどうであろうか。

私の持つ断片的情報では、こうした疑問の答えは部分的にしか得られない。どの言語のどの言葉を使って私は自分自身を表現しようとするのだろう。感情的になったとき、より具体的には動揺してののしったり毒づいたりするとき、私はどの言語を使うのであろうか。私はめったに他人をののしったりしないが、若いころ誰かに怒りを感じたときには、よく心のなかで「馬鹿野郎」とののしった。日本語で「おろかな人」を意味することの言葉は、相手への怒りを表出したり相手を見下したりするときに使うよう私の脳内に刷り込まれたものである。中国に復帰後も、おもに北京語をしゃべっていても相手への怒りを表出するとき、私は日本語の馬鹿野郎を使っていた。しかし、知らず知らずのうちにそれは中国語の「王八蛋（wanbadan）」に代わっていた。王八蛋とは、そのままでは道徳規範を持たない人間のことを意味するが、亀を意味することもあり、転じて妻が不貞を働き、面子をつぶされた夫の意を持つこともある。また、中国語で相手への怒りを表す言葉として、「絶種（juezhong）」がある。これは文字どおり子種を持たない人を意味する。かつて、中国では子種のあるなしがとても重要なことであった。日本語にも中国語にも、相手を罵倒するためのさらに多くの言葉や不快な言葉があるが、私は決して使わない。一つには、子どものころにそういった言葉を使うことを禁じられていたからだと思う。興味深いのは、アメリカに四十年近く暮らしていて私は、いまだに英語で相手をののしる言葉を知らないのである。当初、心のなかでは、馬鹿野郎や王八蛋を使っていたが英語で相手をののしったことは一度もない。実際には、他人から動揺させられても、心のなかではいざしらず、面と向かって相手をののしったことはないのである。おそらく、英語が私にとって外国語であり、そのために感情に対応する言葉が見つからないこと、そしてアメリカ社会においていまだかつて相手をののしる機会がなかったことなどによるものであろう。

自分を鼓舞したり困難に直面したりするとき、現在も心のなかで私は「がんばる」という子どものころ脳内に刷り込まれた言葉を使う。日本人教師に命じられたように、歯を食いしばり、しっかりとこぶしを握る（日本兵のように）ことはしないが、自分を励ますために私はいつもこの言葉を心のなかでつぶやく。中国語で「努力（nuri）」や「拼命（pinming）」あるいは英語で「work hard」あるいは「do my best」を使うことも可能だが、がんばるという言葉は最も強い感情的作用を私にもたらす。

私は、コンピュータで中国語のワードプロセシングを行う方法を学習し、中国語での原稿書きに利用している。習得には三カ月かかったが、現在はこれを得意としている。もちろん、コンピュータでの英文原稿のタイプ打ちにも習熟し、中国語と英語のタイプ打ちはどちらも同じ速度で行うことができる。私は、現在までに英語での書籍を約二十冊、中国語では四十冊以上出版してきた。書籍の出版は私にとって学術的に重要な実績である。私の子どもたちでさえ、私の書斎の書棚にある六十冊近くの本が私の著作であることを知って驚くほどである。

複数の言語が、どのように脳内に記憶され用いられるのかを考えるきっかけとなった私の個人的な体験を述べたい。コンピュータで英語の論文原稿を作成していて疲れてくると、私は中国語の原稿作成に移ることにしている（あるいはその逆）。これは、中国音楽に聴き飽きて西洋音楽を聴くこととほとんど同じである。こうすることで、私の脳はより長期間機能できるようになる。脳内の異なる部分がそれぞれの言語を蓄積し、重複せずに機能しているためではないかと私は考えているが、もちろん単なる推測でさらに裏づけが必要である。

文化に関連した言葉、文言、表現そして概念

多言語を話す人は、ある言語の言葉や文言をほかの言語に翻訳することは容易ではないことを知っている。さまざまな意味や含意がそこに伴うからである。ある言葉をよく知っていることと、その意味と含意を把握することとは別の問題である。第3章で述べたように、研修生時代に私は若い女性看護師から「私、ツェン先生が好きです（Dr. Tseng, I like you！）」と言われ戸惑ったことがあった。それは、私が「好き（like）」という言葉の意味を知らなかったことが原因ではなく、社交的文脈においてその言葉の持つ（とくに男女関係での）含意がわからずに途方に暮れたためである。アメリカ人にとって、他人を好いていることの表現は簡単であっても、中国人にとってその表現に使われた言葉は、意味論的に相手に恋愛感情を持つ可能性を表す言葉なのである。

冗談、諺、詩などは他言語への翻訳が難しい。それらはさまざまな含意を持つ短い文で伝達され、表現された言葉の裏にひそむさまざまな含意に基づいて意味は把握されなければならない。私はさまざまな言語で書かれた諺を好む。その多義性ゆえに自分の望むようにそれを用いることができるからである。いろいろな言語による諺は、多様な文化を反映した豊かな思考の源泉と私は考えている。

例えば、対人関係に関する日本の諺に「地獄で仏」というのがある。危難のときに思わぬ助けに会うことをたとえている。また、「仏の顔も三度」という諺は、いかに温和で慈悲深い人も、たびたび無理を強いられれ

ば最後には怒り出すことを言う。そして「鬼に金棒」という諺は、ただでさえ強い鬼に金棒（武器）を持たせるように、力強い味方はその人を強いうえにも強くすることをたとえている。これらの日本語の諺は、適切な対人関係を維持することの有用性、すなわち必要なときに他人から助けが得られることの有用性を強調している。

他人の噂話には注意するよういましめる諺は、ほとんどの文化にみることができるが、中国にはとくに多い。いくつかの例を挙げると、「千人の唾液は一人の人間を溺死させる」そして「寺院のなかの鐘の音は外まで聞こえる」がある。中国人の付き合いかたは、「言葉の裏に隠された意味を読め」の格言のように用心深く慎重である。前述したように、「千尺の谷底に到達することはできても、一寸の厚さのへその裏側に到達することはできない（千尺山崖可到底、一寸肚皮摸不透）」のである。

（共感によって）適切に付き合うことの道徳的美点を強調した諺はアメリカに比較的多くみられるが、その起源はイギリスやドイツなどヨーロッパの国々であることが多い。例を挙げれば、「贈り物にケチをつけてはならない（Do not look a gift horse in the mouth）」がイギリスに、「真実をもてあそぶとバイオリンで頭を打たれる（To play with the truth is to be hit by a violin on the head）」がドイツにそれぞれ由来する。

以上のように、さまざまな文化のなかには多様な考え、概念、価値観などが表現されている。そして、文化のなかで言語が反映する重要性がいかに多様であるかを知ることが、自らの知識の幅を広げ、人生において意味を持つ価値体系の選択を可能とするのである。

対人関係

諺に反映された対人関係について述べた後は、私が人生で経験した三つの異なる文化において経験した多様な対人関係について議論しておきたい。

対人関係の基本的力点

どのように対人関係を確立し、維持するかの方法論で重視される点は、日本、中国、アメリカの各文化において それぞれ異なっている。これは私が身をもって経験したことである。日本文化では、縦の関係における権威への忠誠心と親孝行に力点が置かれている。ほかにも「義理」が、友人同士など横の関係において尊重される。子どものころ、誠実な関係を良き友人らと築く方法を学ぶ必要があること、友人に対しては正しく公平であること、そしてできるだけ長く、できれば一生その交友関係を維持するよう心がけることなどを、私たちの日本人教師は教えた。友人から世話になったら、必ず同程度の恩恵を相手に返すことが必要である。その時期はすぐでなくともよいが、人生のうちで適切な時期を選ばねばならない。良い友人との交友関係は長く続くことに力点が強く置かれる。

一方、中国人の教師、友人そして両親からは、思春期から成人期にかけて以下のように教わった。助けや恩恵を、互いに与えられるような良い友人を持つことは重要である。しかし、過剰に長い交友関係には注意すべきである。なぜなら、友情というものは状況次第であり、とくに多様な現実との遭遇で変化するかもしれないからである。言い換えれば、友情は実際の状況を条件とするもので、生涯にわたるものではない。友人には親切にすべきであるが、友情が長続きしなくとも失望してはならない。

アメリカにおける友情について、成人期に達してからの私は、もっぱら短期間での良好な友人関係に重点を置くよう言われてきた。友人は引っ越したり移動したりするため、彼らに長い付き合いを求めるべきではない、というのである。友人はできるだけたくさんあったほうがよいが、それが生涯を通じて友であり続けることを期待してはならない。これは近代化、産業化、都市化など、移動が多く分離された個人的環境に特徴づけられた社会の価値観を反映している。

社会的関係に関するこうした見かたは、私の成長過程のさまざまな段階で遭遇した多様な文化的価値を反映している。しかし私個人は、良き友人たちとの交友関係を維持し続けている。なかには近い距離に住む人もいるが、友人の多くは遠く異国にある。しかし、彼らは親しみを持って互いに信頼と公平さを私と共有する人びとである。

依存と自立

対人関係に関して、私はアメリカへ移住した後に依存と自立の問題を経験した。第6章に述べたように、日本では、幼児期における両親の甘やかしと、子どもの両親への依存が成人期にまで続く傾向がある。これは日本人の性格の中核を形成し、社会的関係のなかに継続して観察することができる。家族関係と親密さに重点を置く中国においても、相互依存はある程度まで重要視される。しかし、独立を重んじるアメリカは、この点で特徴的に異なっている。子どものころから重要視され、実践されている基本的概念は「自立すること（to be yourself）」である。

私がボストンにいたころ、あるアメリカ人同僚研修医の妻が初産を経験した。しかし、生まれたばかりの新生児が産後二日目から母親と別室に寝かされたことを知り、私は驚きを禁じ得なかった。それが非常に早い母親からの分離であったからである。これは、日本や中国のそれと比べて際立った違いである。私は小学校へ入学前（六歳）まで、両親やきょうだいとともに家族全員同じ寝室で寝ていた。それは、当時わが家がほかの多くの中国人家庭同様、居間と台所のほかに寝室がたった一つしかなかったという単純な理由によるものであった。この寝室には、家族全員をゆったりと収容できるだけの広さがあった。私たちはさほど離れずに全員それぞれの布団で寝ていた。アメリカでは新生児から別々の部屋に寝かせることを知って、私は中国の友人らに子どもは何歳くらいから両親と寝るのをやめ自分の寝室を持つべきかを尋ね、独自に調査を行ってデータを収集した。回答のほとんどは三～四歳で、なかには九～十歳までは親と一緒の寝室でよいとの答えもあった。もちろん、文化的習慣のほかにも、実際家に寝室がいくつあるかなどの経済的要因を含め、数多くの要因が寝室の形態に影響するであろう。しかし、子どもが何歳になったら両親と離れて独立した寝室で寝るかという問題は、基本的に多様な文化における多様な心理学的概念を反映している。アジア社会では、長期間の依存が許容されるが、個性化を重視するアメリカ社会では、依存は否定的と考えられている。

他者をほめること

もう一つ私がアメリカで学んだことに、他者をほめることがある。これは、意見や情報の伝達の問題であるとともに、対人関係の問題にも直接的に関連している。アメリカに移住した後、人びとが家族を含めて他者をためらいなくほめる傾向にあることに私は気づいた。実際のところ、そうすることは善であると考えられていた。夫と妻は、親密さを表現するほかにも、友人らの前で互いをほめ合うのである。さもなければそのカップルは、不仲または夫婦関係に問題ありとみなされてしまう。これは東洋人の考えかたと対照をなすもので、日本や中国では、夫婦の肉体的な親密さを子どもを含めた人前で示すことは礼儀にかなわないと考える。そして、人前で夫婦が互いをほめることにもぎこちなさを感じる。二人きりのときでも夫婦間でほめ合うことは、他人行儀で奇妙な行動と捉えられがちである。親密な家族や友人同士では、相手をほめることは不必要と考えられている。

しかし、心理学の見地から、対人関係において互いをほめるのは良いことであると私は学んだ。自分が相手を高く評価していることを知らしめることは良いことであるし、相手の精神保健にとっても重要である。私は、当初これが苦手であったが、努めて相手をほめるようにし、手始めに子どもたちを相手に練習してから次第に友人、妻へと対象を広げていった。この新たに習得した態度は大きな報酬をもたらした。子どもや友人そして妻が自分の長所をほめられておおいに喜ぶところを見て、私はすぐにこの新しい態度を繰り返すことにした。そして、それは私たちの関係改善ももたらした。しかし、社会的関係において女性をほめることには非常に注意深くあるべきで、予期せぬ問題を回避するためにも、まったくの別問題として区別しなければならないことも学んだ。

男女間の関係

東洋と西洋の社会において遭遇した特徴的な相違の一つが、男女の付き合いかたである。これは必ずしも東西の文化の違いによるものではない。それはまた時間によっても影響を受ける。男女関係は、時間の経過によってかなり形態を変えるからである。とくに第二次大戦後、それは保守的傾向から自由主義的傾向へと変化した。

性心理的発達のための学校　―　日本の教育制度のもとで私が通った小学校は男女共学で、男子も女子も同じ学校で学んだ。しかし、男女が交流することはめったになく、互いの存在を意識していただけであった。中国の教育制度下で中学校へ入学すると、男女はそれぞれ別々の学校で学ぶことになった。ここでも男女が付き合う機会はほとんどなかった。男子生徒と女子生徒が通りですれ違うことはあっても、社交的会話を交わす機会はまったくなかった。もし、女子生徒が男子生徒から手紙をもらい、それが教師に見つかりでもすれば、教師はその子にクラス全員の前で手紙を読ませた。そうすることで、二度と彼女が男子生徒から手紙を受け取らないようにしたのである。思春期から青年後期にかけては、少年少女は別々に育てたほうが良いと考えられていた。私たちは互いに興味を持って意識していたものの、知り合う機会と経験は持てずにいた。第2章に述べたように、学校で性教育を受けたことはほとんどなかった。大学は共学制度をとっていたため、男女同じクラスで学んだ。男女の付き合いは時おり見られたが、ほとんどがグループ交際であった。大学の低学年では、個別の男女交際は普通にあることではなかった。言い方を換えれば、男女の関係について学ぶ機会は先延ばしにされたのである。アメリカの教育体系にあるような男女の相互作用を促す公式なプログラムや催しごとなどは存在しなかった。

対照的に、アメリカ育ちであるわれわれの子どもたちには、小学校在学中ですら同じ誕生日の少年少女がパーティーを催し、友だちを招待して互いに知り合う社交機会が設けられていた。学校が施す公式な性教育は、中学校に比較的集中して行われた。また、男子生徒が女子生徒を誘って参加するプロムと呼ばれる学校主催の卒業記念ダンスパーティーが社交行事としてあった。少年少女に社会的な付き合いかたを教えることは学校の教科課程の一部であった。これによって生徒らの青年期を迎える準備は可能となった。発達後期にアジア諸国から移住した生徒たちは、母国での男女関係に関する学習が遅いため、アメリカ式の少年少女関係への適応に難しさを感じたであろう。通常彼らの両親はこうした問題に明るくないため、若い世代の助けにはあまりならなかった。

世代の変化：性的抑制から性的解放へ　―　性心理的発達に関する学校制度の違いに加えて、若者は社会全体に起こりつつある変化についても学ばなければならなかった。つまり、変わりつつある時代とともに急速に変化する男女間に許容される性的関係である。台湾で高校に通っていた当時、男女のキスシーンが話題になったアメリカ映画が封切られ、多くの観客を集めたことを私はいまだに記憶している。それまで台湾では、男女の親密なシーンを含む映画の公開は許されなかった。それまでに公開された日本あるいは中国映画では、抱き合う男女の姿がシルエットで映るぐらいがせいぜいであった。しかし、一般大衆の親密さの表現基準が変化し、キスシーンの公開が許可されるまでになったのであった。多くの映画館がこのラブシーンのノーカット上映を宣伝していた。性的場面の程度によって映画を分類する検閲制度が発達したのは、かなり後になってからのことである。好奇心旺盛な高校生たちの多くが、成人向映画の上映館へ忍び込もうと試みていた。戦後、性に関する事柄は、明らかに保守から開放へとその傾向を大きく変化させた。保守的社会の人びとにとって、その傾向に追いつくことは困難なことであった。アメリカに住み始めた私は多くのことに驚かされたが、人びとが性的な事柄の対処にとても率直なこともそのうちの一つであった。

女性と働くことを学ぶ　―　私がハワイで働き始めたころ、医学生や精神科研修医のほとんどは男性で、女性の比率はわずかであった。しかし、過去数十年でこの傾向は劇的に変化した。現在では、医学生そして精神科の研修医の大多数が女性である。したがって、彼らへの精神科治療の教授法も変化した。過去の研修では、誘惑的な女性クライアントへの男性セラピストの適切な対処法に重点を置いていたが、最近は女性セラピストにとって潜在的脅威となる男性クライアントへの対処法に重点を置いて教えるようになった。それだけでなく、職場における異性の同僚や学生との適切な働きかたにも特別な注意が払われるようになった。いまや多くの女性が家庭外に仕事を持つ。専門的環境で男女が密接に働くことも多い。異性の仕事仲間との働きかたは現代社会における新たな学習課題であり、適切な境界の維持は新たな関心事である。性的嫌がらせを防ぐ方法や対処法の理解は社会的問題となった。病院では、医師、看護師、スタッフを含むすべての労働者が、性的嫌がらせに関する講習を毎年受けなければならなくなった。これは、職場での男女関係と男女の境界の適切な管理を確実にするための措置である。

権威との関係と調整

もう一つ私が日本、中国、アメリカの順で経験した大きな違いは、権威との関係性であった。それは両親に代表される権威と自分の関係のみならず、仕事における権威と私との関係も含んでいた。

多様な種類の権威の経験

日本の経験　─　第1章で述べたように、日本人教師からは権威への絶対服従を私は学んだ。頂点に天皇を最高権威として置くこの階層は、教師、両親の順に続いていた。私はこの概念と権威への態度に強く影響された。いうまでもなく、その後の出来事は私に多大な影響を及ぼした。当時、私はまだ子どもであり、権威への従順は絶対的に正しいと考えた。私の性格もそれを受け入れ、両親の家庭での教育がそれを補強した。最も重要な点は、それが戦時下であったこと、権威の力が最大限に強調された時代であったことである。

中国の経験　─　中国へ再び帰属してから、私の権威への態度はかなり変化した。それは単に青年期から若成人期にかけて特徴的な権威の疑問視ではなかった。権威の概念そして権威との関係性が、中国文化では異なっていたのである。孔子の教えに反映されるように、中国人にとって権威は大切なものであり、日常的家庭生活や社会においては重視されているが、権威の概念と権威に期待するものは日本人のそれとは異なっている。基本的に中国人は、従属者は権威を尊重し従うべしとの考えを持つが、権威は従属者に対して互恵的に慈悲深く面倒見が良くなくてはならないと考えている。言い換えれば、それは一方的な関係ではなく、双方向的な、互いに利益のある関係である。たとえそれが皇帝であっても、権威が慈悲ある心を持たず、天の規範や意思に従わないことが明らかとなれば、人民は権威を嫌悪しその座から引きずり下ろそうと試みるであろう。もちろん、専制的支配者に戦いを挑むことは容易ではない。それは危険な行為である。しかし、概念としての権威は絶対的とは考えられていない。天は皇帝に権威を与えるが、皇帝が人民に慈悲を示さなければ、天はその権威を彼から奪うのである。権威と従属者とのこの相互関係に基づいて、権威の面倒見の良さを期待しつつ従属者は権威のために懸命に働く。

アメリカの経験――アメリカ文化では概念的に平等が強調される。しかし実際には、権威は重要視され、従属者にとってかなりの力を持つ。従属者は権威が合理的で正しく機能している限り、それに従う責任を持つ。同時に、権威に対して従属者は意見の具申が許されている。たとえ権威が国の大統領であっても、適切に機能せず、あるいは間違った行為により有罪と認められれば、民主主義的制度のなかで弾劾され得るのである。

文化的状況における権威への適応

子どものころ日本文化のなかで育ち、その後中国文化を経験した私は、(東洋的な意味で)権威とうまく付き合う特定の能力を発達させた。洋の東西を問わず自分の長所を理解し潜在能力を伸ばす権威に対しては、とくにうまく対処した。幸運にも人生で数多くの慈悲深い権威者や、賢明な恩師にめぐりあうことができた私は、一生懸命努力し、彼らの指導、勇気づけそして支持を無駄にせず、有効に活用した。

一方、残念なことに何人かの権威者は、私に対して慈悲の情を示さず、公平に扱わず、発展を妨害した。こうした権威者への対処は困難なことであった。幼児期に権威に対し過度に従順であることを教えられ、私は心理的に自分を公平に扱わない権威者とうまく付き合うことができなくなっていた。私は彼らの持つ権威を真剣に捉え過ぎた。彼らを絶対的な権威者ではなく、単なる普通の人びととみることを学ぶまで、私は何年もの月日を必要とした。文化的観点から自分を適応させる方法、そして彼らの地位を過度に真剣に捉えず付き合う方法を、私は学ばねばならなかった。

家族内の関係

家族制度も東洋と西洋では大きく異なる。私は児童期、青年期、成人期の段階ごとに多様な種類の家族経験を持った。日本、中国、アメリカで家族がどのように異なるか、私の経験から述べてみたい。

多様な家族制度とモデル

日本的モデル　—　最も重要な特徴として、伝統的日本社会では主君が第一であり、家族は二の次であったことが挙げられる。これはおそらく数世紀にわたり存続した幕府制度の影響によるものであろう。主君はこの制度下で平民やその家族の生殺与奪の権を持っていた。家族は重要と考えられてはいたものの、主君または家族への忠誠のいずれかを迫られたときは、家族の重要度はつねに劣る。忠臣蔵という有名な話がある。四十七人の侍が家族を顧みず自らの命を主君の仇討ちに捧げた物語である。個人のみならず家族をも犠牲にした主君への忠誠な態度を描いたこの物語は、人びとの人気を集めていた。太平洋戦争末期、神風特別攻撃隊員が勇敢に自らの命を捧げたのは、いまからわずか半世紀前のことである。

伝統的に家族内においては夫が重要な役割を担い、妻は夫に仕えることを期待されていた。表を歩くときには、妻は夫から数歩下がって歩くべしとされた。遵守されたこの礼儀作法は、社会内のみならず家族内の階層も補強した。実際には、妻の家族内での発言権は小さくなく、夫の顔を立てるために自らの権力を巧みに行使せざるを得なかっただけなのである。戦後かなりの変化が家族内に起き、妻の発言権は増し、もはや夫の後ろを三歩下がって歩くことはなくなった。

中国的モデル　―　中国文化では、家族は人生で最も大切なものと考えられている。家族内では両親と子どもの関係が主軸を成し、父と息子の関係が公式には最も重要とみなされている。しかし実生活の感情面では、母と息子の関係が基本である。親孝行の古典的物語を研究してみると、そこに描かれているのはほとんど母と息子に関するものであり、父と息子に関するものはわずかである。理論上父親が一家の長ではあるものの、家族生活の中心は母親にある。両親に対し子が意見を表明するときには、子にふさわしい方法で行わなければならない。

アメリカ的モデル　―　文化的に家族内では個人主義が重視され、家族の構成員は親であれ子であれ、それぞれ互いに相手を尊重しなければならない。主軸とみなされるのは夫と妻の関係であり、親と子の関係は二次的である。礼儀正しく敬意を持って接する限り、両親に対して若い世代は意見を自由に表明できる。一般論として、成人した子は両親への依存なしに自活できることを証明するため、早期に両親の家を出て自立した生活を営むことが期待される。

私の家族についての省察

以上家族制度の文化による違いについて簡単に述べた。次に、私がどのような家族生活を送り、家族との経験が私の人生と人格形成にいかなる影響を及ぼしたかについて語りたい。

子どものころの記憶は断片的には数多いものの、なぜか私の家族生活、とくにきょうだいとの関係に関する具体的な記憶はない。おそらく姉が六歳年上であり、弟とは五歳離れていたせいであろう、私には同級生らとの付き合いのほうが多かった。両親に関する記憶では、母がよく京劇の戯曲や先祖についての話を聞かせてくれたのを覚えている。とくに、母方と父方双方の先祖の輝かしい歴史について学ぶことは、私にとって大きな楽しみであった（第２章）。母はまた、彼女の両親の結婚が男女の縁を取り持つ仲人によって決められたものであったことや、自分自身も十六歳で仲人を介して父と結婚したことなどを語ってくれた（第２章）。

父については、私が三歳のころ自転車に乗せてくれたり、小学校一年生のころ筆を使って習字を教えてくれたりしたのをおぼろげに記憶している。それ以外に父と遊んだ記憶はない。彼は父を七歳のときに亡くし、未亡人となった母の手一つで育てられた。小学校を卒業後、教師となるべく師範学校へ入学し、校則に従って入寮した。寮では日本式の生活を送り、身体的懲罰を含む日本式教育を受けた。知人から聞いて知ったことだが、父はどちらかといえば厳格な教師で、当時の学校教師が大なり小なりそうであったように、生徒の指導には厳しかったようである。私が子どものころは、学校で教師から体罰を受けたほかに、家でも悪さをしたときには父から体罰を受けた。こうして育てられたせいか、私は自分の子どもとくに長男を、アメリカ移住後も身体的懲罰をもって教育した。ある日、長男が私に対して声を荒らげたことに腹を立て、十代の若者になっていたにもかかわらず彼に手を挙げて厳しく罰した。私はそれを大いに後悔し、以来身体的懲罰は行っていない。

父は、当時台湾の父親の多くがそうであったように、子である私との直接的な意思の伝達を苦手としていた。第2章で述べたように、父は小学生の私に内緒で、二年間続けて級長に指名しないよう担任教師に依頼した。また、高校三年生のときには、私がどの大学へ願書を提出するつもりなのか、叔父を介して聞き出そうとした。これほど重要な決定について、父が叔父を介して間接的に探った事実に私は驚かされた。父が私の学業成績をいつも気にかけていたことは知っていたが、小学校教師でありながら息子の勉強を指導することはなかったため、私は自分で勉強するしかなかった。彼は私の成績がいつも優秀であることを知っていた。医学校から入学通知を受け取った日、私は父に真っ先に知らせた。そのときの父の喜ぶ様子はいまだに忘れられない。私がハーバード大学の特別奨学金研究員に選ばれたとき、そしてハワイ大学の教授になったときにも、父はとても誇らしげであった。彼が七十五歳で金婚式を迎えたとき、巻紙に書をしたため私に贈ってくれた。そこには「何度も読むより一度自分で聞くほうがまさり、何度も聞くより一度自分で見るほうがまさり、何度も見るより一度自分で習うほうがまさり、何度も習うより自分で創造するほうがまさる（百讀不如一聞、百聞不如一見、百見不如一習、百習不如創造）」と書かれてあった。私はこの書を額縁に入れ書斎に飾っている。これは私が一生大切にしている忠告である。父は教師としてまた親として、常に幅広く実践的かつ独創的な考えを持って学ぶよう勇気づけてくれた。

両親から受けた精神的支援にもかかわらず、感情的見地から振り返ってみると、私の実家ではあまり家族のあいだで会話を持つことはなかった。それが中国人家族にありがちな傾向か否かは不明だが、めったに私たち一家が団欒することはなかった。一緒に食事を取りながら、家族について話し合うことすらなかった。静と私が家庭を持ってからは、とくにアメリカへの移住後、夕食時に家族の会話を持つよう努力した。しかし、私にはこうした会話が得意ではなかった。子どもらは、お説教ばかりで心の通い合いや感情の共有がないと私を批判した。

もし、もう一度人生をやり直せるのであれば、家族とより親密に心を通わせ、より多くの感情や私的な事柄を共有したいと思う。また、人間関係における問題の対処方法など、親として子どもたちが成人してから役立ったであろう助言を与えたかった。アメリカ社会に移住したアジア人の親である私たちは、子育てのこの領域では不十分であった。

世代にはさまれて ― 文化的変化の犠牲者

家族の話題を離れる前に、アジアにおける私たち世代に共通する問題について語りたい。私たち世代は、いわゆる「サンドイッチ・プロブレム」と呼ばれる悩みを抱えていた。私たちが若いころ中国文化のもとで、親に対しては子どもらしくすべきである、すなわち両親を敬い孝順たるべしと教えられた。子どもらしく（fil-ial）あるということは、両親が年老いたときには面倒をみるべきという意味が含まれていた。年上の世代を支えるのは、若い世代の義務であった。中国には、「子を育てるのは年老いたときのため（養子防老）」という考えがある。しかし、私たちの世代が努力して親となったいま、文化的変化によって、かつてのように子どもたちに「子どもらしくあれ」とは期待できなくなってしまったのである。年老いたら面倒をみてもらうといった期待が持てないことはいうまでもない。私たちは若いころ苦労したが、年を取ってみると親であることの伝統的利益は失われてしまったのである。

民族的同一性

急速な文化的変化と外部との頻繁な接触の時代においては、民族的同一性（民族意識と帰属感）の維持は懸念される問題の一つである。自分の国に住んでいてさえ、多様な民族的背景を持つ人びとへの曝露や接触によって、自らの民族的同一性を失わないよう心配しなければならない。他国に移住し多様な民族集団と暮らすとなればなおさらのことである。まず、成長過程を通じどのように民族的同一性を発展させたか、私自身の経験を述べたい。

年齢と民族的同一性の発達 ― 私たちの子どもから得た教訓

第5章に述べたように、私たちの子どもの民族的同一性問題の認識と反応は彼らが子どものころに固着（fixated）された。私たちの末娘は三歳のときに幼稚園の仲間は全員が茶髪と碧眼の「中国人」と表現し、息子は九歳のときに自画像の髪の毛を黒く塗ってアジア人の出自を強調しようと試みた。こうした出来事は、民族的同一性の萌芽が三～四歳児から始まり、青年期に近づくにつれその児童の自信と民族的確信に強く影響することの例証である。少数派の民族集団に属している者にとっての民族性の感覚と同一性は、多数派民族集団から自分がどのように見られ、扱われているかによって変化し、肯定的にも否定的にもなり得る。

民族的同一性の変化 ― 私自身の経験

私の人生の最も重要で特徴的な側面は、生涯にわたる民族的同一性の劇的な変化である。私は子どものころ、日本占領下の台湾において心理的には自分を日本人と自覚していた。そして、戦後台湾が中国に返還された後は、青年期と成人期にかけて中国人、さらにアメリカに移住後の成人期から現在までは中国系アメリカ人と自覚してきた。

日本人から中国人への変化はかなり急激なものであったが、日本人という民族的同一性を放棄することにさほどの困難はなかった。これは、台湾在住の日本人とは異なる扱いを受けていたことを早い時期から感じていたせいである。家の近所に住む日本人の子らは彼らだけの学校に通い、私たち台湾人のみが通う学校とは異なっていた。また日本人は、肉や米の配給券を台湾人よりも多く受給していると言われていた。言い換えれば、たとえ日本名に改姓し家庭内で日本語をしゃべっていても、私たちは日本人ではないことを理解していたのである。日本の占領以前は、もともと私たちも中国人であったことから、戦後の中国領への復帰は迅速かつ何の困難もなく行われた。しかし、終戦直後から移住してきた本土の中国人との付き合いは、容易なものではなかった。私たちは本土からやってきた外省人と私たち本省人とを明確に区別した。ほどなく、第2章に述べたように、二・二八事件のような外省人と本省人の間の闘争が公然と起きるようになった。

最初にアメリカのボストンを訪れた当時の私は、民族的に中国人であるとはっきり自覚していた。折にふれ中国人は中国へ帰れとアメリカ人から民族的侮辱を受けた（第3章）が、私は自らの民族的同一性に懸念を抱いたことは一度もなかった。実際には、多数派のアメリカ人と暮らすうちに民族的同一性はより強くなった。

私たちがハワイへの永住を決めたときの事情は違っていた。アメリカに帰化し市民権を得て、中国人から中国系アメリカ人へと民族的同一性を変化させることが問題となった。民族的同一性を維持するか否かの問題の一つに、もともとの個人名を変えるか否かの問題があった。すでに述べたように、私は自分の中国名をアメリカの友人が発音しやすいように変えることを考えていた。幸いにも、同僚の一人であるアメリカ人研修医が中国名を維持するよう助言を与えてくれた。私はいまだにこの友人に感謝している。子どもの名前を変えるか否かの決定に関しては、第5章で述べたように私はさまざまな段階を経験した。第一子と第二子については中国名を維持させる立場を断固貫いたが、第三子には中国名をミドルネームに残すことを条件に、西洋風のファーストネームを許した。名前に対する私の態度は、年月とともに徐々に変化した。

国家的同一性と忠誠

国家的同一性は、民族的同一性とは多少異なっている。前者は自分が帰属する国家に関係し、後者は自分が結びついている人びとの集団にかかわるものである。国家的同一性は、その人が国旗や国歌にどう反応するかによって容易に見出すことができる。私の経験を以下に述べたい。

国旗と国歌に対する態度

日章旗　―　私が子どものころ、国旗といえば日の丸の旗すなわち日章旗であった。白地の中央に真紅の丸い太陽を模したこの旗は、日本が太陽を崇拝する神道の国であることを象徴していた。一年を通じ、私たちの小学校ではこの旗を毎朝掲揚する儀式を行い、国歌を斉唱した。私たちはこの国旗に対して真摯な敬意を払い、礼儀正しく振る舞った。この態度は、日章旗のために死ぬのは名誉であるとの考えと合わせて教育された。しかし、太平洋戦争が終わり、中国を含むアジアの多くの国々を日本陸軍が侵略し、惨禍を負わせたと中国人教師から教えられて、私たちの日章旗に対する忠誠心はかなり急速に薄れていった。日本の国歌についてはいまだ部分的に歌詞を記憶しているが、この歌に私が抱いていた愛情と敬意はとうの昔に消えてしまった。

青天白日満地紅旗　―　台湾の中国への復帰直後、中華民国国旗として青天白日満地紅旗が発表された。当時、小学校の四年生であった私には、中国から移住した外省人で仲の良い同年の友人がいた。彼は私を国旗掲揚式に誘ってくれたが（第２章）、三色を使ったその旗を私は好きにはなれなかった。私は自国の新たな国旗に奇妙な反応を抱いたのである。小学校六年生のときに私は、毎朝行われる国旗掲揚式の責任者を一年間任された。千人の生徒が出席するこの式では国歌が斉唱され、それを私は指揮したのである。中華民国の国歌は「三民主義をわが党は推進し、以って共和国を建設し、平等の世界を確立する……（三民主義、吾党所宗、以建民國、以進大同）」といった内容の歌詞を持っていた。これは、建国の父である孫逸仙（孫文）の遺言を国歌の歌詞に取り入れたものであった。私は建国の父を尊敬していたが、この歌は国民党員のものであって国民すべての歌とは思えなかった。中学校では制服と制帽の着用が義務づけられていたが、制帽には国民党員のしるしである青天と白日を表す徽章がついていた。これは国民を代表するしるしではなかった。十代の中学校生徒らはこのことを認識し、ひどく憤っていた。私たちは全員が国民党員ではなかったからである。しかし、誰もが意見を表明することをためらっていた。あえて政府に異を唱える者があろうか。国民党の旗を掲揚し国歌の斉唱を求められても、私たちがそれらに忠誠心を持つことはなかった。これは私が成人した後でも同じである。

五星紅旗　―　中華人民共和国の国旗として用いられているこの旗は、共産党が本土内戦に勝利し政府を樹立した際にデザインされたものである。当時、台湾の学生たちはこれを敵国の旗と教わった。国民党政府は五星の発音（wu-xing）を利用し、発音の類似した「汚腥旗（汚れて臭気漂う旗）」と呼び、共産党の旗として侮辱、また敵視した。

一九八一年、私はWHOのコンサルタントとして初めて中国本土を訪れた。広州に到着したとき、空港施設に掲揚された五星紅旗に私は感情的な反応を抱いた。赤い地に五つの黄色い星をかたどった旗は、ロシアの国旗に似ていた。私には約二十年のあいだ、それが共産中国の象徴「汚腥旗」と刷り込まれてきたのである。それは敵国の旗であった。私はその旗を目にしたとき、本当に恐怖を覚えた。私をWHOのコンサルタントとして親切に招待し迎えてくれた新生中国の国旗なのだ、と自らに言い聞かせることによって感情を抑制しなければばならなかった。

それから八年経ち、ほとんど毎年のように中国本土を訪れていた私は、北京の天安門広場で開催された中華人民共和国建国四十周年記念式典に海外在住の中国人として招待された。広場の周囲には数百の旗が掲げられ、新生中国を祝う数千の人びとが幸福そうに整然と行進していた。それを見て、私の五星紅旗への感情は変化した。私はそれを十億の国民が敬う中華人民共和国の国旗として認識し始めたのである。それから数年後に天安門事件が発生し、五星紅旗への肯定的感情はかなり減退した。しかし、再び中国が強大になり、とくにオリンピックでの中国チームの活躍ぶりや世界の大国としての姿を回復するのを見て、私の肯定的感情は復活しつつある。五星紅旗への感情は再び変化し、少なくともそれを台湾で刷り込まれたように「汚腥旗」とはもはやみなさなくなった。

中国（中華人民共和国）の国歌は活発な旋律と刺激的な歌詞を持っていることに私は注目した。「中華民族はたちあがり、敵と戦い、前進また前進せよ！」という内容の歌詞である。最近、中国本土に住む友人から、この国歌の作詞・作曲者は、日中戦争当時侵略者と戦うため中国人民を鼓舞する目的で書かれたものであると教えられた。

星条旗　―　少年のころ、それを日本の敵国旗と教えられた私にとって、星条旗はすでになじみのあるものであった。それは鬼畜米兵の旗であった。戦争が終わると、今度はそれが日本との戦いを援助した同盟国の旗であると中国政府から教えられた。大学生のころ、ある劇場用映画に星条旗が登場した。それは硫黄島の戦いでアメリカ海兵隊員が星条旗を戦場に打ち立てる場面であった。ハワイに定住を決めた後、私たちは子どもを連れてフィラデルフィアに行き、「自由の鐘」とそこに掲揚されているアメリカ旗を見学した。数年間待った後、私たちのアメリカへの帰化がやっと許可された。市民権取得式に参列し、壇上に掲げられたアメリカ旗を見たとき、これからはこの旗が私たちの国旗になると私は自分に言い聞かせていた。

しかし、この国旗に対する印象は、ベトナム戦争以降変化した。通りで反戦デモを行うアメリカの若者が星条旗を燃やしているのを見て、国旗は国民・国家の象徴にすぎないと考えるようになった。最も大切なことは、私たちがどれだけ自分の国を愛し、国の健全な存立のためにどれだけ貢献しているかなのである。

私は人生で三つの国籍を経験し、三つの国旗を敬うよう教えられ、三つの国歌を歌った。不幸なことに、結果としてそのいずれにも強い感情的愛着と敬意を持ち得なかった。私はいずれの国籍にも強い愛着は持っていない。仮に、生まれてからずっと一つの国籍で一生を終えたとしたら、私は異なる感情を抱いたであろうと思う。

国際競技に対する感情的反応

私がここまで議論してきたのは、単に国旗と国歌についてである。国旗と国歌は、自分自身の国民・国家への忠誠心とは異なる感情をもたらす。しかし、それはどの国民・国家に対するものであろうか。ある国への感情的忠誠は、その国のチームが国際試合の競技者となったときに観察することができる。そうした状況下では、自分がどちらの国を応援し勝ってほしいかが明確になるからである。

私が北京で開かれたオリンピック競技をテレビ観戦していたとき、ある試合ではアメリカチームが他国チームと対戦しており、私の応援はアメリカチームに向かっていた。そして、中国と他国チームとの対戦では中国チームが勝つことを望む傾向にあった。しかし、対戦がアメリカと中国の場合、私は努めて感情的にならずに試合を観戦していた。

戦争ではどうか？

オリンピック競技を観戦していたときに、私がハワイに定住を決めアメリカ市民権を得て以来抱き続けてきた考えが頭をもたげてきた。それは、仮に世界大戦という不幸な事態が起き、徴兵され戦場に赴かなければならなくなったとしたら私はどうするか、という疑問であった。アメリカ人として私はアメリカのために戦わなければならないであろう。もし、その戦いが正当化されるものであれば、「私の」国を守ることは正しいことであろう。しかし、仮に戦いがアメリカと中国とのあいだに起こったとすると、私はどうするであろうか。率直なところそれは個人的にとても困難な状況であろうと思う。このような恐ろしい状況が将来決して起こらないよう願うばかりである。米中間に平和をもたらすためならば私は喜んで努力する。この願望は、道徳的概念やイデオロギーのみに基づくものではない。それは国家的同一性、感情的関与、そして忠誠心の問題でもある。

道徳観および価値観

次に、文化的視点から道徳観および価値観について私が経験したことや教えられたこと、そしてそれらがどのように人生に影響を与えたかなどを簡単に述べたい。

異なる道徳観および価値観

日本的道徳における忠誠心と親孝行　―　第１章で述べたように、私たちの小学校の講堂には、舞台の袖の一方に「忠」もう一方には「孝」と漢字で大きく書かれた巨大な掛け軸が掛かっていた。この二つは、日本で最も重視された道徳的価値であった。「忠」はその究極に天皇を置く上位者に対するもの、「孝」は家族的権威に対するものであった。この二つは日本人にとり最も重要な道徳、と私は小学校で教わった。

中国の八つの道徳律　―　戦後、中国人教師から私は中国の八つの道徳律について教わった。すなわち、伝統的に重視されてきた「忠孝仁愛信義和平」である。私はそれを、忠孝のほかに他者への慈悲の心を示すこと、義務を果たすこと、調和を保つこと、平和な対人関係を維持するなどの六つの道徳規範が加えられたものと理解した。すべての道徳律のうち、孔子の教えで最も重視されたのは、他者に慈悲の心を示すことと私たちは教わった。

特筆すべきは、中国では良好な人間関係が社会的価値の本質とみなされることである。好意的な引き立て(favoritism)は通常に行われ、人生の目標達成には社会的関係を維持することが有用となる。対照的に、社会の秩序維持に必要な一般法の遵守にはそれほど重点が置かれない。

アメリカの倫理観と価値観　―　アメリカに暮らすと、アメリカ人にとり最も重要な倫理と価値は、新たな国家設立の基本的精神すなわち自由、民主主義、主体性であることが明確に理解できる。このほかにも、人びとは法律の遵守を重視する。秩序の維持と規則の遵守は重要であり、好意的な引き立ては重視されない。宗教的信念への忠誠も維持すべき行動規範とされるが、近年は減少しつつある。

自己に取り入れられた（introjected）道徳観と価値観
多様な道徳観と価値観を学んだにもかかわらず、分析的用語と概念を用いれば、私はそれらをすべて自分の精神（psyche）に取り入れて超自我を形成し、葛藤はなかった。結局、道徳律は良くあるための指標として意図されたものである。もちろん状況や事情によって、私は特定の道徳律や価値観をほかよりも重視するであろう。また、私の行動も変化した。アメリカ式にならい、私は一般法や規則をより遵守するようになり、一般法や規則に注意を払わないアジア人を見ると居心地が悪くなるようになった。

超自然的存在に対する宗教的信念と態度

道徳問題の議論に続き、宗教的信念について簡単に述べたい。
日本の神道　―　太平洋戦争が終わるまで、教師は毎年私たち小学生全員を連れて台南にある日本の神社に参拝した(6)。神社に到着すると私たちはいつも掃き清められた参道を通り、校長が鐘を鳴らした後胸の前で手を合わせ、厳粛に祈りを捧げた。生徒は神社に深い敬意を表すよう教えられた。しかし、神社の重要性について教えられたことは一度もなく、参拝の理由も説明されたことはなかった。私の両親は子どもを神社に連れて行くことは決してなかった。

時間が経つにつれ神社にまつわる私の記憶は消失し、神殿前の厳粛な雰囲気と手を合わせる祈りの作法だけが記憶に残った。成人してから日本を訪れ、若い女性（巫女）が純白に朱色の（韓国風）伝統衣装を着て神社の境内を歩くのを見て、私は神社が日本の神道形式による礼拝の場所であることを初めて知った。

東洋の仏教　―　中国は仏教徒の社会であるとよく言われるが、実際のところ中国は仏教徒のみによる社会ではない。多くの中国人が道教を信じ、祖先崇拝、シャーマニズムなどの他宗教も信仰している。興味深いのは、それが多様な集団のそれぞれにおける信仰ということではなく、さまざまな宗教が同一家庭内でも区別なく守られているという点にある。

例えば、私が三歳半のときに六カ月になる弟が亡くなったのだが、両親は（仏教の）僧侶を家に招き仏式で葬儀を行った。私が五歳のときには、一歳になるもう一人の弟の様子が普通ではなくなり、皆はそれを弟が転んだときに魂を失くしたためと解釈した。両親は（道教の）道士を家に招き、失われた魂を呼び戻すための癒しの儀式を行った。家の近所には廟《びょう》が二つあった。そのうちの一つには媽祖（Matzu）と呼ばれる守護神が祀られていた。媽祖は庶民が困っているとき、とくに漁民が海で嵐にあったような場合に慈悲深く救いの手を差し伸べるとされていた。もう一方の寺院には、三国志演義に登場する関公（Guang-gong）という、皇帝に忠実で非常に勇敢であった将軍を祀ってあった。中国人は、有名な人物が亡くなるとその人物を祀る廟を建て、人びとはそれを崇拝できるという考えを信じていた。私の母はそうした廟をときどき訪れていた。こうした廟のほかに仏教寺院もあり、私たちの学校の裏にもそうした寺院の一つがあったのを記憶している。そこでは頭を剃った僧侶たちが黄色の法衣を身に着け、いつも経を唱えていた。私の母方の祖母は仏教寺院を訪れしばらく留まっていたことがある。

両親は神や宗教について私に話をしたことはなかった。覚えているのは、特別な日になるといつも母はたくさん料理をつくり、家族の祭壇にそれを供えて、線香をたき私たちに先祖への祈りを奉げさせていたことである。夜には祭壇から下げた料理を並べた饗宴が開かれた。通常、これは祖父母など祖先の誕生日や命日に行われた。清明節になると、父に連れられて私たちは地方にある先祖代々の墓へ墓参りに出かけた。墓の前では花と果物を供えて線香を焚き、埋葬された先祖に崇敬の念を奉げた。理屈のうえでは長男である私が曽家の祭壇を管理すべき立場にあるが、ハワイへ移住したとき、祭壇は台湾に住む弟の家に預けてきた。しかし、台湾へ戻ると、必ず私は両親の遺骨が安置された仏教寺院にお参りをすることにしている。

西洋のキリスト教 ― 若いころの私は、キリスト教に接したり、キリスト教の教会を訪れたりしたことは、一切なかった。布教のために私たちの中学校を訪れたキリスト教の団体に対して私がいかに反応したかは第２章に述べたとおりである。音楽を奏で、神の愛についての短い教えを説いた後、改宗を押し付けた彼らを、私は批判した。

後に医学生となった私は、カトリック教徒の静と結婚するためにカトリック教徒になることを決心した。結婚後、二人は連れ立って毎週教会へ通った。カトリック教の神父は私たちにとても親切で、私たちも彼を気に入っていた。ハワイへ移住してからは、近所のカトリック教会を訪れたが、ミサは英語で執り行われ、台湾で行われていた中国式のものとは違っていた。次第に私たちの足は教会から遠ざかっていった。

私は聖書を研究すればするほど、それがユダヤ人の歴史についての伝記との理解を深めていった。キリスト教を西洋の産物と認識していた私には、それを受け入れて忠実に信仰することが難しかった。おそらく、幼少から愛着を持たなかったためであろう。成長に伴い、私は人間とは関係のない宇宙の法則という絶対的概念を受け入れ、それを信じて人生の指針とした。それは私の超自我の基礎となり、道徳的行動の土台となった。

天の概念――中国の伝統的思考と哲学を研究した経験のある読者であれば、そこには宗教的考えや信念が含まれていないことを発見したであろう。実際、古代の哲学者であり教育者でもあった孔子は、私たちが人生を完全には理解していない以上、超自然的存在（そして死後の世界）に何ゆえにこだわる必要があろうかと説いた。しかし、古来中国には宇宙を支配し人間の生命を導く抽象的存在である「天」の思想がある。これは人格が関与しない、単なる抽象的概念あるいは信仰である。そして、誰もが天の法則に従わねばならないと信じられている。古代道教の哲学者であり指導者である老子によれば、道あるいは自然の究極的法則に従うことが重要なのである。この老子の哲学的教えにも人格は含まれておらず、超自然的存在とは無関係である。こうした古代哲学者の宇宙観と人生観が、おそらく自分でも気づかないうちに私の人生に対する考えに影響を与え、天の意思を人生の指針としたのであろう。言い換えれば、それは哲学的考えであって、信仰ではないのである。

性格の発達、対処傾向、適応方法――自分の長所を生かす

ここで、私がどのような人格を育んできたかについて、自らの長所を生かした状況への対処法と適応のしか

たに重点を置いて述べたい。

忍耐と粘り強さを活かす

忍耐強く、粘り強く努力することは、私の生涯にわたる性格的強さである。これは遺伝による特性であろう。私の父もこの特性を持ち、私の子どももらもこの特性を有している。しかし、この性格特性が戦時下の幼年時代に受けた日本式教育によって強化されたことに疑問の余地はない（第1章）。前述したように、日本人は日常生活において忍耐強く物事を成し遂げようと頑張る傾向がある。「がんばる」という言葉は、仕事、競争、困難な状況下の作業などについて、日常会話で普通に使われる言葉である。週末も休まず忍耐強く働くためにつくられた戦時中の標語、「月月火水木金金」についてはすでに述べた。戦時下に受けた、文化に根ざす教育が私の努力、忍耐強さ、辛抱強さという性格特性を強化したことを私は確信している。

第2章で述べたように、大学の入学試験準備のため私は日に五、六時間しか眠らない日を三カ月ほど送った。また、私の最も重要な作品、『文化精神医学大全書（Handbook of Cultural Psychiatry）』の大書籍の執筆では、準備のために三年間でおよそ二千編の文献を読み、さらに二年間を八百頁以上の教科書原稿作成にあてた。原稿執筆中はほとんど週末も休日もなく作業し、二週間で一章のペースで二年間に五十章の草稿を書き上げた。私の努力は、学界から画期的な著作の単独執筆に対する独創的学問賞（Creative Scholarship Award）の受賞となって結実した。これは明らかに忍耐と粘り強さを生かした頑張りの結果であった。

計画立案能力の学習

一生懸命努力するだけでは不十分である。私は計画立案能力という資質も有している。これもまた、両親から受け継いだ能力に、幼少期の日本人や中国人らの教育が加味され獲得されたものであろう。

例えば、大学入試の難関を突破するのに三カ月しかないことを知ってから、私は一生懸命頑張ること以外にも、勉強の計画を立て、手持ちの時間を配分し、優先順位をつけ、勉強の順序を決定した。級友の多くは、この難しい試験の準備に約一年間をあてたが、私には三カ月しかなかった。この困難な状況の解決は、課題への短時間での対処法の立案能力によるところが大であった。『文化精神医学大全書』の執筆準備においても同様であった。通常、これほど大部の書籍執筆には、少なくとも五十人の著者が必要とされたであろう。しかし、単独執筆のほうが本の構成上メリットがあり、執筆材料への対処も容易であり、総合的かつ秩序立った内容になると確信し、私は一人で書き上げた。当時の文化精神医学の発展段階では、この方針でいくことが重要と私は考えたのである。私のこの判断は正しかったことが証明された。成功に大きく寄与したのは、本の執筆に関する私の計画立案能力であった。

困難に直面することを厭わない意思

私は人生においてさまざまな困難に遭遇してきた。大学一年生のときには、当時「世病（sickness of life）」と呼ばれていた結核に罹患した。世病という病名は、罹病すれば生活は荒廃し、回復の見込みはほとんどないことを意味した。そのころの私は心理的にどん底の状態にあった。しかし、幸いにも当時最新の治療を受け、生涯続いたかもしれない悲惨で命にかかわる状態から回復した私は、一生喫煙と飲酒はすまいと決意した。そして現在は、健康のためできるだけ毎日運動することを心がけている。この決意が身体的健康の維持に役立っている。

私はまた強い心理的ストレスに何度もあってきた。例えば、戦争中に成長期を迎え、劇的な政変と文化的変化さらには社会的混乱を経験し、若年成人期には愛する家族から離れて単身で留学し、ある権威者から不公平な取り扱いを受けた。そのたびに私は努力して困難と直面し、対処し、それを乗り越えてきた。

問題への適切で多様な対処方法を学ぶ

若いころの私は、時に問題とあまりにも真剣に取り組む傾向にあった。これは中国の諺「用厚頭皮去闖（頭皮を厚くしてぶつかる）」に従ったからである。この対処方法で多くの成功を経験したが、それはすべての問題を解決し、成功をもたらすものではなかった。年を取って、私は権威との対処に必要なさまざまな方法を学んだ。「上有政策、下有対策（上官は政策を立て、部下はその対策を立てる）」という諺は、上官が理不尽な規則あるいは制限を課したとしても、部下はその適応方法を学び、自分自身で柔軟に問題を解決しなければならないことを意味している。年を取るに従い、私は道学の教えの真価をより深く理解するようになった。老子は「柔を以って剛を制す（以柔制剛）」と言った。人生で遭遇する困難との対処を考えるうえで、それは一つの興味深い哲学的概念である。

アメリカに住むようになって、アメリカ文化からもう一つの問題対処法を学んだ。それは問題との直面を避けたり、不平不満を漏らしたりすることなく、努力して問題の対処法を探し出し、建設的な方法でそれを解決する態度である。これは、私の人生をより肯定的にそして建設的に送ることに役立った

好機のつかみ方を学ぶ

私の人生では、数多くの素晴らしい機会とのめぐり合いがあった。私はいつも失敗を覚悟でそうした好機をつかみ取ってきた。ハーバード大学への留学、イースト・ウェスト・センターでの文化と精神保健プログラムへの参加、世界精神医学会の比較文化精神医学分科会事務局長への就任と後の会長への就任、ＷＨＯのコンサルタントとしての中国への赴任、世界文化精神医学協会の設立と初代会長への就任などは、すべて天が与えてくれた好機である。私は果敢にそして迅速に、ためらうことなくこうした機会を捉えた。

これは業務面だけでなく、学術研究面でも同様であった。研究の主題がほかに類をみない興味深いもので研究の価値ありと直感すると、私は研究を適時に実施した。一例が、日中国交回復後、日本に帰国した戦争孤児とその家族の適応困難に苦慮した政府が行った調査である。日本政府が実施を計画したその調査に日本人同僚から参加打診があった際、私は躊躇なく承諾した。それは移民の文化的適応を、事前に用意した質問票によって前方視的かつ体系的に行う追跡調査であった。中国政府の一人っ子政策による児童の精神保健への影響を懸念した中国人同僚から研究への参加打診があったときも、私は即座に参加を決定した。私は、子どもらが幼稚園入園時から青年期に至るまでを、経時的に追跡調査する計画をデザインした。中国南部でコロの病が流行したときの調査も同様であった。それは、ほかに類をみない文化関連の精神現象の集団発生を、制約された時間

内に研究する機会であった。中国人同僚らとともに私は直ちに実地調査に乗り出し、有用な調査データを収集した。

好機をつくり出すことはできない。しかし、それが到来したときには、必ず私はすぐに行動を起こし、それを捉えるよう努力した。これは私が人生で学びとり、発展させ続けている資質である。この態度が、適応と柔軟性を重視する中国文化とどのように関連するかは不明である。しかし、明らかにそれは、好機を逃さぬことを重視するアメリカ文化の影響を受けている。

性格的欠点と補償

完璧な人間は存在しない。これは明白である。人間にはつねに対処・補償しなければならない欠点がある。私とて例外ではない。自分の性格上欠点と思われる特徴をいくつか述べてみたい。

遺伝した性格的欠点

若いころ、私はよく癇癪を起こした。これは明らかに親から引き継いだ性格的特徴の一つであった。なぜならば、私の父やきょうだいのほとんど、そして私の子どもたちが同じような特徴を持っていたからである。通常、私はのんびり構えているのだが、急いでいたり不安や緊張を強いられたりすると容易に癇癪を起こした。腹を立てた相手は多くの場合家族であった。最悪なのは、何かに不満を抱えていてもそれを口に出して抗弁せず、黙りこんで意思や感情の伝達を図ろうとはしないことであった。そして、外部から我慢の限界まで圧力をかけられると私は激怒した。妻や子どもたちとの付き合いに、この性向は不健康な作用を及ぼした。幸いにして、中年以降この性向は徐々に治まり、不満な感情を表出し、意思や感情の伝達を図り、できるだけ腹を立てないような感情の抑制方法を私は習得した。生物学的要因を伴う加齢が、この行動の変化をもたらした大きな原因と考えている。

私はまた強迫的に合理性を求める性向を持ち、感情の伝達はあまり得意ではない。そのため、人付き合いは不得手である。家庭での私は説教が多すぎると子どもたちは文句を言い、妻は私が人生を楽しむことに十分な注意を向けていないと指摘する。私の関心はつねに仕事上の問題に向いているため、表面的な付き合いは得意ではない。

私は詳細な事柄の記憶が苦手である。原因はおそらく子どものころに受けた頭部へのケガ、あるいはほかの神経学的、生物学的要因にあると思われる。いずれにしても、記憶を必要とする教科の成績はいつも不良であった。例えば、医学校では専門用語を数多く記憶する必要のある薬理学と病理学で及第点が得られなかった。中国語であろうと英語であろうと、人の名前を記憶することも苦手である。私の社会的関係にとってこれは妨げとなっている。また、電話番号や通りの名を記憶することも得意ではない。そのため、自動車運転の際には、この欠点を補償するため方向感覚に頼らねばならない。幸い、私は抽象的思考（記憶を必要としない限り）と計画の立案は得意である。

さらに、私には他者を否定的に批判するという性向がある。これが遺伝した性格的特徴なのか、あるいは後天的なものかは不明であるが、きょうだいのなかには同じような性向を持つ者がいる。この特徴は対人関係において有益ではないため、私はその抑制に努めてきた。幸い、中年になって以降、アメリカ式に他人をほめることを学んだせいもあって、この性向は改善した。

文化的環境を通した適応と補償

性格的特徴のなかには、文化によって強化されるものと阻害されるものとがある。アメリカへ移住してからの私は、できるだけ自由に自己を表現して長所をはっきり示し、「出る杭は打たれる」ことなど心配しないようにと勇気づけられた。私の性格的特徴の強さは、アメリカ文化に受け入れられて強化された。不平を言い他者を批判する代わりに、私は自分の性格的欠陥を抑制する方法を習得した。他者を称賛し肯定的提案を示す、という態度は歓迎された。これはアメリカ文化に暮らすことで得られた便益の一例である。

私生活の段階 ― 発展と適応

明らかに私の性格は、成長の過程に伴って発展してきた。精神分析家は人生の初期段階に重点を置くが、孔子は成人期後期に焦点を当てた[5]。人生の諸段階における私の性格の発展を、以下に簡単に要約したい。

幼児期：基本的性格の確立 ― この時期の私は両親から暖かい保護を受け、多くの教師から好かれ、肯定的で安定した性格を有していた。幼児期後期の戦争に伴う困難な状況にもかかわらず、日本式教育を通して私は忍耐強く勉学に励むこと、そして課題を達成するために計画を立てることを習得した。この二点は、いずれも私の性格における基本的な長所である。

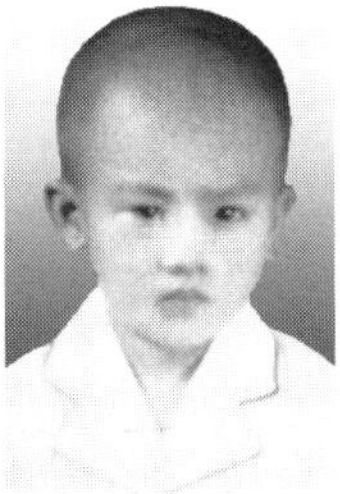
3歳ごろの児童期

青年期：混乱への適応 ― 十歳以降、戦後の青年期を通して、私はかなりの混乱とストレスを経験した。その原因は突然の国籍変更、社会そして文化の急激な変化であった。また、経済的危機と人種亜集団間の抗争を含む社会的混乱も経験した。中国文化と中国社会に暮らした私は、この時期の不安定な社会的、政治的生活に適応する方法を習得した。

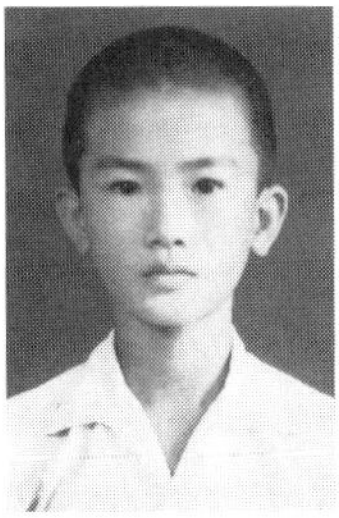
15歳ごろの青春期

若年期：重大な出来事への適応 ― 青年期を過ぎ二十歳から三十歳へと向かうころになると、人生の一大事と数多く対処することとなった。重い身体疾患への罹患と回復、医学校への入学と専門職業の道を進む準備、恋に落ちて結婚し、三人の子どもを設け家庭を築いたこと、これらすべてがこの時期に起こったのである。そして、それらすべてにそのつど適切に対応した。重大な出来事への適応が、この発展段階を通じて私の主要な課題となった。

18歳ごろの青年期

若年成人期：発展への好機を捉えること ― 三十歳から四十歳へかけ、若年成人の私には数多くの好機が訪れた。私はそれらを果敢に捉え、職業的成長の糧とした。海外留学、重要な役割と責任への挑戦、専門職業

30 歳ごろの成人期

40 歳ごろの壮年期

50 歳ごろの中年期

キャリアの確立、家族の発展、これらすべてはこの時期に起こったものである。アメリカの新たな文化を経験し、アメリカ社会に永住することを決定した。私と家族の人生におけるこれらの劇的な変化には、力動的で建設的な適応が必要であった。

成人期：自らの長所の発展 ― 四十歳を過ぎて人生の重要な時期に入ると、アメリカでの生活における国際的な活動の機会も広がり、私は自分の長所と専門領域を発展させた。精力的に活動を続け、継続的に人生の計画を立て、楽しいことそして価値があると評価したことに関与し続けた。同時に私は人生における視野を広げ、自信と決意を持って潜在能力を十分に発展させるべく努力した。

中年期：安定と継続的発展 ― 五十歳を過ぎて、それまでに確立した個人、家族、専門職業にかかわる人生の実績を基礎に、私はすべての局面で安定化を図り、可能であればさらに発展と拡張を試みた。子どもらはみな大学を卒業し、財政的に余裕のできた私たち夫婦は、エンプティ・ネスト段階（空巣期）を楽しむ準備ができていた。専門職業の分野では静も私も望んでいたものはすべて学びとり、目標に向かって力強く進んで行った。この時期は私たちにとって収穫の時期でもあった。それまで達成した私個人、家族、学術研究にかかわる果実を享受することができた。

初老期：思慮深い選択と関与 ― 六十歳に達し、私は心理的に人生の時間的制約を感じた。そして、自分が関与したい事柄を思慮深く選択するようになった。長期間の約束や仕事を引き受けることに注意深くなったのである。私はできるだけ人生を楽しむようになった。身体的、精神的健康には恵まれていたので、できるだけ仕事から引退する時期を遅らせた。まだまだ学術的に重要な貢献ができると感じ、同時にそれまでに達成した業績にも満足していた。

60歳ごろの初老期

70歳ごろの老年期

老年期：最後の準備　―　七十歳を過ぎ、私は人生の最終段階に自分が近づいていることをより強く意識するようになった。自分が関与したい事柄には継続的に関与しているが、この世を去る前にやり遂げておきたいことについての計画を立て始めた。哲学的には、次の世代のために何ができるか、文化を通じた世界への貢献などにより関心を抱くようになった。この回顧録の執筆も目標の一つである。

所感

多文化への曝露による便益

顧みると、日本、中国、アメリカの順に人生のさまざまな段階で経験した、明らかに異なる三つの文化の影響を自分の人生にみることができる。文化から文化への移行に継続的に適応せざるを得なかったため、ある意味で私は頻繁に文化的変化に苦しめられた。同時に、多文化の経験により多大な便益も享受した。そして現在は、ハワイという多文化・多民族社会に暮らしている。さまざまな文化への曝露と多様な文化のなかで、人びとと事象に対処してきたことで、私は自らの生活へ及ぼす文化の影響の大きさを正しく評価できるようになった。

多様な文化への異なる順序での遭遇

日本、中国、アメリカの各文化を私はこの順に経験した。しかし、もし順序が異なっていたとしたら、どのような影響を受けたであろうかと私はつねづね考えていた。仮に、私がアメリカで生まれ育ち、青年期に中国へ渡り、成人期は日本で落ち着くことになっていたとしたら、私の人格形成にとってそれはどのような影響を与えたであろうか。仮定の問題ではあるが、将来考察の価値はあろうと思われる。

文化的理解と自己および他者への共感

三つの主要な文化を生き、現在も多様な文化のなかに生き続けることの便益を要約すると、文化は抽象的であり、意識しなければ不可視的であるにもかかわらず、われわれの生活においてとても重要な役割を担うことを理解させてくれたことであろう。多様な文化への曝露は、文化が及ぼす私たち自身の心理的生活面への影響の理解を刺激するだけでなく、他文化に暮らす人びとへの共感を伴う理解をも要請する。自己の文化的理解と他者への文化的共感は、多様な文化的背景を持つ多様な人びとが調和を保って暮らし、互いから学び、心理的成熟を達成するための基礎である。

第9章 理論的考察のための総括

最終章となる本章では、性格形成に及ぼす文化的影響について、私の経験を基に総括してみたい。そのためには、まず私が文化と性格をどのように理解しているかについて、詳述しなければならない。

文化と性格の基礎的理解

文化における安定と変化

私が最初に学んだ文化の定義は、幾世代にわたる比較的安定した伝統の継承、というものであった。しかし多様な文化においては変化の速度もさまざまで、時には速く、一世代のあいだに変化する場合もあったし、あるいは数世代にわたる変化もあった。変化の範囲もまた大小さまざまである。変化を生じさせる原因として、社会内に存在する要因、あるいは外界への曝露による結果などが挙げられる。

私が幼年期に曝露された日本文化は、主として戦時下の文化であり、権威への絶対服従と国家への忠誠を重視したものであった。終戦後の日本文化には大きな変化が生じた。天皇を神格化する概念は廃止され、権威への態度は戦時下のように絶対的なものではもはやなくなった。この変化は、第二次世界大戦終結後、一世代のうちに生じたものである。

私が経験した中国文化は、私の成人期のうちに変化を繰り返し、結果として両親が彼らの世代に経験した中国文化とはかなり異なるものとなった。恋愛結婚が、男女が互いに会うこともなく人を介して結婚する伝統的見合い制度にとって代わった。これは一世代以上をかけて生じた変化の好例である。戦争とくに内戦の混乱を経て、民主主義制度が中国社会においても実施された。人びとがそれを習得し、活用するには時間が必要であった。台湾そして中国本土では急速に経済が発展し、社会的、文化的に自信を深めた私たちは、中国人としての民族的同一性を再び獲得した。

私が経験したアメリカ文化もまた特定の分野で変化を続けた。例えば男女関係はより自由になり、もはや結婚制度は過去の世代のように重視されなくなった。少数派集団への差別も過去数十年でかなり低減した。多様な民族的・文化的背景を持つ人同士の付き合い、多様性への寛容さ、多民族・多文化集団間の結婚などの方法論をアメリカ人は学んだのである。

要約すれば、文化は安定的であると同時につねに変化し、そのダイナミックな変化に終わりはない。社会の構成員である私たちは、社会に生ずるこの変化に直面し、追いつくための準備を文化的視点に立って整えなければならない。

集団行動および個人行動

私たちは、人間として互いに多くの普遍的性質を共有するということを、私は指摘しておきたい。例えば、日本人であれ、中国人であれ、アメリカ人であれ、愛する者を失ったときには、喪失への一般的反応である悲しみを表出する。しかし、経験する悲嘆の過程そして喪失への対処は、文化によって大きく異なる。私の小学校時代の教師がそうであったように、過去の日本においては夫が配偶者を失った場合、義理の姉妹と時をおかず結婚し、夫婦生活に間隙の生じぬようにすることが期待された。中国の習慣では、私の父が祖母を亡くした直後、一年の喪がまだ始まる前に母を娶ったように、男性の面倒をみるための女手を家庭に絶やさぬことが期待された。インドでは、未亡人は夫の死後生涯再婚することなく、喪に服し続けることを強要された。この文化的制約は、インドにおける未亡人の多くに抑うつ状態をもたらした。アメリカでは家族の一員が欠けた場合、簡素な葬式を行って故人を偲ぶ以外、伝統的な対処方法はとくにない。アメリカ文化においては、他文化に比べ死への対処法はより自由である。

特定の生活状況への対処方法にみられる文化的期待に伴い、私はある集団の構成員が共通の思考、価値、行動などを共有し、共通した特定の性格特性を示す傾向にあることも学んだ。例えば、ハワイの人びとの日本人への評価は、責任感があり秩序と清潔さを好む、勤勉であるがときに強迫的といったものである。中国人については、公共よりも家族を重視する、貯蓄のために一生懸命働く、吝嗇な人も多い、などの評価が一般である。またアメリカ人については、一般に外交的で社交を好むが、自己中心的な人も多いと評価されている。こうした観察が当たっているか否かは別にしても、それは少なくとも日常生活における人びとの観察に基づく、特定民族集団への印象を反映するものである。

しかし、集団の構成員には数多くの個人的変動があり、固定観念を持って彼らを見るべきではないことも私は理解していた。人はそれぞれ他と異なる存在として扱われ、関係づけられなければならない。私は少年時代に、ある日本人教師から理由もなく残酷な体罰を受けた。しかし親切な日本人教師もいた。中国人の権威者のなかにも、私の将来を案じて支えてくれる者もあれば、私を抑圧し専門職業上の発展を妨げようとする者もあった。アメリカ人はおおむね規則を守り名誉を重視していたため、私は信頼していたが、実際には信頼の置けない人もいた。一般化された人物像にこだわることなく個別の違いを見分け、適切に対処するのは私たちの責務である。

文化と性格の相互作用

文化と性格について語るとき、私たちは文化が個人に及ぼす影響により重点を置いて語りがちである。しかし、文化と性格は同時にかつ互いに影響し合うことを忘れるべきではない。結局のところ、文化は人間の思考と行動の所産なのである。

一例を挙げよう。私が中学のころ、男女間の交際は厳格に禁止されていた。もし男子が女子に付け文を送りそれが学校側に見つかろうものなら、その女子はほかの生徒たちの前で手紙を読み上げさせられ、交際を試みたことへの懲罰的屈辱を受けた。その背景には、彼らが男女関係を持つには未熟という文化的概念があった。今日では、携帯電話の普及などによって、男子生徒と女子生徒間のコミュニケーションに制約はなくなった。彼らが早くから社交性を享受するようになった結果、文化は発達の早期段階における男女の社交性への姿勢において変化せざるを得なくなったのである。

対照的に、専門職業を持つ女性の多くに若年結婚や出産への興味喪失、結婚を遅らせる傾向などがみられる。この傾向に伴い、文化もまた大きく変化しつつある。シンガポールや日本では、上流階級の女性の出産への興味喪失に、政府は懸念を抱いている。なぜならば、人口減少のみならず次世代の上流階級児童の不十分な知力、人口構成のひずみなどをもそれはもたらすからである。そのため政府は、若く教育レベルの高い女性の出産意欲を促す施策を展開している。これは日本政府による「産めよ、増やせよ」の標語を生んだ戦時下の人口政策に類似しているが、当時はアジア諸国の植民地化に人口の増加を奨励する必要があった。言い換えれば、集団を構成する個人が、知らず知らずのうちに自らの文化を変化させ、かたちづくっているのである。

歴史的にみれば、私たちは強力な指導者や知識人集団による数多くの社会的、政治的、文化的変革を目撃してきた。明治期の日本における社会と文化の近代化、中国で起きた反伝統的な文化大革命、そして奴隷解放を目的としたアメリカの南北戦争などがその例である。

性格形成の多様な次元とレベル

性格について議論するとき、私たちは性格をある個人に固有な全体的顕示として捉える。しかし仔細に検討すると、個人の性格は構成要素、レベル、機能と性質、文化による影響などの点で、多様な分類が可能なことに気づく。ここでは、性格の多様な次元とレベルや文化との関連性について議論したい。

感覚、欲望、そして愛情の一義的次元

私たちの性格には、その一義的レベルにおいて感覚、欲望、愛情などの機能を実行する、生物学と生理学により直接的に関連する構成要素がある。精神分析的観点では、これはイド（id）の機能と呼ばれる性格の基本的部分とされる。

感覚認知の固着 ― 幼児期に経験し固着された食べ物の味は、成人期を通じて維持されることが多い。前述したように、初めて渡米した当時の私は、子どものころ食べ慣れていた米麺汁や魚肉団子汁などの味をとても恋しく思った。幼児期に味わった中国料理への渇望が消え去るには五年の歳月を要した。病気になったり食欲がなくなったりすると、必ず私は子どものころに食べた魚粉入りの米汁や胡瓜の漬物が食べたくなった。

私たちが中国残留孤児の調査を行った際には、彼らが中国人の里親に引き取られて養育された後も、養子となる以前に食べた日本の甘味を忘れず、いつまでもその好みを維持し続ける例が観察された。彼らはまた、日本人の親元で幼児期に身につけた習慣の一つである頻繁な入浴を好んだ。

このことは、味覚、視覚、聴覚、触覚など身体感覚の幼児期の体験が、成人期を通じて持続することを物語っている。しかしこの幼児期の刷り込みは、絶対的あるいは恒久的なものではない。それはほかの要因次第で減弱したり消失したりする可能性がある。

愛情そして情動的反応の刷り込み ― 身体的感覚に伴い、情動的反応も幼児期に刷り込まれる可能性がある。零戦の爆音に対する私の肯定的反応と、静の示した否定的反応については既述した。これは幼児期の異なる経験に起因している。しかし日章旗への私の愛着は戦後すぐに消退した。それは私が日章旗の象徴する政策

に気づき、認識を新たにしたためである。一方で、五星紅旗への恐怖感は私が中国本土で過ごす時間とともに変化した。言い換えれば、認識作用（cognition）が私の過去の感情を変化させ得たのである。

深層心理学：夢における顕示　―　私がみる夢の内容は、発達段階に伴って変化し続けてきた。少年のころにみた夢には、迷子になったり怪物に追いかけられたりするなどの悪夢が多かったが、成人してからは中学校や医学校での困難な時期に関連した夢を多くみた。老人となった現在は、おおむね仕事上の最近の出来事に関連した夢が多い。

私が夢のなかで用いる言語について述べておきたい。まず、深い夢には行動と感情表出のみが伴い、言葉がそこで発せられることはない。しかし浅い夢では、言葉が発せられたり、思考が現れたりする。少年のころにみた夢では、どの言語のどのような言葉が用いられていたかの記憶はない。それが日本語であった確信はない。おもに中国語を使っていた青年期にみた夢では、中国語をしゃべっていた。しかし英語を使うようになったここ数十年来、夢のなかでは英語を使う傾向にある。このことは、夢のなかの言語が最も頻繁に用いる言語に依存すること、そして一次的思考過程への言語の深い影響を示唆している。

より高次の自我機能　―　言語、認識作用、そして思考

夢で用いる言語と同様、日常独りで考えたり自分に言い聞かせたりするときに使う言語がある。過去にはほとんど中国語を用いていたが、最近は英語をより頻繁に用いるようになった。英語を用いる社会に暮らすようになって、私の日常言語も英語になったのである。子どもたちに中国語の聞き取り能力や話す力をつける目的で、以前は中国語を使っていたが、徐々に彼らとの意思の伝達には英語を用いるようになった。重要な事柄を彼らと議論したいときなどは、とくに英語を用いた。英語のほうが伝えたいことの説明がより明確で容易なことがわかったからである。子どもたちにとって、中国語での複雑な概念の把握が困難になったことも一因であった。

特定事象を認知レベルで視認し、理解し、感じとる方法の修正は、比較的容易に行い得ることはすでに述べた。具体的な例は、国家としての日本に対する私の観点である。認知レベルでの私の観点は、戦後劇的に変化した。新たな観点を取り入れた私は、旧い見かたを時間の経過とともに容易に捨て去った。かつて零戦に対して抱いていた愛着の変化は、それよりも長い時間を要した。また、教育のほとんどを台湾政府のもとで受け、共産中国を「敵」とみなすよう教えられたが、本土の中国人との個人的接触を経て、彼らへの見かたは十年もしないうちに正の強化を受けて変化し、敵という印象は完全に払拭された。

以上述べたように、新たな情報と知識の獲得に伴う認知と思考に関連する精神機能の変化は、基本的感覚や愛着に比べ容易に起こり得る。ただし、新たな思考方法のための持続的な正の強化がそこには存在しなければならない。

哲学的視点と信念

認知、知識、思考とは対照的に、おそらく精神機能の最も高次なレベルにある哲学的観点と信念は、日常生活では通常明確に認識されることはない。人生に対する哲学的観点と態度は、知らず知らずのうちに両親、教師、周囲の人びとなどからの文化化（enculturation）を介して得られるものである。しかしこうした哲学的観点や信念は恒久的なものではない。それは自らが曝露され適合した哲学的観点によって、徐々に影響を受けて変化する可能性がある。直接的、間接的な文化的環境の変化に伴い、私は人生の基本的観点を変化させてきた。私の発達過程は、権威への責任遂行を人生の目的とする日本の伝統的観点に始まり、人生で生き残るためには考えを順応させなければならないという中国的信念に移行し、そして最後に人生と仕事は楽しむためにあるとアメリカ的信念へ向けてわずかに変化した。しかし、こうした変化は私が遭遇した文化体系にすべて起因するものではなく、加齢とともに生じた心理的発達にも関連している点を指摘しておくべきであろう。

前述したように、日本の神道、中国の仏教と道教、西欧のプロテスタントやカトリックなど多様な宗教的信念への曝露にもかかわらず、私はそのいずれとも深くかかわることはなかった。私は人間がかかわる宗教的信念体系よりも、中国の伝統的な抽象概念である天の法則により強い関心を抱いた。

以上のように、性格の哲学的次元はほかのレベルに比べて成長と加齢の段階に伴って形成される傾向が強く、曝露された特定の文化体系には比較的固着されにくい。少なくとも多様な文化的環境と超自然的信念体系に接した私の経験からは、そう言うことができる。

性格形成への時間的影響

人生を顧みて、私は性格形成に文化が及ぼした時間的影響にも注目した。この点につき以下の二つの観点か

ら詳述したい

幼年期から老年期までの影響

精神分析家は、性格すなわち動因、愛着、そして行動パターンの根源を、幼児期の経験に求める傾向にある。それらは固着され、生涯私たちから離れることはない。幼年期に負った心的外傷が適切に解決されないと、成人期に情緒的問題となって表面化することがある。

しかし幼年期の経験が重要とはいっても、文化的視点からみれば、一次介護者つまり親から文化的観点と価値体系を吸収し取り込むのは、文化化の過程を通してであり、その過程は生涯にわたり継続する。例えば私は、青年期に中国文化を、そして成人期にアメリカ文化を吸収し取り込んだ。老人期に入った現在も私は周囲の環境から影響を受け、考えかたを変えたり過去の価値体系を修正したりしている。つまり、新たな文化的観点や価値体系を獲得する文化化という過程は、発達の初期段階だけでなく生涯を通じて続行するのである。

多様な文化への曝露の順序が与える影響

すでに述べてきたように、私たちの生活はつねに新たな文化によって影響され続けている。問題は、いずれの段階でどのような種類の文化体系に曝露され、それがどのような影響を私たちに与えるのか、という点にある。私はつねづね、「もし自分がアメリカ社会に育ち自由と自立の文化を享受してから、成人期に厳格な規律と規則的方法を重んずる日本に住んで働き、その後規則に対してより柔軟で法体系の異なる中国に移住していたとしたらどうなっていただろうか?」という仮定の質問を自分に投げかけている。私は一体どのような人間になっていただろう。言い換えれば、日本、中国、アメリカと続いた曝露の順番が異なっていたとしたら、それはどのような影響を私の性格に及ぼしたであろうか。文化的影響が異なるであろうことは理解できるが、どのようにそれは異なったであろうか。この難問の答えは将来の研究に待たねばならない。

文化と性格のあいだのダイナミックな相互作用と統合

最後に、私の経験した多様な文化体系が現在自分の心のなかでどのように機能し、全体的な影響を与えているかについて詳細に検討してみたい。現在私は、日本、中国、アメリカの各文化と言語から影響を受け、それぞれの文化に分類可能な言語と思考を有効に利用している。

ダイナミックな選択と統合

すでに述べたように、コンピュータに向かい中国語の仕事をしながら中国音楽を聴くと、気分や雰囲気が刺激を受け、中国語での新たな創造的思考が容易になる。また、日本に関することを記述しながら並行して日本の音楽を聴くことは、日本的生活や日本的対象への感情を誘発する。つまり音楽によって、私の仕事に関連した気分や思考が誘発される。言語と思考だけでなく、聴くことで誘発される気分も一緒に心のなかで統合的に作用し、脳内に蓄えられた特定の文化的セッティングを機能させるのである。

仮に私たちの脳が、ラジオやコンピュータと同じで、中枢神経系において多様な文化の知識と情報（またはデータ）が、異なる言語を介して並列的に蓄えられているとすれば、さまざまなチャンネルを開いて一連の知識と情報を、随時混乱や相互干渉なしに作動させることができるであろう。例えば私が日本人を相手にしゃべっているとき、頭のなかでは日本語が蓄えられている領域のチャンネルを開いている。そこには言語だけではなく、関連する概念、思考、価値なども蓄えられている。その相手と付き合うには、私は日本人同様に考え振る舞わなければならない。同じことは中国人と中国語をしゃべるとき、アメリカ人と英語でしゃべるときなどにもいえる。私はさまざまなチャンネルを開き、混乱なくそれぞれの言葉を操り振る舞うことができる。

しかし、私と英語を使って会話しようと試みる日本人に対してはどうだろう。私は英語のチャンネルを開きその人物と会話するが、従うべき礼儀や作法についてはどうすべきか。それらを英語のチャンネルを通じて取り出すのか、それとも日本語のチャンネルを使うのだろうか。経験上英語をしゃべる日本人に対し、私は英語のチャンネルを通じて会話を行い、同時に日本文化に照らしてふさわしい行動のしかた、対応のしかたについての指針を日本語のチャンネルを介して参照する。言い換えれば、私の脳はラジオやコンピュータのように単純かつ機械的に作動していないのである。脳は状況に力動的（ダイナミック、dynamic）に対応し、そこに蓄えられたすべてを統合する。つまり脳内にある多様なチャンネル相互に作動し合うのである。

もう一つの例を紹介したい。私は自分の名刺を日本人の同僚に渡すときには、（脳内の日本語チャンネルを使い）日本語で何かを言う場合があるが、右手だけを使う。日本文化に則り、礼儀正しく両手を使って渡すことはしない。つまり私の脳は日本語で会話を続ける判断を行いつつ、アメリカ式に形式ばらない行動をとる判断も行っている。このことは、これから何をどのように発言し、思考し、行動するかについて適切に選択し、決定を行う高次なレベルの機能が脳内に存在することを示している。要するに、脳内に蓄積され併合されたすべての文化体系は、すでに取り入れられ文化化された多様な文化の集合を横断的に利用するため、力動的に選択されるのである。

もう一つの例を挙げよう。小学生のころ私は、日本文化の最高権威に対する敬意と肯定的感情を表すため、「天皇陛下万歳！」と叫ぶよう教師から教えられた。戦後になると、今度は中学校の中国の教師から自国への敬意を「中華民国万歳（Zhonghua minguo wansui！）」と叫ぶことで表すよう教えられた。明らかに私は、それぞれの国家の権威者に対して、その長寿を願う意味論的に類似した叫びかたを教わったのであるが、後者を叫ぶときには、前者を叫ぶときのような感情的な興奮を覚えることはなかった。私はすでに日本の天皇が神ではないことを知り、小学生のころのように一人の人間が一万年ものあいだ生き続けるよう願うことなどバカらしいことを理解していた。この認知的変化が、抽象的存在の中華民国に、一万年の繁栄を願い叫ぶ私に同様の興奮を感じさせなかったのである。言い換えれば、新たな祖国に対して一万年の繁栄を願い叫んだとき、その認知的変化と、過去の経験の両方から私は影響を受けていた。「万歳」という、中国語でも日本語でも同じ漢字で同じ意味を表し発音の違う言葉を叫んだとき、日本文化の経験が私に影響を与えた。明らかに、私の脳内で日本文化の経験と中国文化の経験のあいだで相互作用が起き、行動と感情表現に影響を及ぼしたのである。つまり私は、相手が人間にしても国家にしても、一万年の命を願うことはバカらしいと感じたのだ。私の脳内で日本体系における経験が交差して中国体系の反応に作用したのである。

要約すれば、人生のさまざまな時点で統合されたすべての文化体系は、行動、言語、情動における適切な実行方法の選択を伴いつつ、脳内でつねに力動的に相互作用を行っている。それは古いレコードやCDを介して特定の音楽や演説を聴くこととは異なるものである。各文化体系が統合され、蓄積された領域を超えたより高次なレベルでの作用と統合が起きているのである。

保存と変化

次に、文化にかかわる思考、行動、情動、価値体系などがどのように保存され、増強または減弱され、消去されるかについて検討したい。これは、新たな文化に順応する際の重要な方法論である。

使用の原則 ── これは基本的な原則である。使えば使うほど筋肉は鍛えられるが、脳についても同じことがいえる。言語を使えば使うほど、その言語になじみ流暢にそれを使うことが可能となる。これは知識と考えかたについても同様であり、また特定の感情や行動パターンについても同様である。自転車の乗りかたは一度習得すれば決して忘れることはないが、頻繁に乗らないと自転車の操作技術は劣化する。同じことは水泳やダンスについてもいえる。さらに熟達を目指すには練習を積まなければならない。文化についても同様で、ある文化の思考方法を使う頻度が少ないと、その考えかたや感情は失われがちとなる。第８章で述べたように、当初私は日本式の暗算を頻繁に用いていた。しかし日本文化への関与度合いが減るにつれ、徐々に中国式の暗算を用いるようになった。私は日本語の作文のために日本語ワードプロセッサーの使用法を習得したが、練習を怠ればその知識と技術は失われてしまう。しかしその必要が生じれば、練習を再開することで日本語の語学力とワードプロセッサーによる作文技術を、私はある程度取り戻すことができる。

効果の原則――これは単純な原則である。いかなる思考、行動、習慣、信念であっても、なんらかの効果が認められれば、それらは保存され維持されるし、そうでなければ最終的にそれらは減弱され抹消される。その好例が、第7章に述べたミクロネシアにおける妊娠のタブーである。これは、妻の妊娠以降出産を経て子どもが一歳になり、生き延びる可能性が高いことを確認するまで、夫が別居するという習慣である。しかし医療の改善によって、この習慣本来の目的すなわち妊婦と胎児の病気予防はその意味を失った。その結果、長期にわたり強いられる夫の性的禁欲という問題のみが残された。現代においては、無用の習慣は遅かれ早かれ廃止されるのである。

新たな西洋文化のなかに身を置いた人が、女性に敬意を表し彼女のために扉を開けて先に通すことを学び、その行動に対して女性から正の強化を与えられたとしたら、その人はおそらくその新たな行動を継続するであろう。それは、正の強化とともに一定の社会的効果をもたらす。しかし、現代に生きる女性が、男性の注意を引くために意図的にハンカチを落とすという、古典的アプローチ以外男性に近づく直接的方法を知らずにいたとしたら、彼女はより現代的なアプローチを学ばねばならない。さもなければ、現代社会において彼女が男性と円滑に付き合うことはできないからである。言い換えれば、男性の目前にハンカチを落とすことは、もはや注意を引くための有効な方法ではない。それは遠い昔に既に排除された文化的習慣の一つなのである。

好みの原則――ある習慣を使うか否か、そしてそれが効果的であるか否かという原則のほかに、好みの原則がある。これは自分の好みに適した特定の思考、信念、価値などの体系を選択し維持する傾向のことである。

ある人の好みに適さない思考、信念、価値などの体系が選択された場合、その人はそれを無視するか、熱意なく習慣的にそれに従うか、あるいは高い確率でそれを放棄するであろう。音楽を聴くのも歌うのも好きな人の場合、その行動が社会に受け入れられれば、公的な場で彼または彼女が歌うことは強化され、勇気づけられ、維持されるであろう。公的な場でスピーチを行うことが嫌いな人は、たとえそれが社会から重要で有用な行動と考えられていても期待には応えようとはせず、それを避けようとするであろう。個人の興味と好みは、特定の文化的態度の決定に大きな違いを生むのである。

文化と性格のあいだの調和、強化または相殺

最後に、性格が文化によりどのように強化または阻害されるか、そして比較的大きな存在である文化と社会の一構成員である個人とのあいだの相互作用は、最終的にどのような結果をもたらすのか、という重要な問題について議論したい。

例えば、もしある人が公的な場でのスピーチや自由な意見発表を好む場合、彼または彼女の行動は社会によく適合し、周囲の人びとの発言と肯定的提案を促す。結果としてその行動は強化され、長所は正当に評価され、彼または彼女の性格はそうした文化的状況から得られる便益を享受できる。しかし人びとが公然と意見を発表せず、「出る杭は打たれる」ことを恐れるような社会にあっては、そうした性格は社会に適合しない。彼または彼女は、そうした抑圧的社会を生き延びるために、自らの行動（そして才能）を抑制せざるを得ないであろう。

言い換えれば、社会の性質または文化的制度とある個人の性格特性のあいだには、必ずしもお互いに調和しているとは限らない特定の関係が存在し、個人の長所を強化し十全な発達を促すか、あるいはそれを阻害し目標達成を諦めさせるか、いずれかの結果をもたらす可能性があるのである。自分自身の能力を発展させながら、いかにして社会や文化の内に生活し、順応するかの方法論を学ぶことはとても重要な課題である。

将来への提案

本書では日本、中国、アメリカの三つの特徴的な文化が、人生のさまざまな段階でどのような影響を私に与えたかについて記述してきた。そして私自身の実際の人生経験を引用し、性格形成上それらの文化が及ぼした影響を分析した。私の経験と分析が将来さらなる理論的考察の対象となれば幸いである。以下は私の人生経験から得た教訓のまとめである。この教訓を共有することが、読者へ肯定的影響をもたらすことを望む。

社会と文化の変化への順応

現代社会は急速な社会的、文化的変化の只中にある。交通手段の改善、旅行の機会の増加、他文化との頻繁な接触などが、多様な社会のあいだに重要な文化的交流を生んできた。世界はますます国際化の方向へ進んでいる。社会のみならず個人においても、文化的変化に順応することは困難な課題である。私たちは、自らの文化と他文化を批判的に評価し、保存、変更、修正の対象となる部分の選択をせまられている。文化には思考、行動、感情、概念、価値体系などが含まれる。そしてまた文化は私たちの性格と深く関係している。性格形成への影響という点で、文化に対するより深い理解が私たちには必要なのである。

機会を逃さず利用する

社会そして文化が急速に変化した結果、数多くの機会が私たちには開かれつつある。人生で成功をおさめるには、こうした機会を利用する方法の習得が大変重要となる。好機をつくり出すことはできないが、機会が訪れたときにそれを逃さない方法は習得が可能である。容易に適応可能な柔軟性を持つ若い世代には、このことがとくに当てはまる。私たちはある年代に達するとしばしば安定を志向し、人生の方向を変えることに冒険的ではなくなってしまう。

自分の長所を生かすこと

最後に私は、自らの潜在能力を最大限発揮するためには、長所を十分に生かすことが重要であることを強調したい。自分の長所を自覚し認識することは、容易ではない。自分の長所を注意深く見つめ、実生活の経験を通して洞察しなくてはならない。人生を導いてくれる良き師にめぐり合うこと、そして同僚や友人からの助言や指示を有効に利用することは、大変に重要かつ有益である。それとともに周囲の環境を十分利用するため、自らが身を置く社会と文化体系を理解することも重要である。自らの潜在能力を最大限発展させることが成功の鍵となる。

とりわけ、自分の人生そして仕事の意味や目的を見出すことが必要である。自分自身のためのみならず、社会が良くなるために生きなければならない。自らが属する文化体系を有効に利用し、潜在能力を最大限発揮することが成熟した人間の使命である。

付録　学術的概説：「文化と性格」研究

この付録は「文化と性格」を主題とする過去の学術研究の概説である。対象となったおもに英語の文献には、おもに日本人、中国人、そしてアメリカ人に関連するもの（Tseng, 2001, pp.83–88）が含まれる。この学術的概説は、本書で議論した問題点を補強するための補足情報の提供を目的としている。

文化と性格 ― 文献概説

文化と性格の研究：歴史的概説

実地調査の初期段階 ― 特定の社会的、文化的背景を持つ人間行動の研究には、長いあいだ文化人類学者が興味を示してきたが、「文化と性格」という主題がより真剣かつ明確に検討され始めたのは一九二〇年代のことである。性格は幼児期の経験に左右されるという精神分析理論の影響のもとに、多くの文化人類学者が多様な文化のもとでの育児パターンと、こうしたパターンが性格をどのように形成するかについて研究を開始した。

例えばポーランドの Bronislaw Malinowski は、ニュージーランドの近くに位置し、母系家族制をとるトロブリアンド諸島へ行き、子どもの発育がヨーロッパの父系家族制のもとでのそれと、どのように違うかを比較評価した。彼は一九二七年、母系家族制の男児は心理的に父親よりも母方の伯父・叔父により親近感を持つこと、またこうした家族制のもとでは兄妹・姉弟関係が最も重要な軸となることなどを報告している。兄妹・姉弟のあいだの関係は重要であると同時に、その関係が親密になることは厳しく禁じられている。Malinowskiはさらに、こうした家族制度下では、少年は潜在意識では母方の叔父・伯父の死を願い、姉・妹との親密な関係を望むと報告している。これは、父系家族制のもとで少年が父親の死を願い、母との親密な関係を望む傾向とは対照的である。言い換えれば、男根期に少年が持つ両親と子どもの三角関係コンプレックスと同じ感情的コンプレックスが、家族の構成員を代えて観察されるのである。

アメリカ人の文化人類学者Margaret Meadは、南太平洋のサモア島に赴き実地調査を行った。彼女は、サモアにおける児童の発達はアメリカにみられるそれとは異なっていて、まったく不安や動揺のない多様な発達段階をより自然に経験すると報告した(1928)。アメリカの子どもたちが多様な発達段階、とくに思春期を不安や動揺に遭遇しながら経験するのとは対照的である。

もう一方の先駆者的人類学者Ruth Benedictは、野外調査をズニ、ドブ、そしてクワキウツルという明確に異なる三つの地域で行った。児童の養育方法、そして性格がどのように形成されるかについての自身の観察に基づき、一九三四年、彼女は理想的性格または構造的性格の理論を提唱し、いずれの社会においても理想的あるいは構造的性格を発達させる傾向があると主張した。

研究の中間段階――一九三〇年代に入ると数名の研究者がチームを組み、調査研究を体系的に実施し始めた。例えばニューヨークの精神科医であるAbram Kardinerは、学際的チームを組織し文化と性格を主題に定期的に議論するワークショップを開催した。さらに彼らのチームは、アメリカインディアンのさまざまな部族の性格についても調査を行った。一九四〇年代はまた、性格理論についての仮説がいくつか提起された時期でもあった。Ruth Benedictが一九三四年に提起した理想的性格に加えて、一九四五年にAbram Kardinerによる基本的性格理論が、一九四四年にCora DuBoisによるモデル性格理論が提起された。

調査の後期段階　—　一九五〇年代に入ると、文化と性格の研究に劇的な変化が生じた。研究者らは小規模な原始的社会の研究に重点を置く代わりに、大規模な現代的社会に調査の対象を移行し始めたのである。例えば、コロンビア大学で教鞭をとっていたRuth Benedict、そしてアメリカ自然史博物館に勤務していたMargaret Meadは、そろって調査の対象をこの方向へ集中させた。

この段階から文化精神医学者の研究参加が始まった。彼らは統計手法を用いて既存データの客観的比較と評価を実施した。その一例が、一九五三年に行われたJohn W. M. WhitingとIrvin L. Childによる多様な社会の既存データを利用した、幼児期の経験と性格形成の潜在的関連性の統計的比較である。その後、Beatrice B. WhitingとJohn. W. M. Whitingは、多様な文化を持つ六つの社会を選び、子どもの養育パターンを観察する研究チームを組織し、研究成果を一九七五年に発表した。

第二次世界大戦の勃発による実際的要求に基づく対戦相手の理解を目的に、研究者らは敵国の国家的性格の研究を開始した。こうした状況のなか、Ruth Benedictは、日本文化と民族行動の研究をアメリカ政府から委嘱された。研究の結果は一九四七年、有名な著書『菊と刀（The Chrysanthemum and the Sword）』として出版された。

文化と性格 ― 提起された多様な理論

いわゆる国民性あるいは民族性とは、一つの国民あるいは民族集団にはっきりと示され、それによってほかの国民あるいは民族集団と区別できる共通した性格構造を指す。その基底にある考えは、それぞれの文化には典型的でほかとは異なる性格そして特徴があり、その典型的性格は文化の何らかの側面によって生成され条件づけられるという概念である（Kluckhohn & Murray, 1948 ; Barnouw, 1963 ; Wallace, 1970 ; LeVine, 1973）。歴史的にみると、文化と性格に関して以下の三つの理論的概念が提起されている。

理想的性格 ― 文化人類学者 Ruth Benedict は、それぞれの社会には「良い男性（good man）」と「良い女性（good woman）」すなわち個人のあるべき姿を構成する、多かれ少なかれ明確な概念が存在すると主張した。報酬と罰によって、社会はその構成員すべてを理想の姿にかたちづくっていくのである。かくして文化の理想的な輪郭は、理想的な性格特性として各個人に刻み込まれる。結果としてあらゆる社会における大多数の性格は、おおむねその社会の文化が代表する構造的性格の反映となる。

基本的性格構造 ― 一九四五年、精神分析医としての教育を受けた Abram Kardiner は、文化的に確立された特定の育児方法が、個人の生涯にわたり持続する人生への基本的態度をかたちづくる、との理論を提起した。あらゆる社会において、文化的に標準化された育児パターンによって形成される態度や行動のこの中核的布置（nuclear constellation）は、その社会に特徴的な基本的性格構造である。一次的制度（primary institution）に由来する中核的布置は、さらに芸術、民間伝承、神話、宗教、社会組織などの二次的制度に反映される。この影響ゆえに、文化と性格とのあいだには相関関係が存在する。

モデル（典型）性格――この概念は人類学者のCora DuBoisによって提唱された（1944）。DuBoisは、いかなる社会にも幅広い性格の変動があるものの、共通したベースラインでその変動幅を計測するならば、いかなる特定の文化にもモデル性格を構成する中心傾向があるとした。このようにモデル性格は、統計的構成概念に基礎を置く考えである。モデル性格のデータは、心理テストを実施することで最も容易に得られる。

Wallaceが指摘したように（1970, p.153）、基本的性格理論では頻度の疑問への対処が困難であるが、モデル性格理論では構造とパターンの疑問への対処が困難である。理論的観点と実際的応用をともに満たす民族的特性の単一的視点は存在しないことは明らかだが、おのおのの理論は文化と性格の理解に貢献した。

日本文化と性格の研究

Ruth Benedictの研究

前述したように、第二次世界大戦中、アメリカは敵国である日本を理解するために、文化人類学者のBenedictに日本とその文化を研究するチームの指導を命じた。日本での現地調査が困難なため、Benedictは文献、歴史、紀行文、映画、芸術、在米日本人からの聞き取りなどを基に研究活動を行った。この「遠隔地からの研究」とモデル性格概念によって、彼女は日本人の行動に関する研究を完成させた。彼女の著書『The Chrysanthemum and the Sword』(1946)に反映されているように、Benedict は日本人の心理および行動パターンの矛盾した特徴を指摘した。すなわち非常に攻撃的であると同時に非攻撃的、軍国主義的かつ審美的、横柄かつ礼儀正しく、頑なかつ柔軟であり、服従的かつ振り回されるのを嫌い、忠実かつ不誠実、勇敢かつ臆病、保守的かつ新たな考えに寛容などである。

土居健郎の分析

分析的教育を受けた日本の精神医学者土居健郎は、日本人の性格構造を理解するうえで「甘え」は鍵となる概念であるとした(1962)。彼の著書『甘えの構造』(1971)は英語にも翻訳され、『Anatomy of Dependence』(1973)と題されて出版された。土居は、日本語と英語を話すバイリンガルの女性を治療した臨床経験から、彼女の息子が親しみを持って接してくれないと英語で訴えているときに、「甘える」という日本語を使ったことに注目した。こうした日本語と英語のあいだにある言語的矛盾の些細な観察から、「甘える」という言葉が日本人の特別な対人関係を反映する固有の日本語であると彼は主張した。「甘え」という名詞そして「甘える」という動詞は文字どおり甘い(sweet)ことを意味するが、放縦(indulgence)あるいは依存(dependence)も意味する。子どもは放縦に育てられ両親に依存し「甘え」もするし、放縦に育てる両親は子どもを「甘やかして」育てることもある。こうした善意の依存は成人の対人関係においても発達し、相互に期待する考慮と思いやり、そして生涯にわたる相互依存をもたらす可能性がある。「甘え」の欲求が満たされない個人や子どもは、「ひねくれる(怒りの表出における激しさ)」のである。土居の研究は、文化的行動や心理が言葉に反映されることがあり、その逆もあり得ることを説明している。また最も重要なことは、相互依存が西欧の社会で考えられるような否定的なものでは必ずしもなく、西欧以外の社会においては、善意のある肯定的なものであることを彼の研究が指摘した点にある。

土居は日本人における心理と行動の二面性、すなわち公的な場における自己の表現（オモテ）と私的な場におけるそれ（ウラ）について論文を発表（1973）、後にそれは本として出版された（1986）。彼は、日本人が幼少期から環境に応じて異なる行動をとり、公的／私的環境の別を気楽にかつ容易に切り替えることを学ぶと示唆している。

Takie Sugiyama（杉山）Lebra の研究

日系アメリカ人の社会学者 Takie Sugiyama Lebra は、社会的相対主義を日本人の基本的性格と仮定した。彼女は文献や自身の観察から得た圧倒的な印象から、日本人の社会的相互作用や対人関係への感受性と意識が極度に強い点を指摘した。日本人は、日常生活で「自分」そして他人を意味する「ひと」という言葉を頻繁に用い、「社会的とらわれ」とでも言うべき他人との関係へのとらわれ傾向を示す。日本人は円滑で好ましい社会的関係を確立し維持するために、感受性、強迫観念、用意周到さ、洗練された態度などに多大な精力を注ぐ。道徳性に関しては、日本人にとっての善と悪は社会的状況と社会的影響に関連した相対的な事柄であると彼女は指摘した。感情については、個人の情動は統制され、抑制され、厳しく制限され、希薄化されるべきものであるとした。なぜならば、重要なのは社会的関係であって個人の感情ではないからである。

社会的相互作用の日本的パターンとして、Lebra は帰属、共感、依存、分をわきまえること、助け合いなどの点について詳述している。

日本において帰属の対象となる準拠集団には、一義的に大あるいは小、個人的あるいは非個人的、公式あるいは非公式のさまざまな集団が考えられる。準拠は血縁や地縁だけでなく、より重要な関係として「社縁」に基づくものがある。日本人は自らの地位を個人の属性と考えるよりも、社会的枠組みのなかでそれを考える。日本人の帰属に対する関心は、集団主義への傾向と関連づけられる。そしてそれは、帰属集団の共通目標と個人の一体意識となって表される。

共感について日本人は、「思いやり」を道徳的に成熟した欠くことのできない真に人間的な徳の一つとして高く位置づけており、尊敬に値するものと考えている。

依存について Lebra は、日本人の持つ依存の概念は、他人への無償で一方向的かつ受動的な依存と解釈すべきではないと指摘した。依存の権利は、義務を果たす行為あるいは譲歩によって「贖《あがな》われ」なければならない。

Lebra は、分をわきまえることについて、ある社会集団における個人に指定された場所の自覚を意味すると説いている。日本人は自らの果たすべき役割と地位に関心を持つ。日本においては、地位を重視し、序列に敏感であり、自らの地位にふさわしい行動をとることが推奨される。

最後に、日本人に顕著なもう一つの社会的相対主義に相互主義（reciprocity）があり、それは「恩」の概念に代表されている。「恩」とは、他人とのあいだに生じた借りまたは義務に伴う便益または善意を結合した関係を示す概念である。与える側の観点からは、「恩」は社会的な貸しを意味し、受け取る側からすればそれは社会的な借りとなる。Lebra は日本の社会を、社会的相互交換を条件とする「恩」という規範あるいは体制によって道徳的に維持される社会と要約した。

中国文化と性格の検討

Francis L. K. Hsu（許烺光）の出版物および理論

中国系アメリカ人の文化人類学者許烺光は、長年のアメリカ生活の後、自らの観察を基に『American and Chinese: Two ways of life』（1953）を著した。彼は、中国人には他人から自分がどのように見られているかを気にかけながら状況志向で行動する傾向があると説いた。一方、アメリカ人は個人志向で行動する傾向にあり、彼らにとっては自らが何を望むかが主要な関心事となる。彼はこの観察を敷衍し、状況志向の社会に生きる人びとの家族や友人を含む周囲の人間との自我境界は不鮮明になりがちであり、一方の個人志向の社会では、人びとが他人との明確な自我境界を持つ傾向にあると指摘した。

Yih-Yuan Li（李亦園）と Kuo-Shu Yang（楊國樞）の学際的研究

文化人類学者の李亦園と楊國樞率いる台北の学際的研究者グループは、中国人の性格について学術的研究を行った。その結果は、『中国人的性格（The Character of the Chinese）』と題され出版された（1974）。彼らの成果に基づいて、行動科学および社会科学の研究者らはさまざまな主題をおのおの視点から追究した。例えば価値の視点からは、権威への敬意、保守主義、依存、従順、譲、慎重、勤勉、倹約、忍耐、満足などが中国人の重視する基本的価値とされた。

Song Weizhen（宋維真）のＭＭＰＩ研究

北京での中国学術研究院の研究専門心理学者である宋維真は、中国人の性格特性を研究するため漢族の大規模集団を対象に、ミネソタ多面的人格目録検査（ＭＭＰＩ）を用いた試験を中国の主要六地域で行った。被験対象は十六歳から五十五歳までの一七九一名（男性九〇九名女性八八二名）であった。既発表のアメリカ人を対象としたデータとは対照的に、宋の試験結果（1985）では、健常な中国人被験対象の平均的プロフィールは男女ともにＤ（うつ病）スケールとＳｃ（統合失調症）スケールで、より高い健常範囲（normal range）にあることが示された。この結果を基に、宋は中国人がアメリカ人に比較して感情的により控え目で、内省的であり、平穏を好み、過度に気を遣い、社会的に過度に用心深く、習慣的に自制する性質があると結論づけた。

Fanny Cheung（張妙清）による中国人の性格目録

香港中文大学の臨床心理士である張妙清は、西欧の研究者が作成した性格目録は中国人には不適との信念から、北京の宋維真と共同で中国人性格評価目録（Chinese Personality Assessment Inventory：ＣＰＡＩ）と呼ばれる新しい評価尺度を開発した。統計データに基づき、ＣＰＡＩには調和、面子、関係、防衛機制など文化に特化した尺度が含まれている（Cheung et al. 1996）。後者の尺度は、著名な文学者魯迅作の『阿Q正伝』に由来する阿Q精神――困難には受動的正当化による防衛をもって対処する――による対処法を意味する。ある意味でこれらの尺度は中国人の持つ明確な性格特性を反映している。

Michael Harris Bond の分析

香港在住経験の長いカナダ人心理学者 Michael Harris Bond は、一九八六年『The Psychology of the Chinese People』を出版した。一九九三年には、多数の研究者の観点を引用しつつ彼自身の観察に基づき、『難於捉摸的中國人（The Chinese Who are Difficult to Understand）』を中国語で出版した。この本の題名は、中国人は西欧人には理解しがたい行動を示す傾向がある、という西欧人の立場からの視点を表している。

児童の発育について彼は、中国人の子どもは乳児期に両親からとても甘やかされて育つが、幼児期にはおもに身体的規制（言葉による規制ではなく）によってしつけられ、他人との付き合いかたを教えられ、十代には将来の成功のため、優れた学業を修めることを要求される圧力に直面すると指摘した。

中国人は、認知面で言語および意思の伝達を含む領域よりも、空間および数学そして非言語能力を含む領域により秀でている。教師の教えに従順で知識の記憶に熱心なあまり、創造的能力は比較的低い。

社会的経験に関しては、中国人は他者への興味が比較的強く、自己を表現する能力には優れない。また、他人よりも家族や友人との関係に関与する度合いが強い。関与している対象が家族、友人あるいは他人の違いによって、中国人は異なる対人関係のモードを実行する。

アメリカ文化と性格の分析

Margaret Mead の研究

アメリカが第二次世界大戦のヨーロッパ戦線に関与し始めたころ、文化人類学者 Margaret Mead は、（白色人種系のアメリカ人による）アメリカ文化をヨーロッパ文化との対比で評価した。研究成果は『And Keep Your Powder Dry: An anthropologist looks at America』（1942）と題され出版された。彼女はその著書の中（pp.193–194）で、アメリカ人はヨーロッパに由来するある種の特性を有してはいるものの、それは「新世界」で発展を遂げ独自の形態をとったと要約している。その特性は成功と行動を志向するものであるが、そこでは積極性は不確実で定義されておらず、成功や失敗を同時代に属する人びとのみを基準に評価し、同時代に属する人を逐一さまざまな定量的工夫を用いて自身の構造に分類し、成功を徳性の報酬とみなしつつ失敗は不十分さを示す汚名とみなし、血統や家系が成功ゲームにおいて相手の失点に寄与する以外過去には興味を示さず、未知の将来を志向し、他者の文化に対しては自己の文化よりもより統一性に優れているため劣等感を抱くと同時に、アメリカへの新参者には他文化の属性をその異質性に強く残しているために優越感を持つというアンビバレントな感情を抱く、などとしている。

Alex Inkeles の追跡調査

Alex Inkeles はその著書『National Character: A psychosocial perspective』で、アメリカ人の国民特性に関する過去の観察と調査を概説し、アメリカ人の信念、態度、行動に反映された国民特性の連続性と変化を要約した（1997）。Inkeles は、以下のような問題のなかに連続性が観察することができるとした（pp.167–179）。

自己依存、自律性、そして自立 ― 数多くの調査が繰り返し示しているのは、人生は運命によって相当に左右されるという信念が、アメリカ人のあいだには顕著にみられないという点である。神や運命の代わりに、個人の努力が人生の成功と失敗を分かつと大多数のアメリカ人は考えている。

社会活動、自発的行動主義、そして隣人との協力 ― アメリカの歴史が始まって以来、組織をつくり地域の活動に参加することは、アメリカ人に顕著にみられる性向である。現代においても、イギリス人、ドイツ人、イタリア人などヨーロッパ人に比べ、アメリカ人は普通の人びとの地域活動への積極的な取り組みを義務と主張する。

対人関係への信頼 ― 他人は信頼できるという確信、すなわち相手が自分のことを気遣い自分への義務を果たす、あるいは相手が名目的競争相手であっても疑わしい点を好意的に解釈する用意がある、あるいは相手の相互的権利を尊重するなどの特性は、すべて過去数世代にわたり現在に至るまでアメリカ人に受け継がれていると考えられる。

革新と新たな経験への率直さ ― とくに技術的、機械的領域における新しいものへの意欲は、アメリカ的経験の長きにわたる特性である。現在では新たな形態の組織や五感にかかわる新たな経験など、ほかの領域にもその特性が波及している。

反権威主義　―　アメリカ人は依然として顕著な反権威主義者であり、地位の高い政治的権威に服従することへの深い精神的必要性を持たない。そして公的支配に反して個人的自主性への権利を主張する、という継続的性向を有している。

平等　―　自分に本来備わっている価値や法のもとの権利において万人は平等との感覚は、つねにアメリカ人の特筆すべき資質の一つである。

Inkeles はまた、最近いくつかの領域でアメリカ的信念と態度の変化――増加する多様性への寛大さ、減少する勤勉、節度、倹約などの倫理感や政治への信頼など――が観察されるとしている（pp.180−185）。

文化と性格　―　さらなる詳述

性格の変化

現代の行動科学者らが、文化と性格の問題点をいくつか取り上げ詳述している（Tseng, 2001, pp.82−84）。民族的性格や国民性に関して、全体的記述がいくつか試みられているが、個人と集団の性格の文化的側面を現実的観点から理解するには、個人に重点を置き、頻繁に直面する変化の可能性を理解する必要がある。

集団内の変動性　―　ある特定の文化集団内においては、その構成員の性格特性に有意義な変化がつねにあることを理解しなければならない。例えば、日本人についてE. Vogelは、実業家の子どもとサラリーマンの子どもの社会化には、明確に異なる人生の環境や価値観が用意される点で際立った相違がみられる、としている(1963)。

言い換えれば、民族的あるいは国民的特性は均質な現象ではない。それは、(不均質の度合いのみが異なる)不均質な現象である。ある特定の文化集団について記述された性格のモードは、考察の対象となる集団に存在する性格パターンの分布の総合的輪郭を与えるものではない。

個人内の変動性 ― 個人内部においても「性格」の一枚岩的な状態は存在しない。文化人類学者J. G. Draguns が指摘(1979)したように、個人の性格は、社会的学習の観点からは状況によって変動し、精神力動的観点からは意識のレベル全般にわたり変動する。個人が異なる文化的環境で育った場合、状況はより複雑になる。複雑に相互作用する(文化的)性格の複合的レベルでの形成と成長には、多角的な文化的影響が確実に寄与するであろう。

性格の変化

性格は成人期の到来とともに形成され、性格のパターンは多かれ少なかれ成人期を通じて固定化されるとの基本的仮定にもかかわらず、性格の形成は変化と成長の一過程であり停滞や固定化はないと考えるほうがよい。この見かたは文化的観点からとくに重要である。

性格の個別の変化 ― ある個人の性格は、ライフサイクルの段階、成熟の過程、人生の経験などを通じてある程度変化する。幼少期に始まり、「文化化」の過程を経て個人はその基本的文化体系を確立する。それはその個人の志向、感情、反応、行動の基礎となるものである。しかしながら、文化化の過程はその個人が成人期に達しても終わることはなく、生涯を通じて新たな価値体系を蓄積し、修正し、追加し、それ以前に確立された価値体系の統合を継続する。文化化が幼少期に発生する一過程であると概念化される一方、上記のように実際には文化化は継続する。ある個人の人生経験においては、「文化適応（acculturation）」――個人がもともと文化化された生得的な価値体系、あるいは生活様式とはまったく異なる新たな価値体系や生活様式を獲得すること――の発生に挑戦する多様な文化体系に遭遇する可能性がある。以上のように、文化化は個人の生涯を通して波のように継続する過程なのである。

しかし、精神分析の教育を背景に持つ社会文化人類学者の R. A. LeVince は、文化というものを公的行動の最も制度化された形式（例えば慣習）と定義するだけでなく、ある土地に固有な行動形態に伴う思考と感情のより個人的様式とも定義し、それらに自発的支持すなわち「性格の文化的様式化（cultural patterning of personality）」を与える限り、個人の生得的文化とは非常に異なるもう一つの文化が、成人期に完全に「獲得される（acquired）」ことは不可能と指摘した。

世代間の変化　―　親子間に世代のギャップが存在することはよく知られている。このギャップは、観点と態度の違いすなわち文化のギャップを指す。ギャップの原因は、一つには年齢にあり、他方では異なる世代が遭遇する人生経験の違いにも起因する。しかしギャップは、曝露されている文化的環境を反映するものでもある。例えば十年あるいは二十年のあいだに、比較的急激で劇的な変化が文化に生じた場合、ギャップは極めて幅広くなる。これはまた、異なる文化的環境に移住した家族についていえることでもある。祖父母、父母、そして子どものあいだにかなり異なる文化的経験と背景が生じ、世代間の大きなギャップの原因となる。

集団的性格の変化 ― 文化と性格の研究者は、民族的特性にせよ国民性にせよ集団的性格は、世代から世代へ受け継がれるとの見かたをとるものの、集団的特性は文化的変化に伴い変わることもあると認識している。一般に、文化的変化は基本的性格に先行する傾向にあると考えられている。しかし、世代間の変化のメカニズムを介して、集団的特性は全体として変化する場合がある。時には一世代のうちにも、かなりの変化が生じ得る。社会の構成員における性格の集団的変化は、戦争、革命または外部からの文化的侵攻などの衝突的事象によってつねに影響される。

文化と性格的複雑さとの類似性

文化精神医学者の H. C. Triandis は、とくに認知構造の領域において文化と性格的複雑さとのあいだには一定の類似性があると主張した。それは以下のようなものである。

社会的、政治的そして経済的に簡素化された体制による単純社会では、認知的複雑性の低い個人が生み出される。一方、専門化された経済活動、念入りな統治システム、複雑な社会の等級と差別化などにより特徴づけられる社会的環境では、認知的複雑さが発達する。

社会は、厳格なあるいは解放された文化を持つとみることができる。連続体の一端にある解放された社会では、労働、地位、行動規範の分割に関し、曖昧さあるいは無規範状態（すなわち集団的観点、価値、同一性の欠如）が顕著である。こうした社会は、暴動や衝動的行為を含む解放的行動を助長する。対照的に、厳しい規定体系によって特徴づけられる厳格な社会は、個人的、社会的行動を規制し、その構成員を「投影的(projective)」な、代償性の空想的表現に向かわせる。

文献

Barnouw, V. (1963) : Culture and personality. Homewood, Ill : Dorsey Press.
Benedict, R. (1934) : Patterns of culture. Boston : Houghton Mifflin.
Benedict, R. (1946) : The chrysanthemum and the sword. Boston : Houghton Mifflin.
Bond: M. H. (Ed.) (1986) : The psychology of the Chinese people. Hong Kong : Oxford University Press.
Bond : M. H. (1993) : The Chinese Who are Difficult to Understand. Hong Kong : Oxford University Press. (in Chinese) 彭邁克(1993)：『難以捉摸的中國人』香港：牛津大學出版社
Cheung, F., Zhang, J. X., Song, W. Z. (1996) : Chinese character from the perspective of personality assessment : (1) The application of instrument. In W. S. Tseng (Ed.). Chinese psychology and therapy. Taipei : Laureate Publisher. (in Chinese) 張妙請、張建新、宋維真(1996)：從心理測驗看華人的性格：（1）量表的運用．曾文星主編：『華人的心理與治療』．臺北：桂冠圖書公司
Doi, T. (1962) : Amae -- A key concept for understanding Japanese personality structure. In R. J. Smith & R. K. Beardsley (Eds). *Japanese culture : Its development and characteristics*. Chicago : Aldine.
Doi, T. (1973) : The anatomy of dependence. Tokyo : Kodansha International.
Doi, T. (1973) : Omote and ura : Concepts derived from the Japanese two-folds structure of consciousness. *Journal of Nervous and Mental Disease*, 157, 258-261.
Doi, T. (1986) : The anatomy of self : The individual versus society. Tokyo : Kodansha International.
Draguns, J. G. (1979) : Culture and personality. In A. J. Marsella, R. Tharp, & T. J. Ciborowski (Eds), *Perspectives on cross-cultural*

psychology. New York : Academic Press.

DuBois, C. (1944) : The people of Alor. Minneapolis : University of Minnesota Press.

Hsu, L. K. F. (1953) : American and Chinese : Two ways of life. New York : Henry Schuman.

Inkeles, A. (1997) : National character : A psycho-social perspective. New Brunswick, U.S.A. : Transaction.

Kardiner, A. (1945) : The concept of basic personality structure as an operational tool in social sciences. In R. Linton (Ed.), The science of man in the world crisis. New York : Columbia University Press.

Kluckhohn, C. & Murray, H. A. (1948) : Personality formation : The determinants. In C. Kluckhohn, H. A. Murray, & D. M. Scheider (Eds.), *Personality in nature, society, and culture (2nd ed.)*, New York : Alfred A. Knopf.

Lebra, T. S. (1976) : Japanese patterns of behavior. Honolulu : University of Hawaii Press.

LeVine, R.A. (1973) : Culture, behavior, and personality. Chicago : Aldine.

Li, Y. Y. & Yang, K. S. (Eds.) (1974) : The character of the Chinese. Taipei, Taiwan, China : Institute of Ethnology, Academia Sinica. (in Chinese). 李亦園, 楊國樞主編 (1974/1988) :『中國人的性格』, 臺北 : 桂冠圖書公司

Malinowski, B. (1927) : Sex and repression in savage society. New York : International Library.

Mead, M. (1928) : Coming of age in Samoa. New York : Morrow.

Mead, M. (1942) : And keep your powder dry : An anthropologist looks at America. New York : William Morrow and Company.

Song, W. Z. (1985) : A preliminary study of the character traits of the Chinese. In W. S. Tseng & D. Y. H. Wu (Eds.), Chinese culture and mental health. Orlando : Academic Press.

Triandis, H. C. (1977) : Cross-cultural social and personality psychology. *Personality and Social Psychology Bulletin*, 3, 143-158.

Tseng, W. S. (2001) : Handbook of cultural psychiatry. San Diego : Academic Press.

Vogel, E. (1963) : Japan's middle class. Berkeley : University of California Press.

Wallace, A. F. C. (1970) : Culture and personality, 2nd Ed. New York : Random House.

Whiting, J. W. M. & Child, I. L. (1953) : Child training and personality. New Haven : Yale University Press.

Whiting, B. B. & Whiting, J. W. (1975) : Children of six cultures : A psycho-cultural analysis. Cambridge, MA: Harvard University Press.

あとがき：多くの人びとへの謝辞

専門職業を導いてくれた恩師への感謝

人生を顧みたとき、私は専門職業において数多くの恩師に恵まれたことをとても幸運に思う。仕事のうえで支援を惜しまず、キャリア発展の道を指導してくれた以下の恩師に深く感謝する次第である。

国立台湾大学附属病院精神神経科に勤務当時の上司林宗義主任教授は、私が精神医学の道へ進むよう勇気づけ、海外留学の機会を与えてくれ、専門家としてのキャリアを踏み出すにあたり支えてくれた。マサチューセッツ・メンタルヘルス・センターのスーパーインテンデントで、ハーバード医学校の精神科主任であったJack Ewalt 教授は、徐静と私が同センターで一緒に研修を受けられるよう取り計らい、力動精神医学の学習機会を与え、私の潜在能力発展を促してくれた。イースト・ウェスト・センターにおいて、アジア太平洋地域精神保健プログラムのディレクターであったWilliam Lebra 教授は、私たち夫婦共にプログラムに参加させるべく招請し、文化精神医学へ進む道を開いてくれた。世界精神医学会（World Psychiatric Association：WPA）の比較文化精神医学分科会（Transcultural Psychiatry Section：TPS）の分科会長であったマギル大学社会文化精神医学部のH. B. M. Murphy 教授は、国際組織への参加と国際的活動への関与に私を導いてくれた。東京大学の土居健郎名誉教授は、アジア人の心理学を研究し、西欧で開発された理論で評価するよう促してくれた。当時の北京医科大学精神衛生研究所所長沈漁邨（Shen Yu-cun）教授は、私を北京に招請し、中国人のための文化関連精神療法の発展に貢献するよう教育と研究への関与を支持してくれた。

教師と同僚への感謝

私の人生では、専門職業の面で私を支えてくれた数え切れないほどの教師との出会い、そして共に働き、研究し、著作した良き同僚や友との幸運なめぐり合いがあった。彼らへの深い感謝の念をここに表したく思う。以下、ボストン留学時から年代順に名を挙げたい。

マス・メンタルの Margaret Bullowa 教授は、ボストン在住時、静と私にアメリカ文化とアメリカの生活習慣について教えてくれた。同じくマス・メンタルの Ernest Khan 教授は、静の渡米前の単身赴任一年目の私が孤独な生活を送っていた際、感情的支援を与えてくれた。親愛なる同僚研修医 Roy Fitzgerald 博士は、私の民族的アイデンティティを維持するために中国語名を保持し続けるよう進言し、勇気づけてくれた。当時、マス・メンタルのシニア・レジデントで私が研修医一年目のときにスーパーバイザーであった George Vaillant 教授は、東洋と西洋で得たそれぞれの知識を関連づける方法論の学習を促してくれた。また、「ハーバード・スタディ」の研究者としても名高い彼は、私に特有のユニークな研究をし、長所を生かすよう勇気づけてくれた。

国立台湾大学人類学教授で中央研究院民俗学研究所所長の李亦園（Yih-yuan Li）博士と国立台湾大学心理学教授の楊國樞（Yang Guoshu）博士は、アメリカから台湾へ帰国した静と私を学際的研究グループに参加するよう取り計らってくれ、多元的観点から中国人的性格の理解の深化を支援してくれた。

ホノルルという新たな社会へ留まることを決めた私たちの定住生活は、J. David Kinzie 教授とその家族の協力によって可能となった。彼と彼の家族には深く感謝したい。オーストラリアの John Cawte 教授には私を事務局長として推薦し、国際的組織への道を開いてくれたことに感謝する。Paul Dale 博士には、ミクロネシア独自の文化を私に紹介してくれたことに感謝する。当時イースト・ウェスト・センターの文化人類学呉燕和（David Y. H. Wu）教授の協力によって、中国と日本両国から研究者を招待し、センターで開く一連の会議開催が可能となった。当時、東京都立松沢病院および東京都精神医学総合研究所に精神科医として勤務されていた江畑敬介博士には、戦争孤児とその家族の帰国後の適応を調査する共同プロジェクトへの参加を招請してくれたことに深謝したい。江畑博士はこの本の出版に特別協力してくれて非常にありがたく感謝している。中国の一人っ子政策の追跡調査に関する共同研究では、当時南京の児童心理衛生研究所の所長であった陶國泰（Tao Guotai）教授に、そして広東地区におけるコロの流行に関する実地調査では、広州市精神病院の当時の院長であった莫淦明（Mo Ganming）教授に大変お世話になったことを感謝したい。北京大学精神衛生研究所の呂秋雲（Lu Qiuyun）教授には、北京での精神療法ワークショップにいつも指導者として招待してくれたことに感謝したい。

ハワイでは、同じ学部の親しい同僚 Jon Streltzer 教授と二十年以上にわたり共に仕事ができたことを大変幸運に思う。彼はつねに支持と友情を与えてくれた。私たちはまた、文化精神医学に関する数冊の書籍を共同執筆した。

国際的関係では、ドイツの Wolfgang Pfeiffer 教授にまず謝意を述べたい。教授は文化精神医学者の先輩の一人として、世界精神医学会文化精神医学分科会（TPS／WPA）の会長選挙で私を支援してくれた。また、私の会長就任とともに分科会事務局長を引き継ぎ、後に会長に就任したバンクーバーのブリティッシュ・コロンビア大学教授Wolfgang Jilekにも謝意を述べたい。TPS／WPAの元会長であるローマのGoffredo Bartocci教授は、私の『文化精神医学大全書（Handbook of Cultural Psychiatry）』を高く評価してくれただけでなく、イタリア語版への翻訳と出版を実現させ、私たちが設立に心血を注いだ世界文化精神医学協会（WACP）の最初の会長に私を推薦してくれたことに深く感謝したい。

TPS／WPAおよびWACP関連では、過去二十年以上文化精神医学に関連する国際活動を支えてくれ、共に研究や著作した以下に述べる世界各国の数多くの同僚に謝意を表したい。アメリカのJames Boehnlein、Joseph Westermeyer、Takie Sugiyama Lebra、Suk Choo Chang教授、カナダのRaymond Prince教授、イギリスのKamaldeep Bhui教授、ロシヤのValentine Semke教授、メキシコのSergio Villaseñor Bayardo教授、エジプトのFakhr El-Islam教授、インドのR. Ragura教授、オーストラリアの陳榮祥（Eng-Seong Tan）教授、日本の加藤正明、西園昌久、荻野恒一、石井毅、吉松和哉、北西憲二、中村敬、佐々木雄司、浅井昌弘、仲村禎夫、野田文隆、浅井邦彦、桂川修一、近藤喬一、箕口雅博、新福尚隆、真栄城輝明、井上孝代の各先生、韓国の金光旭（Kwang-Iel Kim）、閔聖吉（Sung Kil Min）教授、台湾の葉英堃（Eng-Kung Yeh）、林克明（Ke-Ming Lin）、文容光（Jung-Kwang Wen）教授などである。まだまだ同僚や友人の名は尽きないが、過去の専門職業上の支援にこの場を借りて深謝したい。

出版社、そして編集者への謝意

中国語、日本語そして英語で数多くの出版物を世に出すことができたのは、私にとって望外の幸せである。多大なる支援を与えてくれた出版社の社長と主任編集者の方々には深甚なる感謝の意を表したい。

台北の水牛出版社の彭成晃社長は、一九七一年私が三十六歳当時、静との共著で世に問うた『精神医学』の出版にあたり、多大な協力をいただいた。本書はその後数回改訂され、台湾で継続して販売された。また、彭社長には『文静心理衛生普及叢書』十二冊を含む数多くの精神療法関係の図書の出版に協力を仰いだ。これらの本は、台湾や香港の読者のためにすべて伝統的中国文字の繁体字で出版された。

北京大学医学出版社の陸銀道社長は、台湾で出版されたすべての著作を中国本土の読者のために簡体字で再出版してくれただけでなく、本土のより広い読者層を対象に『心理治療普及叢書』十冊および『曾文星教授心理治療叢書』六冊の出版と、過去のおもな英文学術誌に発表した論文をまとめて『曾文星教授論文集』の出版を提案してくれた。

一九八四年に『文化と心の臨床』を出版してくれた星和書店の石澤雄司社長は、日本の読者のために本書を出版することを決めてくれた。石澤社長の好意は非常にありがたく感じる。本書の英文原稿から日本語への巧みな翻訳で協力してくれた林建郎氏にも感謝したい。また編集部の近藤達哉氏の編集にも感謝する。

両親、子どもたち、そして伴侶への感謝

個人の面では私は両親に多大な恩義を蒙っている。とくに、戦争中われわれが直面した劇的な社会的、文化

的変化のさなか私を育ててくれたことに深く感謝する。両親はつねに私のキャリア発展を支援し、勇気づけてくれた。静と私が海外に留学していた当時、静と私双方の両親が子どもたちの面倒をみてくれた。私たちのキャリア発展のうえで重要な段階となった留学を可能にしてくれたことに感謝したい。

私たちの三人の子どもには、育児から得られた経験を通して、親であることの喜びと、彼らの業績を見守り共有し、楽しみにすることの喜びを私たちに与えてくれたことに感謝したい。さらに、アメリカ社会において成長した彼らが、アメリカでの生活方法を私たち夫婦に教えてくれたことにも感謝する。

最後に、私の妻である徐静教授に感謝したい。彼女とは医学生のころに知り合った。私たちはクラスメートであり同時にとても親しい友人同士であった。そして恋に落ち結婚、私たちの子どもを育て上げた。私たちは共に台北で同じ台湾大学の精神医学プログラムに参加して勉強し、留学先のボストンでは同じ機関で教育を受けた。彼女が個人開業医となる前は、ホノルル大学で同僚の教職員として働いた。彼女は五十年以上にわたる私の生涯の伴侶である。彼女は自分の長所と洞察力を生かしつねに私を支え、足りない部分を補ってくれ、提案や刺激を与えてくれ、勇気づけてくれた。クラスメート、友、配偶者、同僚そして重要な伴侶であり、本書の執筆を提案し、勇気づけてくれた彼女に深謝する。

注

〔第1章〕

（1） 人類学者によれば、もともと台湾にはマレー・フィリピン族に属する原住民族が住んでいた。そしていまから数百年前、多くの中国人が福建省や広東省などの大陸南部から台湾海峡を越えて台湾島へと移住し始めた。彼らは現在に至るまで、本土の中国人と区別するために自らを台湾人と称しているが、民族的には中国人であり、台湾の原住民族とは異なっている。台湾の外縁に位置する澎湖島は、一三六〇年にはすでに行政上福建省の一部とみなされ、人びとは台湾海峡を越えて移住していた。

一五四四年、台湾海峡を航海していたオランダ人が初めて台湾島を発見した。そして、台湾を非常に美しい（フォルモサ）島と呼んだことから、以降西欧ではフォルモサと呼ばれることが多かった。

一六二四年、オランダ人は台南近辺の安平港に上陸して赤嵌（ゼランダ）城を建築し、交易の促進を図った。中国本土では明代末から清代の初めに当たる。明朝最後の皇帝が北京で殺害された後、鄭芝龍は明朝の皇帝遺族を福建へ逃れさせ唐王と呼んで擁立し、清朝への抵抗を続けた。唐王は鄭芝龍の息子鄭成功を高く評価し、家来の栄誉をたたえる中国の習慣に従って鄭成功に皇族姓の「朱」を名乗ることを許可した。国の姓を賜ったという意味で、鄭成功が国姓爺と呼ばれる所以である。その後、唐王が清の軍隊により殺害された後、鄭成功は水軍ともども台湾へ避難し、安平と台南からオランダ人を追放して台湾の基礎を確立した。そのため、鄭成功は人びとから台湾を拓いた開山祖と呼ばれている。

（2） 日清戦争が起きた一八九五年は、その年の干支が甲午であったことから中国では甲午戦争と呼ばれた。おもに海戦中心のこの戦いに清は破れ、台湾を日本に割譲した（日本は朝鮮半島への介入も認められた）。

（3）日本と中国のあいだに行われた最後の戦争は、一九三七年、日本の中国への侵略によって盧溝橋事件から始まった。真珠湾攻撃の四年前のことで、それは太平洋戦争へとつながる戦いであった。したがって、日中戦争は全体で八年間続いた。第二次世界大戦が一九四五年に終結したとき、連合国側のポツダム協定によって台湾は中国に返還され、朝鮮半島は日本の占領から解放され独立したが、北朝鮮と韓国によって半島は南北に分断された。

〔第2章〕

（1）中国語で指す「會」とは、家の購入あるいはそのほかの目的で、多額の現金が必要となった会員を相互に助けるための金銭的民間組合である。通常は十二名程度の友人、同僚、親戚などで構成される。会員は毎月定期的に会合を開き、その月に必要な現金の額を決める。集められた現金は、その月にそれを必要とする会員に渡される。ほかの会員がその月に支払わなければならない額は、現金を必要とする会員の申込金額次第となる。言うまでもなく、その額はあらかじめ決められていた集金額以下でなければならない。同じ月に複数の会員が現金を必要とする場合は、競争になる。最も低い申込金額の会員がその月の現金を手にすることができ、順番が後回しになった会員には、次の機会により多くの現金――あらかじめ決められた額に近い額――が貸与される。會は担保を必要としないで貸し借りを行う金銭的互助の仕組みである。この仕組みは、中国人のあいだだけでなく日本人のあいだにも見られ、「頼母子」と呼ばれていた。少なくとも、ハワイへ初期に移住した日本人は、銀行からの借り入れができなかったために、この仕組みを多用した。

（2）太平洋戦争が終わって間もなく、ソ連の支援する共産党軍が勢力を強め、国民党と共産党との対立は内戦へと発展し、一九四九年、中華民国総統の蒋介石率いる国民政府はおよそ百万人の兵士や人民を従え、中国本土から台湾へ退却した。その後、国民政府は中国本土奪還攻撃を企図していたが、実行に移されることはなかった。

（3）　第一反抗期は一～二歳ごろ（いわゆる肛門期）に観察される。これは、自我をどのように使うかを学習する自我の発達に伴うものである。第二反抗期は認知能力がさらに発達し、権威者の意見や態度などの他者の考えを、より批判的に捉えることが可能となる青年期にみられる。

（4）「教育の狭き門」的現象は、台湾ばかりではなく日本や韓国にも存在した。良い会社へ入るためには良い大学を卒業し、良い大学に入るためには良い中学、小学校、あるいは幼稚園を卒業しなければならなかった。競争は現在もなお熾烈で、一連の教育的成功の端緒となる私立幼稚園への入園試験が重要な意味を持つ。これは基本的に社会的および職業的制度に関連している。日本の特定の企業では、いくつかの有名大学の卒業生しか採用していなかった。いったんその企業に入社すれば、そこが終身の職場となった。そのため、特定の企業への入社には特定の学校への入学が決定的に重要であった。

（5）　中国本土における共産主義の初期段階においては、優れた学校への入学はそれほど重要ではなかった。なぜなら、個人による仕事の選択はあまり考慮されず、仕事は上層部から割り当てられていたからである。しかし、中国が門戸開放政策を始めてから求職競争が激化し、「重点」学校への入学はとても重要になり競争は激化し、狭き門の突破は極度な困難を伴うものとなった。

（6）　妻の徐静（Jing Hsu, M.D.）は、私と医学部の同級生であるばかりでなく、ともに台北で精神科の研修を受け、研修終了後は彼女自身でフルブライト特別奨学金研究員資格を得て、一年遅れて私とともにボストンへ留学、ハーバード大学医学部マサチューセッツ・メンタルヘルス・センター（略称マス・メンタル）で精神療法の研修を受けた。その後、ハワイ大学医学部教授を経て現在は開業医である。

（7）　カトリック教会では神の崇拝のみを許容するが、中国の司教はローマ法王に対し、ほかの神を崇拝しない限り中国のカトリック信徒が先祖崇拝の習慣を実践できるよう例外的許可を申し入れた。

（8） 台湾における中国人の精神障害有病率を調べる疫学研究は、林宗義教授の指導のもとに一九四六年から一九四八年にかけて実施された。その十五年後、同じ疫学研究が同じ地域を対象に同じ方法を用いて一九六一年から一九六三年にかけて同教授の指導のもとに再度実施された。台湾における顕著な社会経済的・文化的変化により、この追跡研究は精神疾患への社会文化的な変化が及ぼす潜在的影響について貴重な情報を提供した。すなわち、社会的変化によって重度の精神障害（例えば、統合失調症）は影響を受けなかったものの、急速な社会文化的変化に伴う心理的ストレスによって神経症（ノイローゼ）などの軽度の精神障害は有意に増加したのである。

（9） 伝統的中国医学では、臓器の適切な働きと生命的要素の調和は、健康にとって欠くべからざるものであるとみている。性的耽溺による過剰な精液の放出は、陽の要素の損失をもたらし腎臓を損ない、西欧医学における神経衰弱症（neurasthenia）に似た臨床症状である腎虚を引き起こすとされている。

（10） ＥＣＦＭＧとは Examination and Certificate for Foreign Medical School Graduates（外国医学部卒業者のための試験および証明）の略語であり、アメリカにおける研修医制度への申請を行う外国医学部卒業生には、事前の合格が条件となる筆記試験である。

（11） 「塞翁が馬」は塞という名の老人と彼の馬にまつわる中国の民話である。昔、ある地方に塞という老人が住んでいた。ある日開いていた厩舎の扉から彼の馬が逃げ行方知れずとなってしまった。隣人はこの不幸を聞き塞翁を慰めたが、彼はたいしたことではないと言った。数日後彼の馬は野生馬一頭を率いて戻って来た。隣人は馬が増えたことを喜んで塞翁を祝福した。しかし彼はたいしたことではないと言った。その一週間後、野生馬に乗った塞翁の息子が落馬して足を折り、歩けなくなってしまった。隣人はこの不幸を聞き塞翁を慰めたが、彼はたいしたことではないと言った。数カ月後、戦争が勃発し多くの若者が徴兵され戦で命を落としたが、身体障害者となった彼の息子は徴兵されることなく命を長らえた。

〔第3章〕

（1）Ku Klux Klan（KKK）は民族的偏見を持ち、アフリカ系アメリカ人（黒人）を迫害した集団で、おもにアメリカ南部の白人によって構成されていた。団員は普段着の上に白いマントと目の部分に穴を開けた頭巾をまとい、身分を隠していた。

（2）中国人は、家族関係と家族制度内の階層を重視する。高名な家族では生まれた男子すべてに共通する漢字を一つ含む二文字で命名し、彼らが兄弟であることを示すのが習慣であった。この習慣は親類すべてに及び、従兄弟全員が共通した一文字を名前に持つことで彼らが同じ世代に属することが示された。例えば、文星、文明、文雄などは全員が従兄弟の関係にあることを示している。さらに、それぞれの世代の命名に選択される漢字には順序があり、忠、孝、仁、愛、信、義、和、平のように一連の八つの漢字には守らなければならない重要な徳が示されている。したがって、第一世代の子どもらはすべて忠、の漢字が与えられ、第二世代になると孝が与えられる。こうして世代の順を体系的にたどることが可能なのである。

（3）虫を偏に文（wen）を旁《つくり》に持つ漢字は「wen」と読み、蚊を意味する。同様に虫を偏に皇を旁に持つ漢字はイナゴを意味し、「huang」と読む。

（4）伝統的な観念に依存する中国の医術では、五つの要素が認知されている。すなわち、水、木、火、地、金である。各要素は、特定の内臓や特定の感情と関係を持つとされる。

〔第4章〕

（1）精神科主任から出版を禁じられていた最初の中国語版教科書出版に成功した後も私は研究を継続し、中国語のモノグラフを合計四十冊出版した。それらは、『文と静の精神保健シリーズ』（全十二巻のモノグラフ）、『易しい精神療法シリーズ』（全十巻のモノグラフ）、『曾教授の精神療法シリーズ』（全六巻）、『（中国語版）精神医学教科書（四版）』、それに編集ずみの『中国人の心と治療法』である。私は著述にあたり、自分の長所と経験を生かして中国人のための精神保健と精神療法の普及に寄与した。これらの仕事は、権威によって一度心的外傷を負った私の感情と欲望を昇華させる一方法でもあった。コンピューター技術と中国語ワードプロセッサーが発達したことから、私は新たな技術を活用し私自身の技能を発展させるために数カ月をかけコンピュータによる中国語の執筆方法を習得した。

（2）李亦園（Yih-yuan Li）教授は、文化人類学者である。彼は、ハーバード大学で教育を受けた後、台北の国立台湾大学人類学部の教授となった。そして、台湾で最高位の学術機関である中央研究院（Academia Sinica）の人類学・民俗学部門長となった。彼はまた、中華民国の故蔣経国大統領を記念した学術交流基金（Jiang Jing-guo Foundation）の総裁も務めた。文化人類学の分野で彼の著した書籍や学術論文は数多くある。楊国枢（Kuo-shu Yang）教授と共同で彼は中国文化に関する学際的研究グループを組織し、研究成果をまとめた本を編集した。

（3）楊国枢（Kuo-shu Yang）教授は、国立台湾大学の心理学の教授である。彼は、中国本土に適した心理学を定着させる研究に尽力した。

（4）中華民国が成立して間もない一九一九年五月四日に発生した五四運動は、北京大学の学生らによって引き起こされた。そのおもな目的は、伝統的な中国語の文語体に固執せず、普段日常的に使う口語体を用いた文学の普及などにみられるように、中国における現代的な概念の発達を促すことにあった。また、この運動は伝統的な儒教思想から脱却した現代的思考と概念の発展を促進した。知識人に支持された、中国現代史に重要な影響を及ぼした大規模な社会変革運動と考えられている。

（5）精神分析家によって用いられる「男根期（phallic stage）」という用語は、四、五歳の幼児が性差を自覚し異性の親に対して特別な興味を示して両親と子の三角関係的なコンプレックスを形成する心理的発達段階を指す。「phallic」は幼児の小さなペニス（男根）を意味する。この用語の直訳は中国人には「猥褻」と受け取られる可能性があったために、私は「性蕾」という詩的な表現をもって注意深くこれを翻訳し著作に用いた。それにもかかわらず、伝統的考えの中国人は「性蕾」ですら侮辱的と見做しそれが児童の性的興味を示すと考えて不許可としたのであろう。

（6）第2章（11）を参照。

〔第5章〕

（1）本章に述べた日本人の中国残留孤児の研究における民族間養子縁組では特定の生理的に関連づけられた習慣への早期固着が観察された。詳細は英文論文を参照。Tseng, W.S., Ebata, K., Miguchi, M., Egawa, M. & McLaughlin, D.G.: Transethnic adoption and personality traits : A lesson from Japanese orphans returned from China. American Journal of Psychiatry, 147 : 330-335, 1990.

（2）感情表出はより本源的機能の一つであり、人生初期段階における学習言語により強い関連性を持つ。詳細は第9章を参照。

〔第6章〕

（1）日本ではほとんどの女性が結婚後は仕事をやめて家庭に入ることを期待される。彼女らは夫の支援と育児への専念を期待されているのである。結婚後も仕事を継続する日本女性の割合は二十%以下ともいわれている。育児が彼女らのおもな仕事となるが、そこには子どもたちが幼い時期の養育だけでなく、成長するに従っての勉学支援も含まれている。良い教育を受けることの競争は激しく、良い学校に入学させ卒業後は良い会社へ入社させるために子どもの教育に熱中する「教育ママ」が多い。

（2） 比較文化精神医学者は、さまざまな種類の文化関連の特異的な精神医学的症候群（文化結合症候群 culture-bound syndromes とも呼ばれる）を認識している。例えば、コロ（ペニス収縮への懸念に伴う過剰な不安を意味し、中国語では縮陽 shuo-yang と呼ばれる）、アモク（無差別発作性大量虐殺）、フリゴフォビア（健康を害する可能性のある過剰な寒冷への恐怖症）などが、認識されている症候群の例として挙げられる。

（3） 土居教授は、戦後六十年を経た最近では日本における家族制度と機能が著しく変化し、両親と子どもの相互依存はもはや見られず、家族の絆のみならず社会のなかでの人びとのつながりはより緩くなり、以前ほど顕著ではないと述べている。

（4） 森田療法は日本の精神医学者森田正馬博士によって、ヨーロッパでは Sigmund Freud が精神分析運動を展開していた二十世紀初頭に考案され創始されたものである。森田療法では個人を悩ませている可能性のある内的心理的コンプレックスへの対処に苦闘するのではなく、物事をありのままに受け入れる哲学的態度を強調する。森田療法は日本で生まれた固有の治療法で、神経質な特性を持つ患者あるいは対人関係恐怖症の治療に適すると考えられている。

（5） 太平洋戦争中アメリカ政府から日本人の行動と文化の研究を委託されたアメリカ文化人類学者 Ruth Benedict がこの点について巧みに説明している。戦前のアメリカ国民は日本人についてほとんど何も知らなかったため、速やかに敵国の行動を学ぶ必要があった。しかし、両国はすでに戦争状態にあったため、日本において日本人の研究を行うことは不可能であった。そのため Benedict は文献に依拠し、図書館所蔵の日本の新聞・書籍、日系アメリカ人や日本兵捕虜へのインタビューなどを通して日本人の行動と文化を研究した。その成果は有名な著書『菊と刀』となって出版された。日本の文化は対極的そして対照的な要素にあふれ、その題名が示すように芸術と攻撃性の併存すらあり得る、と彼女は指摘した。

（6）日本人の二面的性格、すなわち「表と裏」について書かれた土居博士の論文の一つには、状況志向の日本社会にあって公式の場では礼儀正しく儀礼的に振る舞い、そして抑制や禁止のより少ない私的状況にあっては比較的自由に個人的感情を表出することを日本人は早くから学ぶ点を指摘している。

〔第8章〕

（1）精神・性的発達理論によると、幼児の口唇期は自我のない（egoless）状態で始まり、主介護者（通常は母親）との共生的関係を形成するとされている。心理的成長に伴い、幼児は主介護者を巻き込んだ状態を去り、自己（または「私（I）」）の存在を感じつつ独自の自我が存在する状態へと移行する。そして、この状態も依然として主介護者に大きく依存する。

（2）分析的には、これは肛門期を指す。幼児は「私とあなた」の自覚を発達させ、自分を表現しようと必死の努力で試みる。自我の機能が行使されるのはこの時期で、幼児は大人の意見や忠告を拒む傾向を示す。これは最初の反抗期である。二番目の反抗期は青年期に訪れる。

（3）この時期は男根期（中国語では性蕾期）と呼ばれ、幼児は父と母の性別を理解するのみならず、自分とは異性の親に近づき同性の親には反感を抱く。結果として、知らずに自分の父を殺し母と結婚したギリシャ神話上の人物のオイディプスにたとえて名づけられたオイディプス・コンプレックス、あるいは「両親と子の三角関係コンプレックス（parent-child complex）」が生じる。

（4）中国系アメリカ人の文化人類学者 Francis L.K. Hsu（許烺光）教授は、個人志向の社会に暮らす人びとの他者との自我境界が比較的明確であるのに対し、状況志向の社会に生きる人びとのそれは、家族や親しい友人間を含む他者との心理的領域において比較的曖昧であることを指摘した。

（5） 孔子はかつてこう言った。「私は十五歳で学問を志し、三十歳で自立し、四十歳で惑わず、五十歳で天命を知り、六十歳で他人の言葉を素直に聞き、七十歳で望むところを行い道に外れることがなくなった」（吾十有五而志于学、三十而立、四十而不惑、五十而知天命、六十而耳順、七十而従心所欲、不踰矩 ― 論語：為政第二、4）。これは、青年から成人に至る孔子の心理的成長過程における個人的経験を述べたものとされている。孔子は、心を自己養育することによって人生における道徳の完成と成熟を得ることができると説いた。

（6） 台南市にある台南神社は、北白川宮能久親王を祀ってあった。彼は日清戦争の終結した一八九五年に日本に割譲された台湾征討近衛師団長として出征、現地で病に倒れ台南で薨去した。台南神社は太平洋戦争後、台湾の中国への返還とともに、台湾の始祖鄭成功を祀る廟として改造された。

《著者紹介》

曽文星（Wen-Shing Tseng, M.D.）

ハワイ大学精神医学部名誉教授。1935年台湾に生まれ、台北の国立台湾大学医学院卒業後、同大学附属病院精神医学研修医として訓練を受け、その後米国ハーバード大学医学部附属のマサチューセッツ・メンタルヘルスセンターにて1965年から68年まで卒後研修を受ける。1970年から71年にかけてイースト・ウェスト・センターでの文化と精神保健の特別研究員を経た後、1972年ハワイ大学医学部副教授、1976年教授。また1987年からは北京大学精神衛生研究所の客員教授でもある。曽氏が手掛けた研究の成果は90以上の科学専門誌論文や編集書籍として発表されている。2012年6月ハワイにて逝去。

《訳者紹介》

林建郎（はやし たけお）

1948年東京に生まれる。1970年上智大学外国語学部英語学科卒業。1970年から99年まで一部上場企業の海外駐在員として勤務後、現在、科学技術専門翻訳家（英語、仏語）。訳書『抗精神病薬の精神薬理』、『抗うつ薬の時代』（以上、星和書店、共訳）ほか

三つの文化を生きた一人の精神科医

日本，中国，そして米国の各文化による性格形成への影響

2012年12月13日　初版第1刷発行

著　者　曽 文 星

訳　者　林 建 郎

発行者　石 澤 雄 司

発行所　株式会社 星 和 書 店

〒168-0074　東京都杉並区上高井戸1-2-5

電 話　03（3329）0031（営業部）／03（3329）0033（編集部）

FAX　03（5374）7186（営業部）／03（5374）7185（編集部）

http://www.seiwa-pb.co.jp

Ⓒ 2012　星和書店　　Printed in Japan ISBN978-4-7911-0831-2

・本書に掲載する著作物の複製権・翻訳権・上映権・譲渡権・公衆送信権（送信可能化権を含む）は㈱星和書店が保有します。

・JCOPY〈（社）出版者著作権管理機構 委託出版物〉

本書の無断複写は著作権法上での例外を除き禁じられています。複写される場合は，そのつど事前に（社）出版者著作権管理機構（電話03-3513-6969，FAX 03-3513-6979，e-mail：info@jcopy.or.jp）の許諾を得てください。

地球をめぐる精神医学	J.レフ 著 森山成林、 朔元洋 訳	A5判 320p 5,680円
比較精神医学 精神障害の国際的·文化的広がり	H.B.M.マーフィー 著 内沼幸雄、江畑敬介、 近藤喬一、吉松和哉 訳	A5判 488p 9,320円
精神科医五十年 グリンカーが自ら語る半世紀	R.グリンカー 著 松平順一、他 訳	A5判 288p 3,500円
わが魂にあうまで	C.W.ビーアズ 著 江畑敬介 訳	四六判 288p 2,400円
私は病気ではない 治療をこばむ心病める人たち	X.アマダー、 A.L.ジョハンソン 著 江畑敬介、 佐藤美奈子 訳	四六判 300p 2,000円

発行：星和書店　http://www.seiwa-pb.co.jp　価格は本体(税別)です